DIE SCHÖNSTEN PILGERROUTEN EUROPAS

DIE SCHÖNSTEN PILGERROUTEN EUROPAS

Vorwort

In allen Religionen und seit Anbeginn der Zeit pilgern die Menschen. Der Weg ist dabei das Ziel. Oft steht am Endpunkt trotzdem ein religiöses Zentrum, eine Reliquie oder ein auf andere Weise heiliger Ort. Heute begeben sich nicht mehr nur Tiefgläubige oder büßende Würdeträger auf Pilgerreise. Das mehrtägige Wandern nur mit dem Nötigsten im Gepäck verspricht eine intensive Reise zu sich selbst und zu Antworten auf große Lebensfragen, die gerade im aktuellen Zeitalter der Hektik, des Arbeitsstresses und des Leistungsdrucks viel zu oft zur Seite geschoben werden. Der Wunsch, mit sich und der Natur eins zu sein, bei jedem Schritt seine Sorgen zu vergessen und an seine eigenen Grenzen zu gehen, erwacht in zunehmend mehr Menschen.

Die hier vorgestellten 30 Pilgerwege reichen von mehrtägigen bis zu mehrwöchigen Wanderungen, sowohl auf gut ausgeschilderten Strecken als auch abseits markierter Pfade. Das Buch möchte eine Einladung sein, den europäischen Kontinent per pedes entschleunigt zu erleben. Denn intensiver und individueller als auf Schusters Rappen kann man die Natur – und sich selbst – nicht kennenlernen. Kirchen, Klöster und Begegnungszentren entlang des Weges laden zum Austausch ein und geben auch auf schweren Wegen geistlichen Beistand und Inspiration.

Links: In Puente la Reina vereinen sich die Jakobswege zu einem Hauptweg. Auf dem Weg nach Santiago de Compostela schreiten die Pilger auf der romanischen Brücke über den Río Arga.

Vorhergehende Seiten:

S. 2/3: Pilger auf dem Camino Francés bei Astorga.

S. 4/5: Blick auf Kloster Andechs.

S. 6/7: Der Petersdom in Rom.

S. 8/9: Den Rundgang der Altöttinger Gnadenkapelle zieren über 2000 Votivtafeln.

Nachfolgende Seiten:

S. 12/13: Auf der Via Francigena zwischen Lucca und Siena kann es schon mal regnerisch sein.

Rund ums Pilgern

Voraussetzungen: Die Touren in diesem Buch sind sehr vielschichtig: Von Wanderungen durch flache Ebenen bis hin zu Touren, die alpine Erfahrung und beste Kondition nötig machen, ist alles dabei. Doch wie bei jeder mehrtägigen Wanderung, ist die Vorbereitung das A und O. Wenn man sich auf Pilgerreise begibt, ist neben den körperlichen Voraussetzungen, dem richtigen Gepäck, der Schuhwahl und einem Pilgerführer oder GPS-Tracks auch die geistige Vorbereitung nötig. Man sollte sich damit auseinandersetzen, was es bedeutet, sich auf diese Reise zu begeben – eine Reise, bei der es eventuell auch um die persönliche Beziehung zu Gott geht. Jeder einzelne Pilger wird Teil einer jahrhundertealten Tradition, derer man sich bewusst sein sollte. Viele Kirchengemeinden stehen bei der Vorbereitung auch unterstützend zur Verfügung. Den Segen vor Antritt der Pilgerreise geben in der Regel Geistliche vor Ort am Startpunkt der jeweiligen Pilgerfahrt.

Ausrüstung: Vor allem das Schuhwerk ist ein elementarer Bestandteil einer vernünftigen Ausrüstung. Es sollte ausschließlich auf hochwertige Wanderschuhe zurückgegriffen werden, im Idealfall mit knöchelhohem Schaft. Wenn während der Wanderung eine Naht aufplatzt oder sich die Sohle löst, kann das in einer kleinen Katastrophe enden. Die Schuhe sollten daher zwingend über eine Membran und über eine abriebfeste und flexible Sohle verfügen, die sich wie Gummi an den Fels schmiegt, wenn der Weg in bergiges Gelände führt.

Die Jacke sollte wasserdicht sein und ebenfalls eine Membran enthalten. Eine Hose mit abtrennbaren Beinen leistet gute Dienste, wenn sich tagsüber die Temperaturen stark verändern. Atmungsaktive Kleidung hat sich ebenfalls bewährt.
Der Rucksack sollte auf den Hüften, nicht auf den Schultern aufliegen. Unbedingt im Sportgeschäft anpassen lassen!
Pilger lassen sich einen Pilgerpass ausstellen, um einen Nachweis bei den Herbergen vorlegen zu können und um durch Stempel den gelaufenen Weg zu dokumentieren.

Medikamente: Neben den persönlichen Medikamenten sollten Blasenpflaster ins Gepäck! Blasen können mit hochwertigen Socken und schon Tage vor dem Start ange-

Rund ums Pilgern

wendeten Pflegemitteln wie Hirschtalg oder Fußbalsam meist vermieden werden. Desinfektionsspray, Pflaster und gegebenenfalls Schmerzmittel gehören in die Reiseapotheke.

Unterkunft: Die spanischen Jakobswege verfügen über ein sehr gut ausgebautes Netz an öffentlichen und privaten Pilgerherbergen, für die man allerdings einen Pilgerausweis benötigt. In anderen europäischen Ländern weichen Pilger meist auf Pensionen und Jugendherbergen aus. Wer lieber reserviert, als spontan in jeden neuen Tag zu starten, der kann bei privaten Unterkünften oft telefonisch im Voraus eine Schlafmöglichkeit buchen. Man sollte sich je nach Pilgerweg am besten vorab im Internet oder in Büchern über die Möglichkeiten informieren. Für manche Pilgerwege gibt es mittlerweile auch mobile Applikationen (Apps), in der viele Unterkünfte verzeichnet sind.

Pilgern mit Kindern: Auch als Familie mit Kindern kann man sich auf den Weg machen. Dabei sollte man jedoch immer bedenken, dass Kinder mehrere und längere Pausen benötigen. Die Tagesetappen sollten dementsprechend angepasst werden und es sollte genügend Zeit eingeplant werden, um nötigenfalls auch einen zusätzlichen Ruhetag nehmen zu können. Für die Unterkünfte empfiehlt es sich, einen eigenen Schlafraum für die Familie zu buchen, der meist telefonisch vorab zu reservieren ist. Ebenso wichtig: Möglichst wenig Gepäck mitnehmen! Und natürlich müssen Kinder unterhalten und für die Wanderung begeistert werden. Denn ein Pilgerweg mit Kindern ist immer Teamwork. Gute Vorbereitung und auch ein großes Maß an Flexibilität auf dem Weg sind nötig. Auch an den Etappenzielen kann man für neue Energie sorgen, wenn man zum Beispiel ein besonderes Kindermuseum besucht oder mit einer Kugel Eis die geschaffte Tagesstrecke belohnt.

Pilgern mit Tieren: Wandern mit Hunden ist auf den meisten Pilgerrouten unproblematisch. Wenn man im eigenen Zelt übernachtet, steht dem treuen Begleiter keine Hürde im Weg. Es gibt einige wenige Unterkünfte für Tierbesitzer. Bei Pilgerherbergen sollte man sich frühzeitig im Voraus erkundigen, ob Tiere geduldet werden.

Inhalt

Nord- und Westeuropa

Norwegen
① Olavsvegen — 18

Irland
② Croagh Patrick — 24

Schottland, England
③ St Cuthbert's Way — 32

England
④ Pilgrim's Way — 40

Deutschland, Luxemburg, Belgien, Frankreich
⑤ Martinusweg — 48

Frankreich
⑥ Tro-Breizh — 56
⑦ Martinusweg — 64
⑧ Via Turonensis — 72
⑨ Via Podiensis — 80

Mitteleuropa

Dänemark, Deutschland
⑩ Via Jutlandica — 90

Deutschland
⑪ Via Baltica — 98
⑫ Birgitta-Weg — 106

Litauen, Russland, Polen
⑬ Pommerscher Jakobsweg — 114

Polen, Deutschland
⑭ Via Regia — 122

Deutschland
⑮ Lutherweg — 130

Deutschland, Luxemburg
⑯ Via Coloniensis — 138

Deutschland
⑰ Münchner Jakobsweg — 146

Deutschland, Österreich
⑱ Wolfgangsweg — 156

Ungarn, Österreich
⑲ Martinusweg — 164

Österreich, Slowenien
⑳ Benediktweg — 172

Deutschland, Schweiz
㉑ Thurgauer Klosterweg — 180

Süd- und Südosteuropa

England, Frankreich, Schweiz, Italien
㉒ Via Francigena — 190

Spanien
㉓ Camino del Norte — 200
㉔ Camino Francés — 210
㉕ Camino Aragonés — 218
㉖ Via de la Plata — 224

Portugal, Spanien
㉗ Caminho Português — 232

Italien
㉘ Via di Francesco — 238
㉙ Cammino di Santa Giulia — 246

Griechenland
㉚ Paulusweg — 254

Register — 262
Bildnachweis · Impressum — 264

Oben: Die Cappella Pieri Nerli lädt auf der Via Francigena zur Andacht ein.

Nord- und Westeuropa

Pilgern kann man nicht nur unter der erbarmungslosen Sonne Spaniens ins berühmte Santiago de Compostela. Auch der Norden und Westen Europas haben zahlreiche Wege zu bieten, die Pilger auf den Spuren Heiliger wandeln lassen: Dem heiligen Cuthbert von Lindisfarne ist der St Cuthbert's Way gewidmet, Olav dem Heiligen der skandinavische Olavsvegen, und zwei Martinuswege geleiten die Pilger durch Deutschland, Luxemburg, Belgien und Frankreich. Auch Teile des Jakobswegs sind in Nord- und Westeuropa anzutreffen, auf denen man sich auf den Glauben, die umgebende Schöpfung und sich selbst besinnen kann.

Die Via Podiensis, einer der französischen Jakobswege, führt durch Saint-Cirq-Lapopie in Okzitanien. Der Ort liegt 100 Meter über dem Lot-Ufer.

Norwegen
Olavsvegen – Norwegens heiliger Weg

Er war einst so etwas wie der Jakobsweg des Nordens: Der Olavsweg galt im Mittelalter als der wichtigste Pilgerweg Skandinaviens. Er führt von Oslo nach Trondheim durch eine wunderschöne Landschaft und hat insgesamt eine Länge von 643 Kilometern. Perfekt, um Norwegen so richtig kennenzulernen.

STRECKEN-INFORMATIONEN

Distanz: 643 km
Dauer: mindestens 30 Tage
Höhenmeter: insgesamt 13 058 m

Etappen (Auswahl):
1. Oslo – Skjetten: 18 km
2. Skjetten – Gardermoen: 35 km
3. Gardermoen – Eidvoll: 26 km
4. Eidvoll – Hestnæs: 31 km
5. Hestnæs – Hamar: 31 km
6. Hamar – Rudshøgda: 30 km
7. Rudshøgda – Lillehammer: 37 km
8. Lillehammer – Skåe i Øyer: 25 km
9. Skåe i Øyer – Fåvang: 31 km
10. Fåvang – Sør-Fron: 28 km
11. Sør-Fron – Kvam: 21 km
12. Kvam – Otta: 22 km
13. Otta – Vollheim: 25 km
14. Vollheim – Dombås: 28 km
15. Dombås – Hjerkinn: 24 km
16. Hjerkinn – Oppdal: 24 km
17. Oppdal – Rennebu: 29 km
18. Rennebu – Tverdal: 28 km
19. Tverdal – Løkken Verk: 24 km
20. Løkken Verk – Skaun: 28 km
21. Skaun – Trondheim: 27 km

Der Rucksack ist zu schwer. Welcher Pilger hat diese Worte nicht schon so oft gedacht? Wer den Olavsweg in Oslo startet, wird genau diesen Einwand hören. Vor allem unerfahrene Pilger, die sich von dort aus auf den Weg machen, sollten ihn auch befolgen. Damit es Neulinge wie Routiniers bestmöglich schaffen und durchhalten, haben die Norweger in der kleinen Kirche neben dem Osloer Dom ein

Pilgerzentrum eingerichtet, das den Wanderern den einen oder anderen guten Tipp oder auch Wegbeschreibungen mitgeben kann, bevor sie sich auf ihre spirituelle Reise machen. Denn eine solche wird es Nur wenige Menschen kommen im Inneren unverändert wieder, wenn sie in Trondheim angekommen sind und Hunderte von Kilometern zu Fuß hinter sich gebracht haben.
Hartgesottene legen die Strecke in einem Rutsch hin, doch nicht jeder hat so viel Urlaub und Zeit für dieses Pilgerabenteuer, deswegen gibt es auch einige Wanderer, die den Weg einfach in mehrere Abschnitte aufteilen und dann in zwei oder drei Urlauben absolvieren. Denn mindestens einen Monat Zeit kostet die Gesamtstrecke mit ihren 32 Etappen – wenn man gut trainiert ist. Immerhin war der Gudbrandsdalsweg im Mittelalter die Magistrale nach Nidaros und damals der längste spirituelle Weg Norwegens. Er startet zunächst unauffällig im Stadtzentrum von Oslo und ist am ersten Pilgertag davon geprägt, erst einmal den tatsächlich richtigen Weg durch das Wirrwarr und Gewimmel der Großstadt zu finden.

Sanft geschwungene Hänge kennzeichnen das Gudbrandsdal, eines der Highlights der Strecke (oben). Durch das Dovre-Gebirge führt der Pilgerweg an Steinmarkierungen vorbei durch einsames Gelände (links und linke Seite).

Nord- und Westeuropa

Mag sein, dass mancher Pilger sich zunächst fühlt wie ein verrückter Fremder, wenn er zwischen all den Autos, dem Verkehrslärm und den Bussen und Lastwagen wandert. Doch die Natur verspricht jenseits der Stadt viel Einsamkeit und Ursprünglichkeit, auch wenn man das angesichts des Trubels anfangs kaum glauben mag.

Spätestens in Oslos Stadtviertel Gamlebyen müssen die Pilger sich entscheiden. Gehen wir rechts oder links? Der Mjøsa, der größte Binnensee Norwegens, stellt den Pilger schon gleich zu Anfang vor eine Herausforderung, denn dort gabelt sich der Pilgerpfad. Es gibt zwei Routen, um den See zu umwandern. Die eine führt westlich entlang und ist nahe am See, die andere überbrückt die Strecke östlich des Ufers. Letzterer Weg führt vorbei an hübschen Dörfern und hügeligem Gebiet. Der Höhepunkt dieser Strecke sind die Kirchenruinen aus dem Mittelalter bei Domkirkeodden. Wer dennoch einen Blick auf die Strecke westlich des Sees werfen möchte, der kann mit dem Raddampfer »Skibladner« übersetzen, das ist aber nur im Sommer möglich.

Egal, welches Seeufer man wandert, beide Wege vereinen sich in spätestens in Lillehammer wieder. Ab dort führt die Strecke durch ein Norwegen wie aus dem Bilderbuch. Im Gudbrandsdal charakterisieren kleine Bergdörfer, umgeben von dichten Wäldern und einsamen Bauernhöfen die Strecke. Stille ist nun ein herausfordernder Begleiter, vor allem für diejenigen, die allein wandern: Denn nun sind sie laut, die Gedanken im Kopf, mit denen der Wanderer sich auf den Weg gemacht hat. Grabstätten der Wikinger liegen hier am Wegesrand, Ruinen alter Gebäude und jede Menge Kirchen. Erwähnenswert ist vor allem die Stabkirche Ringebu aus dem Jahr 1220. Sie zählt zu den größten Stabkirchen Norwegens.

Vor allem zwischen Fåvang und Rennebu ist die Strecke wirklich fordernd für Wanderer und kann steile 1700 Höhenmeter aufweisen. Deswegen sollte man als Pilger ausreichend Zeit für diesen Abschnitt einplanen. Dabei taucht der Naturfreund ein in die Sagenwelt Norwegens. Vor allem die Trolle sind es, die die Wanderer im Auge haben sollten. Am Dovrefjell etwa soll Trollkönig Dovregubben residieren. Um ihn milde zu stimmen, bauen Wanderer Türmchen aus den herumliegenden Steinen, sozusagen als Ehrerbietung an den König. Wer ohne diesen Tribut seinen Weg fortsetzt, der riskiert, so munkelt die Sage, von ihm mit Felsbrocken beworfen zu werden.

Wer keine Trolle sieht, wird aber auf jeden Fall Rentiere und Elche erblicken oder zumindest ihre Spuren und Hinterlassenschaften finden, denn sie leben in dieser Region, in der es auch noch Braunbären geben soll. Die Wälder werden heller und weniger dicht, Birken mit ihren schwarz-weißen Stämmen sorgen für ein charakteristisches Flimmern. Moosige Wiesen und Sumpf markieren die Landschaft, in der so manches Abenteuer wartet, wie etwa das Übersetzen mit dem Fährmann im Holzboot über den Fluss Gaula.

Nun ist schon fast die finale Etappe gekommen, was sich nicht zuletzt an den vielen Pilgern zeigt, die nun den Weg bevölkern. Trondheims Kathedrale mit ihren Türmen ist das Ziel. Die Architektur kommt einem nach so vielen Stunden in der Natur noch viel erhabener vor, ebenso das reiche Innenleben des Gotteshauses, in dem Könige gekrönt wurden und das nicht zu Unrecht den Beinamen »Herz Norwegens« trägt. Der Nidarosdom geht auf das Jahr 1152 zurück und ist das Nationalheiligtum. Ein wirklich krönender Abschluss einer langen Pilgertour, in der wohl weniger das Ankommen zählt als das Zu-sich-selbst-Finden.

Rechts oben: Der 365 Quadratkilometer große Mjøsa ist Norwegens größter See. Mitte: herbstliche Tundra. Unten: Dunkelrot leuchten die Bögen auf der Gamle Bybroen in Trondheim mit den farbenfrohen Speicherhäusern links und rechts um die Wette.

Nord- und Westeuropa

⭐ König Olav I. Tryggvason

In einer Zeit, als die Wikinger die Küsten Europas unsicher machten, erblickte Königssohn Olav das Licht der Welt. 995 wurde er am Oslofjord geboren und ging schon mit zwölf Jahren auf Piratenfahrten. Er brandschatzte und überfiel Küstenstädte, unter anderem war er auch dabei, als die London Bridge niederbrannte. Olav lebte mehrere Monate in der Normandie, wo er sich christlich taufen ließ. Als er nach Norwegen zurückkehrte, schaffte er es, das bis dahin in kleine Bereiche aufgeteilte Königreich zu einem christlichen Reich unter seiner Hand zu vereinen. Er baute Kirchen und führte die Taufe ein. Doch er hatte dennoch zahlreiche Gegner, und so musste er nach 15 Jahren Herrschaft fliehen. Als er nach zwei Jahren Exil in Kiew in sein Heimatland zurückkehren wollte, endete die Reise für ihn in der Schlacht von Stiklestad. Olav wurde aber nachgesagt, viele Wunder vollbracht zu haben, und er wurde heiliggesprochen.

Ein christliches Heer unter Olav kämpfte 1030 gegen eine Armee, die von heidnischen Stammesfürsten angeführt wurde. Der später heiliggesprochene Olav fiel in der Schlacht von Stiklestad.

⭐ Schaufelradschiff »Skibladner«

Es platscht ganz gewaltig. Regelmäßig fallen große Massen Wasser herab. Wieder und wieder. Ein Sound, wie er für Raddampfer typisch ist, begleitet die Wanderer, die den riesigen Mjøsa nicht umrunden, sondern sich fürs Überqueren entschieden haben. Eine gute Wahl, denn dabei kommen sie in den Genuss des ältesten noch in Betrieb stehenden Raddampfers der Welt. Die »Skibladner« steht unter Denkmalschutz und wurde 1856 vor Ort aus Einzelteilen zusammengebaut. Ihr Alter von mehr als 160 Jahren hindert sie nicht daran, im Sommer den Linienverkehr zwischen Lillehammer und Eidsvoll zu garantieren. Immerhin zwölf Knoten, also etwa 22 Stundenkilometer, schafft die alte Dame mit ihrem historischen Dampfantrieb und braucht zwei Tage, um den See zu überqueren. Ihr Name erinnert an das Schiff »Skíðblaðnir« des Gottes Freyr aus der nordischen Mythologie.

Von Ende Juni bis Mitte August verkehrt die »Skibladner«. Bis vor Kurzem wurde das Schiff noch ganzjährig als Transport- und Beförderungsmittel eingesetzt, das die Reisezeit von Oslo nach Lillehammer und ins Gudbrandsdal verkürzte.

⭐ Stabkirchen

Die Stabkirchen sind das bedeutendste Kulturerbe Norwegens aus der Zeit der Christianisierung. Während in großen Städten steinerne Kirchen errichtet wurden, erbaute man in ländlichen Regionen seit König Olav dem Heiligen (gest. 1030) rund 1000 Stabkirchen. Nach der Reformation riss man die meisten ab oder verfrachtete sie als Sehenswürdigkeit an andere Orte – so die Stabkirche von Vang (seit 1844 im schlesischen Krummhübel im Riesengebirge) oder die Stabkirche von Garmo (Taufstätte Knut Hamsuns, heute im Freilichtmuseum Maihaugen in Lillehammer zu bewundern). In Norwegen selbst sind nicht

einmal drei Dutzend Stabkirchen erhalten, die meisten davon im Vestlandet. Namensgebendes Merkmal der ein- oder dreischiffigen Sakralbauten sind die senkrecht gestellten Pfosten (»Stäbe«), die das mehrfach gestufte Dach stützen. Die Außenwände bilden in einen Rahmen eingelassene Holzplanken. Die »Stäbe« werden oft mit Schiffsmasten

assoziiert, doch ist unklar, ob sie daher oder von der Architektur nordischer Königshallen übernommen wurden.

Besonders schöne Beispiele der Stabkirchenarchitektur sind die Gotteshäuser Heddal in der Telemark (großes Bild) und Borgund in Lærdal (kleine Bilder).

Nord- und Westeuropa

RUND UMS PILGERN

Anreise: Nach Oslo fliegen viele Airlines. Von Trondheim geht es entweder zurück mit der Bahn oder per Gabelflug.

Unterkunft und Verpflegung: Ein gutes Netz an Hotels und Pilgerherbergen säumt den Weg. Da dieser aber vor allem in den Sommermonaten beliebt ist, empfiehlt es sich, vorzubestellen. Die Verpflegung unterwegs ist kein Problem, Wasser kann oftmals aus den Flüssen und Wasserfällen entnommen werden (vorher beim Pilgerbüro erkundigen: www.pilegrimsleden.no), und selbst in entlegenen Tälern bereiten Bauernhöfe für die Gäste eine Mahlzeit.

Beste Reisezeit: Mai bis September sind die besten Monate für das Pilgern. Dabei muss auf jeden Fall nicht nur das Wetter beachtet werden, sondern auch die Länge der Tage. Das Wetter ist oft skandinavisch-launisch. Mit Regen und Kälte muss man immer rechnen.

Tipps: Wem der Weg zu Fuß zu weit ist, der kann nicht nur mit öffentlichen Verkehrsmitteln abkürzen, sondern es gibt auch die Möglichkeit, den Pilgerweg mit den Rad zurückzulegen.

Nicht verpassen: Wer in Trondheim noch Zeit hat, sollte an Bord eines Hurtigruten-Schiffes gehen und auf der Strecke gen Bergen oder Kirkenes die Fjordküste kennenlernen.

Das Ziel der Pilgerreise ist der imposante Nidarosdom in Trondheim (oben).

Nord- und Westeuropa

Irland
Croagh Patrick – Auf den Spuren des heiligen Patrick

Auf dem heiligen Berg Irlands soll schon Sankt Patrick meditiert haben.
Heute führt ein Pilgerweg auf den Gipfel an der Westküste.

STRECKEN-INFORMATIONEN

Distanz: ca. 36 km
Dauer: 3–4 Tage

Etappen:
1. Ballintober/Ballintubber Abbey – Aghagower: 16,4 km
2. Aghagower – Murrisk: 15,7 km
3. Murrisk – Croagh Patrick: 3,6 km

Er sieht aus wie von Menschenhand geschaffen, so gleichmäßig und eben: Der Croagh Patrick ragt wie ein Kegel aus der Landschaft. Schon von Weitem wirkt er mit seiner Gleichmäßigkeit so erhaben, dass er unweigerlich die Blicke auf sich zieht. Kein Wunder, dass der heilige Patrick, der Schutzpatron der Insel, sich ebenfalls wie magisch von dem Berg angezogen fühlte. Im Jahr 441 entdeckte er diesen Berg für sich. Ähnlich wie Buddha soll Patrick 40 Tage lang ohne Nahrung und Wasser auf dem Berg meditiert und gebetet haben. Er hat damit vielen Versuchungen widerstanden, innere Kämpfe gegen eigene Dämonen gefochten und wohl letztendlich so etwas wie Erleuchtung erlangt. Über die Religionsschranken hinweg zeigt sich, dass Heiligengeschichten oft sehr ähnliche Elemente aufweisen. Geläutert und geistig wiedergeboren errichtete Patrick auf der Spitze des Berges eine kleine Kapelle und kehrte zurück in die Zivilisation, um den Menschen zu helfen und um das Christentum zu verbreiten.

Irland und der heilige Patrick sind untrennbar miteinander verbunden. Doch wer war eigentlich dieser Heilige, dem zu Ehren am 17. März sogar irischstämmige US-Amerikaner ihre Flüsse grün färben, sich die Menschen grüne Kleeblätter ins Gesicht malen und überhaupt alles grün getüncht zu sein scheint?

Sankt Patrick ist eigentlich in Großbritannien in einer römischen Familie aufgewachsen, wurde jedoch im Alter von 16 Jahren entführt und als Sklave nach Irland gebracht. Dort lernte er die irische Sprache und studierte die Gewohnheiten der Menschen seiner neuen Heimat. Im Alter von 22 Jahren gelang ihm die Flucht, er setzte nach Gallien über. Dort studierte er Theologie und wurde Mönch, doch die irische Kultur hatte sich längst in sein Herz eingeprägt. So kehrte er freiwillig zurück, um dort zu missionieren und zu predigen. Er gründete Schulen und Klöster und brachte das Evangelium auf die Insel.

Von zentraler Bedeutung ist dabei die Sage um den heiligen Berg Croagh Patrick, auf dem sich der Geistliche einer umfassenden spirituellen Reinigung unterzogen haben soll. Er soll dort oben eine Glocke geläutet und damit alle Schlangen von der Insel verbannt haben. Ob es allerdings jemals Schlangen in Irland gegeben hat, ist bis heute umstritten.

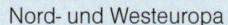
Nord- und Westeuropa

Bis heute stellen die Menschen auf den Umzügen zum St. Patrick's Day dieses Geschehen nach und lassen die Schlangen symbolisch tanzen. Strenggläubige aber nehmen sich den »Tochár Phadraig«-Pilgerweg vor und huldigen dem Heiligen damit auf ihre Weise. Wer es mit der Wallfahrt ganz genau nimmt, lässt sich von körperlicher Pein nicht abschrecken und erklimmt den heiligen Berg auf Knien oder barfuß, um von seinen Sünden befreit zu werden. Ganz so unbequem aber wollen es die meisten Pilger nicht. Sie starten in Wanderschuhen, diese am besten wasserdicht. Denn in Irland vereint ein Tag gerne einmal drei Jahreszeiten in einer Stunde und belohnt aber denjenigen, der draußen ist, dafür mit wunderschönen Regenbögen.

Der Weg auf den Spuren des heiligen Patrick folgt einer uralten Route durch die Grafschaft Mayo, die schon früher als Pferdekutschenstraße die Dörfer um den Berg mit dem Königssitz Connacht verbunden hat. Möglicherweise war auch diese Verbindung ein Grund, warum der irische König Cathal O'Conor im 13. Jahrhundert Ballintubber Abbey errichten ließ. Die Abtei ist das Highlight der ersten Pilger-Etappe. Ballintubber gilt heute als die einzig erhaltene Abtei, die von einem irischen König errichtet worden ist. Viele Kirchen fielen den Eroberungszügen der Engländer zum Opfer, doch Ballintubber überlebte. Eine Kirche, in der stets Gottesdienste gefeiert worden sind. Zeitweise hatte das Gotteshaus kein Dach und es schneite hinein, doch die Gläubigen blieben ihm treu und harrten aus. Noch heute singen und beten die Iren in dieser Kirche. Manche Gottesdienste locken sogar prominente Besucher an; so haben etwa Pierce Brosnan sowie die Popsänger Shane Filan und Michael Patrick Kelly dort geheiratet.

Oben: Am Fuß des Croagh Patrick grasen Schafe vor der Clew Bay. Mitte: auf dem Pilgerweg. Unten: der Croagh Patrick bei Sonnenuntergang.

Nord- und Westeuropa

⭐ Ballintubber Abbey

»Abbey that refused to die« (»Abtei, die nicht sterben wollte«), so lautet der kämpferische Beiname für dieses Gotteshaus. Tatsächlich ist sie die einzige Kirche Irlands, die noch von einem irischen König in Auftrag gegeben und nicht zerstört wurde. Auch als die Truppen Oliver Cromwells im 17. Jahrhundert die Abbey niederbrennen wollten, gelang ihnen das nur bei den Nebengebäuden. Die Abtei selbst überstand den Brand wie durch ein Wunder. Im Jahr 2016 konnte Ballintubber Abbey schon ihren 800. Geburtstag feiern. Und nicht nur deshalb ist die Kirche ein wichtiger Ort für die Iren: In der Nähe gibt es einen Brunnen namens »St Patrick's Well« und vor ihm einen Stein, auf dem angeblich der Knieabdruck des heiligen Patrick zu sehen sein soll. Zu Ostern, in der Karwoche, kann man hier die von Laienschauspielern dargebotenen Passionsspiele ansehen. Diese finden bereits seit 1982 hier statt; Besucher kommen aus ganz Irland.

Die Ballintubber Abbey besteht bereits seit über 800 Jahren. Sie ist ein äußerst spiritueller Ort. Jeden Tag wird hier die heilige Messe gefeiert.

Nord- und Westeuropa

Am Fuße der Partry-Berge gelegen, bietet die Kirche besonders im Frühjahr eine wunderschöne Kulisse. Der Name des Ortes Ballintober stammt übrigens vom irischen Begriff »Baile an Tobair« ab, was so viel heißt wie Dorf der Quelle. Diese Quelle ist natürlich dem heiligen Patrick geweiht, denn er soll in dieser Quelle die Iren zu Christen getauft haben. Bis heute, so erzählt es die Sage, sind in einem Stein nahe an der Quelle, die Abdrücke des Knies des heiligen Patricks zu sehen, da er so oft an der Quelle zugegen war.

Im Kirchengarten erzählen die Ruinen und ein Waschbecken von der alten Pilgerherberge, die sich einst hier befunden hat. Wer möchte, kann noch einen Kreuzweg mit malerischen irischen Steinkreuzen aufsuchen, bevor die Wanderung beginnt. Etwas makaber ist der Startpunkt der Wallfahrt, denn sie beginnt am Friedhof. Dort befindet sich das Grab eines Mörders, der einen Priester umgebracht hat. Beim Versuch, einen weiteren Priester zu ermorden, starb er jedoch selbst. Dieser Priestermörder wurde mit dem Kopf nach Norden beerdigt, anstatt wie üblich, das Gesicht gen Osten blicken zu lassen. Heute wächst eine stattliche Esche auf dem Grab, das ihre Wurzeln in zwei Teile gebrochen hat, und markiert den Anfangspunkt des Pilgerweges.

Sanft wellt sich die Landschaft auf dem Weg, der sich über Wiesen schlängelt. Wie überall in Irland sind auch hier Schafe gerne die Wegbegleiter; manchmal grasen sie in der Ferne, manchmal kreuzen sie den Weg des Pilgers. Nach einiger Zeit wird dem Wandernden auffallen, dass sich immer wieder Steinplatten am Wegesrand zu finden sind. »Cloch Phádraig« werden sie genannt, Reste alter Straßen, die zum heiligen Berg geführt haben. Die Straßenführung hat sich inzwischen geändert, und der Pilger genießt auf seinem Weg die Einsamkeit und Weite der Landschaft.

Rund 16 Kilometer misst der zweite Abschnitt der Strecke, der in Aghagower beginnt. Der Ort hat sich um ein altes Kloster gebildet, das von Patrick gegründet worden sein soll. Schon von Weitem ist ein Rundturm sichtbar. Er stammt aus dem 10. Jahrhundert und diente einerseits Pilgern als Landmarke, andererseits aber auch als Rückzugsort und Ausguck bei feindlichen Angriffen. Der Rundturm, der sich malerisch über die Ruinen des alten Klosters erhebt, bildet einen schönen Stopp. Wer sich genauer auf dem Gelände umsieht, findet auch noch alte Becken, die einst als Waschbecken für Pilger gedient haben sollen.

Die Hälfte der Strecke ist geschafft. Wer nun übernachten will, muss einen Schlenker über Westport machen. Dort befinden sich die nächsten Hotels und Pensionen.

Auf der zweiten Etappe gewährt der heilige Berg immer wieder Blicke. Die Landschaft ist flach und lässt Fernsicht zu. Je länger man geht, desto öfter gerät Croagh Patrick in Sichtweite. Doch die Nähe täuscht: Es ist noch eine Tagesetappe zu gehen.

Immer wieder kommen einem Ansammlungen von Steinen ins Blickfeld, doch einer davon ist etwas Besonderes: Der große, flache Boheh Stone ist mit den typisch frühzeitlichen Schnecken- und Sonnensymbolen verziert, die an Graffiti erinnern. Der Stein markiert eine Stelle, an der sich im April und August ein einzigartiges Naturschauspiel beobachten lässt: Es wirkt, als würde die untergehende Sonne den Berg hinabrollen.

Schon bald erreicht der Pilgerpfad die Hänge des heiligen Berges. Auch wenn der Berg gar nicht so steil aussieht, hat es der Aufstieg in sich und kann gut und gerne vier Stunden in Anspruch nehmen. Diese Zeit sollten Pilger unbedingt einplanen. Der Aufstieg erfolgt immer über Murrisk Abbey. Die Ruinen des Klosters strahlen eine schöne Stimmung aus, bei der sich noch einmal gut Kraft schöpfen lässt.

Der Croagh Patrick (oben) ist der treue Begleiter der Pilger. Der Berg ragt zum Beispiel auch hinter der Augustinerabtei Murrisk Abbey auf (unten).

Westport

Nur zehn Kilometer östlich des Berges Croagh Patrick liegt die Ortschaft Westport. Von hier aus machen Besucher den Berg als markanten Landschaftspunkt aus und können sogar die Kapelle auf seinem Gipfel erblicken. Westport ist eine der wenigen Städte Irlands, die auf dem Reißbrett geplant wurden. Bevor Ende des 18. Jahrhunderts der Bau der Stadt in Auftrag gegeben wurde, befand sich hier nur ein kleines Dorf namens Cathair na Mart. Damals war das prächtige Westport House der wichtigste Arbeitgeber der Menschen. Auch heute zählt das Herrenhaus, das seit den 1960er-Jahren ein Museum ist, zu den wichtigsten Sehenswürdigkeiten – ein Piraten-Abenteuerpark für Kinder zieht Familien an. Westport selbst lädt ein in Cafés und Restaurants, in denen Gastfreundschaft großgeschrieben wird.

Malerisch zeigt sich der Ort am Carrowbeg River (großes Bild) mit seinem pittoresken Stadtkern und mit dem Westport House (kleines Bild), einem wunderschönen alten Herrenhaus.

Es stammt aus dem 15. Jahrhundert und wurde als Augustinerabtei gegründet. Obwohl das Dach eingefallen und bis auf die Fassade kaum noch etwas erhalten ist, ist es ein besonderer Ort. Wer sich das Ostfenster anschaut, kann noch die ursprüngliche Pracht erahnen.

Noch einmal verschnaufen, und dann gilt es, den heiligen Berg zu erklimmen. Dieser mag für Menschen aus dem alpinen Raum nach einem Kinderspiel aussehen, aber so leicht ist er dann doch nicht zu bezwingen. Schon von Weitem lässt sich der Pilgerweg als weißer Pfad am Bergrücken erkennen. Unten grüßt eine St.-Patrick-Statue, die ganz in Weiß gehalten ist, die Pilger. Und dann geht es auf den Berg. Was von unten gar nicht so schlimm ausgesehen hat, erweist sich weiter oben als nur für Schwindelfreie geeignet. So manch einem könnte mulmig werden, wenn er entlang der flachen Steinbrocken nach unten schaut, denn an einigen Stellen geht es ganz schön steil bergab. Breit und steinig führt der Pfad direkt nach oben durch die baumlose Weite. Wer nicht grade am Hauptpilgertag im Juli unterwegs ist, wird kaum auf Besuchermassen

treffen und mit etwas Glück die Landschaft und Aussicht für sich allein haben.

Doch die Mühe lohnt sich, denn oben erwartet den Pilger ein wundervoller Ausblick auf die Bucht von Clew und den Atlantik. Mehr als 100 Inseln liegen in dieser Bucht und zeichnen sich als blaue Silhouetten am Horizont ab. Auf der Bergspitze befindet sich ein Steinensemble, das als Bett Patricks gilt und von Pilgern hoch verehrt wird. Jetzt noch einen Gang zur weißen Kapelle auf dem Gipfel des Berges, bevor der Abstieg beginnt.

In Murrisk informiert ein Besucherzentrum über den Croagh Patrick. Ein nahe gelegenes Kloster diente im Mittelalter als Pilgerherberge, heute sind nur noch Ruinen davon übrig. Sie breiten sich malerisch am Fuß des heiligen Berges aus und vermitteln dem Pilger einen würdigen letzten Eindruck, bevor er seinen Rucksack für die Rückreise schultert.

Jährlich im Juli erklimmen Scharen von Pilgern den Croagh Patrick. Oben haben sie eine herrliche Panoramasicht.

Croagh Patrick

Der 764 Meter hohe heilige Berg Irlands ist benannt nach dem Nationalheiligen der Insel. Viele Legenden ranken sich um das Leben des heiligen Patrick (ca. 389–461), über dessen Herkunft es keine historisch verlässlichen Berichte gibt und dessen Vita sich zum Teil aus Berichten über den ebenfalls heiliggesprochenen Palladius speist, einen gallischen Missionsbischof des 5. Jahrhunderts. Patrick soll als Sohn eines Diakons im damals römischen Britannien – in Bannaventa Berniae (Wales) oder im heutigen Kilpatrick (Schottland) – geboren und als Sechzehnjähriger von Piraten gekidnappt worden sein. Diese verkauften ihn als Sklaven nach Irland, wo er sechs Jahre lang Schafe hüten musste, bis ihm die Flucht in seine Heimat gelang. Einer Vision folgend, soll er dann die Iren zum Christentum bekehrt haben.

Wie viele Heiligenstatuen in Irland ist die des hl. Patrick ganz in Weiß gehalten (großes Bild). Der Heilige begleitet die Pilger, deren Ziel der Gipfel des Berges ist (kleines Bild).

Nord- und Westeuropa

ℹ RUND UMS PILGERN

Anforderung: Bei diesem Weg handelt es sich um eine einfach zu wandernde Strecke, lediglich der Aufstieg auf den Gipfel erfordert Kondition und etwas Mut.

Unterkunft und Verpflegung: Beim Start der Route ist es erwünscht, dass sich der Pilger in der Ballintubber Abtei registriert und nach Beenden der Tour dies dort auch wieder bekanntgibt (praktischerweise kann man hier einfach auf den Anrufbeantworter sprechen). Pilgerherbergen sind in der dünn besiedelten Gegend im County Mayo schwer aufzutun. Eine Übernachtung im nahen Westport ist daher empfehlenswert.

Beste Reisezeit: Die Monate Mai, Juni und September eignen sich hervorragend für die Wallfahrt. Wenn es sich irgend vermeiden lässt, sollte man nicht gerade am großen Pilgertag Reek Sunday auf den heiligen Berg gehen. Denn am letzten Sonntag im Juli strömen die Iren in Massen auf diese Strecke. Bis zu 25 000 Menschen können dann gleichzeitig unterwegs sein! Der Reek Sunday auf dem Croagh Patrick in Begleitung zahlreicher Mitpilger ist schon ein ganz besonderes Erlebnis. Doch von Besinnung und Ruhe kann dann wohl keine Rede mehr sein.

Nicht verpassen: Im nahe gelegenen Westport gibt es eine Kultkneipe, in der es fast jeden Abend Livekonzerte mit irischen Bands zu hören und zu sehen gibt. »Matt Molloy's« ist ihr Name. Zwar verabschiedet man sich dann von der besinnlichen Reise, doch ein wenig irische Kultur tut nach dem Pilgern vielleicht ganz gut.

Wenn sich die Pilger nach der besinnlichen Wanderung wieder etwas unter die Leute mischen wollen, eignet sich dafür der Pub »Matt Molloy's« in Westport. Hier spielt regelmäßig Livemusik.

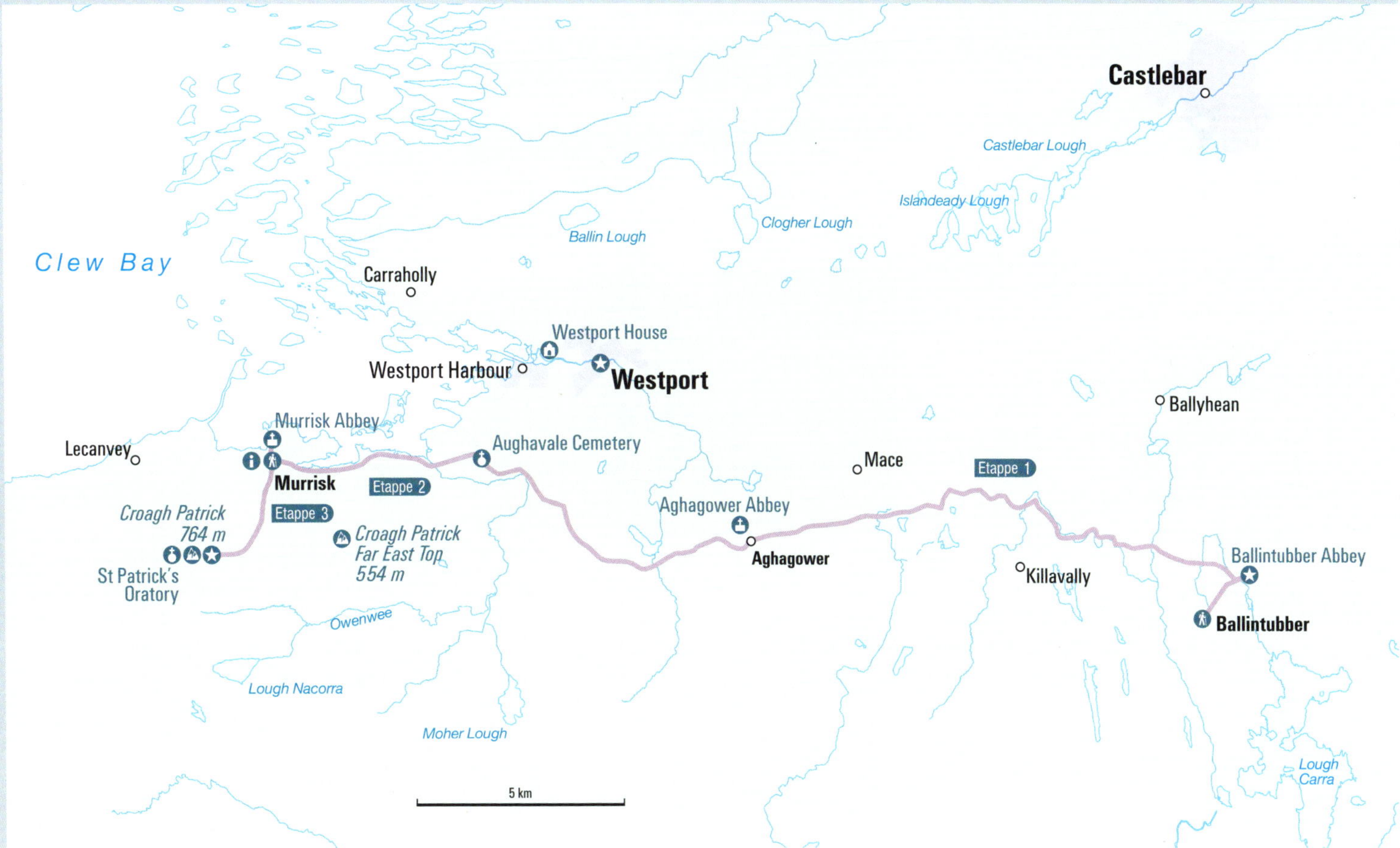

Nord- und Westeuropa

Schottland, England
St Cuthbert's Way

Auf diesem Weg bekommen die Pilger beides geboten: die harmonischen Hügel der schottischen Landschaft und ein überwältigendes Finale auf Holy Island.
Der St Cuthbert's Way wird unvergesslich bleiben.

STRECKEN-INFORMATIONEN

Distanz: ca. 100 km
Dauer: 6–8 Tage
Höhenmeter: 2075 m im Aufstieg

Etappen:
1. Melrose – St Boswells: 10 km
2. St. Boswells – Jedburgh: 16 km
3. Jedburgh – Morebattle: 18 km
4. Morebattle – Kirk Yetholm: 10 km
5. Kirk Yetholm – Wooler: 23 km
6. Wooler – Fenwick: 18 km
7. Fenwick – Lindisfarne: 10 km

Nicht nur die innere Einkehr, sondern auch die Schönheit eines Weges ist wichtig, um eine Pilgerreise erfolgreich zu gestalten. In dieser Hinsicht gibt es am St Cuthbert's Way nichts zu kritisieren. Das ist aber auch nicht anders zu erwarten, wenn die Strecke durch das spektakuläre schottische Hinterland führt. Vorbei an verlassenen Abteien, beeindruckenden Burgruinen, und am Ende lockt das Meer. Der spirituelle Hintergrund dieses Pilgerweges ist auf seinen Namensgeber, den nordhumbrischen Mönch und Bischof von Lindisfarne, zurückzuführen: den heiligen Cuthbert. Zahlreiche Legenden ranken sich um den im Jahr 635 im schottischen Dunbar geborenen Mann. So soll ihm ein Engel geholfen haben, die lahme Hüfte zu heilen. Zudem wurde ihm nachgesagt, Stürme mit Gebeten besänftigt zu haben, um Mönche aus Seenot zu retten. Die spirituelle Erleuchtung kam ihm allerdings, als er sah, wie die Seele des Bischofs und Missionars Aidan von Lindisfarne nach dessen Tod von Engeln in den Himmel getragen wurde. Nach diesem Ereignis, das wohl im übertragenen Sinne und nicht wörtlich zu nehmen ist, widmete er sein Leben der Religion.
Im Benediktinerkloster von Melrose erzogen irische Mönche den körperlich starken, aber vom Wesen her sanften jungen Mann. Später wurde er Prior von Melrose, zog sich aber im

Jahr 676 auf eine der unbewohnten Farne-Inseln zurück und baute eine Einsiedelei.
Ein spannendes Detail seiner Geschichte: Cuthbert schuf in Lindisfarne wohl das erste Naturschutzgesetz der Menschheit. Da immer mehr Pilger auf die Insel kamen, legte er Regeln fest, um die dort nistenden Enten und Seevögel zu schützen. Im Jahr 684 schließlich wurde er zum Bischof von Hexham und später von Lindisfarne geweiht. Als er drei Jahre danach auf die Farne-Inseln zurückkehrte, starb er kurz nach der Ankunft an Auszehrung und Geschwüren an den Füßen. Zahlreiche Krankenheilungen sollen sich seitdem an seinem Grab ereignet haben.

Der Wander- und Pilgerweg, der an den heiligen Cuthbert erinnert, startet in der Melrose Abbey, in der sein religiöses Wirken begann. Das Ende markiert seine erste Grabstätte auf Holy Island. Obwohl das Wirken und die Legenden um den Heiligen schon sehr alt sind, entstand der Pilgerweg erst 1996. Dennoch erfreut er sich inzwischen großer Beliebtheit, ohne Menschenmassen wie auf dem Jakobsweg anzuziehen. Pro Jahr sollen inzwischen rund 2500 Pilger auf dem 100 Kilometer langen Weg unterwegs sein. Meist wird die Strecke von West nach Ost begangen. Das ist allerdings keine Notwendigkeit; der Grund ist wohl, dass die meisten Menschen lieber in Richtung Meer als vom Meer weg gehen.

Der Besuch von Melrose Abbey wird ein wenig dauern, daher lohnt sich schon vor dem Auftakt eine Übernachtung in dem Städtchen. Allzu viel darf man davon nicht erwarten, doch die alte Marktstadt ist hübsch, viele kleine Geschäfte säumen ihre Straßen und typisch schottische Pubs sind ebenfalls zu finden.

Der Weg nach dem Start ist noch relativ flach, steigt aber bald steil an auf die imposanten Eildon Hills. Die Landschaft hier ist sattgrün und die Aussicht von den Hügeln traumhaft. Allzu fordernd ist der St Cuthbert's Way zwar nicht, insgesamt ist aber auf der Gesamtstrecke doch ein Höhenunterschied von 2000 Metern zu bewältigen. Die Anfangsetappe hat schon manchen mit seiner Konstitution hadern lassen. Da es auf einem Pilgerweg aber auch darum geht, die Zweifel hinter sich zu lassen, gilt es, diese erste Herausforderung zu bewältigen. Danach wird man im Ernstfall mit sich selbst gnädig sein und entscheiden, ob in Newtown St Boswells an diesem Tag nach zehn Kilometern bereits Schluss ist oder ob die Strecke nach Jedburgh doch noch angehängt werden soll. Es kommt sicher auch auf die Zeit an, die der Pilger zur Verfügung hat.

Insgesamt gesehen, gilt dennoch auf jedem Weg, nicht nur auf Pilgerpfaden: Wer genießen will, muss sich auch die Zeit dafür nehmen.

**Linke Seite: Glasmalerei in der St Cuthbert's Chapel auf Inner Farne Island.
Oben: »The Journey« nennt sich diese Holzskulptur von Fenwick Lawson in der Kirche Saint Mary the Virgin, Holy Island.**

Melrose Abbey

David I. gründete 1136 diese Zisterzienserabtei. Ein Wagnis, denn die Grenze zum verfeindeten England war nah. Und so kam es, wie es wohl kommen musste: Im 14. Jahrhundert fiel Melrose Abbey Edward II. und seinen Truppen zum Opfer. Die Klosteranlage wurde wiederaufgebaut, erneut niedergebrannt und abermals errichtet. 1544 aber war ihr Schicksal besiegelt. Zwar gab es bis 1590 noch Mönche, doch zu einem erneuten Wiederaufbau kam es nicht mehr. Was geblieben ist, zieht dennoch jedes Jahr Besucherscharen an. Das liegt zum einen an der Handwerkskunst der Baumeister, die an den verzierten Kapitellen und Skulpturen noch gut zu erkennen ist. Zum anderen an den Gräbern bedeutender schottischer Könige und an der Geschichte, die sich um die Abtei rankt. Außerdem soll 1996 das Herz von Robert the Bruce (König Robert I. von Schottland, 1274 bis 1329) gefunden worden sein.

Wie ein Gemälde aus der Romantik wirkt die Ruine von Melrose Abbey.

Nord- und Westeuropa

Und wer mit sich ins Reine kommen will, darf sich durchaus plagen und quälen. Nur eilig darf er es nicht haben, um am Ende ans Ziel zu gelangen.

Doch genug der philosophischen Gedanken: Am Ende der Etappe, egal ob sie zweigeteilt ist oder nicht, steht Jedburgh. Schon die Namensgebung des Ortes birgt eine Kuriosität: Immerhin gab es seit dem 9. Jahrhundert sage und schreibe 83 Namensvariationen des Städtchens. Unbedingt sehenswert ist in Jedburgh die Respekt einflößende Ruine des Augustinerklosters. Im 12. Jahrhundert gegründet, stehen heute noch die Mauern des beeindruckenden Kirchenschiffes, dem allerdings das schützende Dach fehlt. Ebenfalls einen Besuch wert ist die ehemalige Festung Jedburgh Castle. Heute ist sie ebenfalls zerstört. Einst aber war sie Königssitz, wechselte immer wieder zwischen englischen und schottischen Besitzern und war die letzte englische Hochburg, die 1409 geschliffen wurde. Eine kulinarische Besonderheit sind die »Jethart Snails«. Das Süßgebäck mit Minzgeschmack muss nicht jedermann munden, ist aber immerhin einzigartig. Es wird ausschließlich im »Brown Sugar Coffee Shop« verkauft.

Die Pilger verlassen tags darauf die alte Marktstadt und machen sich auf den Weg in Richtung Morebattle. Eine hügelige Agrarlandschaft lässt auf einem einfach zu gehenden, teils sehr schmalen Weg viel Zeit, in sich zu kehren. Immerhin stehen an diesem ersten Tag 18 Kilometer auf dem Plan. An heißen Tagen werden die Pilger froh sein, dass es mitunter durch Buchenwälder geht, die den Weg säumen. Wer die Landschaft Schottlands genießen will, kommt an diesem Pilgertag auf jeden Fall auf seine Kosten. Der Zielort Morebattle ist dagegen eher schmucklos. Ein typisches schottisches Dorf eben, das bei Sonnenschein charmant, bei Regenwetter mit dem groben Mauerwerk seiner Häuser jedoch trostlos erscheint. Interessant ist der Besuch der örtlichen Pfarrkirche, die seit 1116 zur Diözese Glasgow gehört. Das immer wieder zerstörte, neu aufgebaute und erweiterte Kirchlein steht auf einem kleinen Hügel und ist von Wiesen umgeben. Alte Grabsteine, die teils schon krumm und schief im Boden stecken, unterstreichen den rustikalen Charme des Gotteshauses.

Nicht wundern darf man sich über die Namensgebung der »Teekannenstraße«. Sie wurde vom Schriftsteller Sir Walter Scott so benannt, als er bei einem Spaziergang durch das Dorf verwundert bemerkte, dass sich etliche Hausfrauen mit Teekannen in den Händen zu einem nahe gelegenen Picknickplatz bewegten. Amüsiert nannte er die betreffende Straße die Teekannenstraße. Genau so heißt sie auch heute noch: »Teapot Street«.

Ohne Teekanne, aber mit dem Rucksack auf den Schultern und den Wanderstöcken in den Händen bewegen sich die Pilger auf der nächsten Etappe in Richtung Kirk Yetholm. Der Weg führt hinein in die Vorberge der Cheviot Hills. Nach der Überquerung des Flusses Kale Water geht es steil nach oben. Es folgt nun der anstrengendste Teil der gesamten Wanderung, ehe der höchste Punkt erreicht ist. Der Name des Berges ist Programm: Wideopen Hill.

Großes Bild: Blick in die Ruine des Kirchenschiffs von Jedburgh Abbey aus dem 12. Jahrhundert. **Kleines Bild:** Trockensteinmauer am Wideopen Hill.

Nord- und Westeuropa

Genauso ist auch die Aussicht von dort: Weit und offen nach allen Seiten. Der Blick auf Yetholm, den See und die Agrarlandschaft ist traumhaft!

Kirk Yetholm ist vor allem dafür bekannt, das nördliche Ende des legendären Pennine Ways zu sein. Der englische National Trail ist 431 Kilometer lang und erstreckt sich auf einem kleinen Abschnitt bis nach Schottland. Der Pennine Way, der in Edale im nördlichen Derbyshire Peak District beginnt und in Kirk Yetholm endet, zählt zu den härtesten Trails Großbritanniens. Als offizielles Ende des Weges gilt das Border Hotel Public House in Yetholm, das schon aus diesem Grund für Übernachtungen vorgebucht werden sollte. Zumal auch der Scottish National Trail, ein 864 Kilometer langer Wanderweg von Cape Wrath in den Highlands ausgehend, hier endet. Neben dem Grenzhotel empfehlen Pilger stets auch das Bed & Breakfast. Für Pilger mit eigenem Zelt wird es ab der Grenze schwierig. Während wildes Campen in Schottland erlaubt ist, verbieten es die englischen Gesetze.

Drei Kilometer östlich von Kirk Yetholm erreichen die Wanderer den Grenzkamm. Die heutige Wegstrecke von 23 Kilometern bedingt frühes Aufstehen und baldiges Losmarschieren, zumal auch die Landschaft deutlich hügeliger wird. Die Pilger erreichen an diesem Tag den Northumberland National Park, den nördlichsten Nationalpark Englands. Das winzige Dorf Hethpool ist ein Zwischenziel, ehe der schöne Weg durch meist flache Vegetation weiterführt durch die Ausläufer der Cheviot Hills bis zur Stadt Wooler. Die Cheviot Hills sind auch für die Stadt bedeutsam, da sie als Basis für Wanderungen dorthin gilt. Etliche Hotels, eine Jugendherberge, Geschäfte und Pubs sowie ein Campingplatz sind zu finden und laden zu einem Pausentag ein.

Das nächste Tagesziel Fenwick ist für die Pilger längst nicht so bedeutend wie der Besuch der St Cuthberth's Cave. In diese Höhle, einem Sandsteinüberhang, wurde die Leiche des Heiligen im Jahr 875 von Mönchen versteckt, als sie den Sarg aus Angst vor Wikingerüberfällen in Sicherheit brachten – die ursprüngliche Grabstelle war auf Holy Island. Der Legende nach verweste Cuthberts Leiche nicht, sondern war auch nach mehrfacher Öffnung des Sarges vollständig erhalten. Erst in späteren Jahrhunderten entlarvten Forscher die Sage als religiöse Falschmeldung der Vergangenheit. Oberhalb der Höhle genießen die Pilger auf dem weiteren Weg nun grandiose Ausblicke auf die Landschaft. Aber auch das Ziel dieser Pilgerreise, die Heilige Insel, ist bereits zu sehen. Davor allerdings steht noch eine Zwischenübernachtung in Fenwick an. Es sei denn, die Muskeln sind nun schon so gut trainiert, dass sie eine knapp 30 Kilometer lange

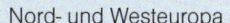

Nord- und Westeuropa

Wanderung locker bewältigen. Dann wäre das Weiterlaufen nach Holy Island eine Option. Doch es wäre schade, an diesen landschaftlich schönen Abschnitten vorbeizuhetzen. Die letzte Wegstrecke der Pilgerreise ist nur zehn Kilometer lang. Das macht Sinn, denn am Ende bestimmen die Gezeiten, wann es überhaupt möglich ist, auf Holy Island zu gelangen. Gute fünf Stunden wird der Damm bei Flut überspült, die restliche Zeit ist er begeh- und befahrbar. Pilger nehmen entweder die Straße oder den mit Holzpfosten abgesteckten Weg zur Insel. Letzterer ist die historische Variante, sich dem Endpunkt der Wanderung zu nähern. Wer nun mit einer romantischen, einsamen Ankunft rechnet, muss Glück haben. Schon vor dem Örtchen ist ein großer Parkplatz für Besucher zu finden, Gartenlokale bieten Essen und Trinken an, Hinweisschilder für Toiletten sind zu finden sowie Durchfahrtsverbote und Bitten, doch alles sauber zu halten. Mitunter sind Massen von Menschen hier unterwegs, Schulkinder auf Klassenausflügen, Reisebusse bringen Touristen in das Örtchen und zum Besucherzentrum.

Es ist den Pilgern daher zu empfehlen, sich frühzeitig von der Straße fernzuhalten und den Ort zu umgehen, um von hinten über schmale Wege am Ufer in die Nähe der Ruine der Monastery of Lindisfarne und zum sehenswerten Lindisfarne Castle zu kommen. Mit etwas Glück ist dort auch ein Hauch der Stille zu finden, die Cuthbert an dem Inselchen so faszinierte. Wenn am frühen Abend die vielen Menschen wieder verschwunden sind, kommt auch Holy Island zur Ruhe. Es ist daher wohl nicht die schlechteste Idee, anlässlich des Endes dieser Pilgerreise auf der Insel zu übernachten. Schließlich sollte ein Weg wie der auf den Spuren des hl. Cuthbert auch einen innerlich angemessenen Abschluss finden.

Links: Windy Gyle in den Cheviot Hills. Mitte: Sycamore Gap am Hadrianswall (oben); St Cuthbert's Cave (unten).

⭐ Holy Island of Lindisfarne

Im Jahr 635 holte König Oswald den irischen Mönch Aidan nach Northumbrien und machte ihn zum Bischof seines Reiches. Auf der Insel Lindisfarne errichtete Aidan eine Priorei. Dort entstand Anfang des 8. Jahrhunderts eine Abschrift des Neuen Testaments, die berühmte Handschrift der »Lindisfarne Gospels«, die mit herrlichen Illustrationen versehen ist. Berühmt ist auch der Abt Cuthbert, der in den anhaltenden irischen und römisch-katholischen Konflikten im 8. Jahrhundert zu vermitteln versuchte. Er lebte später als Einsiedler in der Nähe von Lindisfarne, bestattet ist er aber in der Kathedrale von Durham. Die heutige, nur noch als Ruine erhaltene Klosterkirche wurde 1120/50 erbaut. 1536 wurde die Benediktinerabtei aufgegeben. Holy Island ist bis heute eine wichtige Pilgerstätte geblieben.

Großes Bild: die Ruine der romanischen Abtei auf Holy Island. Lindisfarne Castle (kleines Bild) ist auf einigen Gemälden des berühmten Malers William Turner verewigt.

Nord- und Westeuropa

ℹ RUND UMS PILGERN

Anforderung: Eine Wanderung wie die auf dem St Cuthbert's Way ist aufgrund ihrer Länge auch für erfahrene Läufer durchaus zehrend. Die Anforderungen sind bis auf zwei etwas heftigere Steigungen aber nicht sehr hoch. Für weniger Trainierte lohnt es sich eventuell, einen Gepäcktransport zu buchen. Angebote, die u. a. auch die Möglichkeit bieten, mit geführten Gruppen unterwegs zu sein, sind im Internet zu finden: www.stcuthbertsway.info.

Unterkunft und Verpflegung: Es gibt in den Dörfern zwar meist keine Supermärkte, aber immer wieder kleine Läden, in denen die wichtigsten Lebensmittel gekauft werden können. Kneipen und Pubs sind vor allem in den größeren Orten vorhanden. Übernachtungsmöglichkeiten findet man z. B. unter: www.stcuthbertsway.info/placegroups/accommodation.

Beste Reisezeit: Ab Juni ist das Wetter, das in Schottland stets wenig vorhersehbar ist, recht stabil und angenehm zum Pilgern.

Nicht verpassen: Falls in Wooler ein Ruhetag eingelegt werden soll, empfiehlt sich die Wanderung zum Yeavering Bell, einem Berg, der von einer großen Festung aus der Eisenzeit gekrönt ist. Die Überreste etlicher Steinhütten beeindrucken hier neben der bei gutem Wetter schönen Aussicht.

Der Hügel Yeavering Bell in den Cheviot Hills lohnt den Aufstieg, denn die Reste einer Festung aus der Eisenzeit sowie die Aussicht sind unvergesslich.

England
Pilgrim's Way – Von Winchester nach Canterburry

Ein uralter Büßerweg durch liebliche Landschaft:
Durch die schönste Landschaft Südenglands führt dieser Weg von West nach Ost
und der Pilger wandelt auf den Spuren der Büßerreise Heinrichs II.

STRECKEN-INFORMATIONEN

Distanz: 323 km
Dauer: mindestens 15 Tage

Etappen:
1. Winchester – Alresford: 16 km
2. Alresford – Alton: 21 km
3. Alton – Farnham: 16 km
4. Farnham – Guildford: 22 km
5. Guildford – Dorking: 16 km
6. Dorking – Reigate: 14 km
7. Reigate – Westerham Hill: 22 km
8. Westerham Hill – Wrotham: 14 km
9. Wrotham – Rochester: 19 km
10. Rochester – Thurnham: 20 km
11. Thurnham – Lenham: 12 km
12. Lenham – Wye: 18 km
13. Wye – Canterbury: 22 km

Es sind oftmals uralte Handelswege, denen die Pilgerrouten folgen. So ist es nicht nur mit vielen Abschnitten des Jakobsweges, sondern auch mit dem wohl bedeutsamsten Pilgerweg Englands. Schon unter den Römern ist die Strecke von Winchester nach Canterbury diesem oder einem sehr ähnlichen Vorlauf gefolgt. Dass sie aber auch spirituelle Bedeutung erlangte, wird mit Vorfällen aus dem 12. Jahrhundert begründet: König Heinrich II. machte seinen engen Berater zum Erzbischof von Canterbury und wollte mit dem Schachzug seinen Einfluss auf die Kirche stärken. Doch als Erzbischof hatte Thomas Becket in vielem plötzlich ganz andere Vorstellungen als der König, vor allem in der Frage, wer eigentlich Recht sprechen dürfe. Sind es die kirchlich eingesetzten Gerichte oder die weltlichen? Schon bald kam es zum Zerwürfnis der beiden, Becket floh nach Frankreich, wo er für einige Jahre lebte. Als er nach England zurückkehrte, eskalierten die Provokationen Beckets und

die Sanktionen seitens des Königs. Heinrich II. wurde so wütend, dass seine Leibgarde glaubte, er hätte zum Mord an Becket aufgerufen. Sie zogen vom Königssitz Winchester nach Canterbury und ermordeten Becket mitten in der Kathedrale.

Dies war kein kluger Schachzug, denn die Kirche sah die Ermordung als Angriff auf ihre Immunität und ihre Selbstständigkeit an. Nur drei Jahre nach seinem Tod wurde Thomas Becket heiliggesprochen. Als Zeichen der Sühne pilgerte Heinrich II. ein Jahr später barfuß von Winchester nach Canterbury und annoncierte Becket als seinen Schutzpatron. König Heinrichs Bußgang ging in die Geschichte ein und die Strecke wurde eine der wichtigsten Pilgerrouten Englands.

Warum aber beginnt sie in Winchester und nicht in London? Ganz einfach weil London nicht immer die Hauptstadt des Königreichs war. Vom 9. bis 11. Jahrhundert war Winchester die Hauptstadt. König Alfred der Große (849–899) ließ Großteile der Stadt errichten und legte den Grundstein für den Aufstieg zur Weltmetropole des Mittelalters. Ein Brand zerstörte im 12. Jahrhundert die Stadt und damit zugleich ihre Hoffnung, als wichtiges Zentrum des Landes zu gelten.

Das geistliche Zentrum von Winchester ist zweifelsfrei die Kathedrale. Sie wurde im Jahr 1079 erbaut und gilt als zweitlängste Kathedrale in Europa. Umgeben von grünen Wiesen, strahlt das steingraue Gebäude bis heute eine ganz eigene Art gotischer Eleganz aus. Einige Besucher werden sich verwundert die Augen reiben, denn möglicherweise kennen sie das Gebäude aus dem Film »Der da Vinci Code«. Wilhelm der Eroberer verpasste dem Gotteshaus sein heutiges Aussehen. Ein Besuch im Inneren ist ein Muss für Gäste der Stadt; hier liegt u. a. die Dichterin Jane Austen beerdigt. Von der Kathedrale aus führt der Weg zur Great Hall, vorbei an interessanten Häusern wie Cheyney Court. Dort soll der Runde Tisch von König Artus zu sehen sein. Das zugehörige einstige Schloss beherbergt heute ein Geschichtsmuseum.

Wer durch die Stadt Winchester spaziert, bummelt entlang gut erhaltener Fachwerkstraßen, die gesäumt sind von kleinen Geschäften und Cafés. Ein Abstecher zum Ufer des River Itchen und zur alten Wassermühle lohnt sich, um in die Atmosphäre der Stadt einzutauchen.

Dann aber gilt es endlich, loszupilgern! Die erste Etappe nach Alresford ist eine Strecke, die sehr einsam und ländlich ist. Sie führt über Wiesen und durch Wäldchen. Nur wenige Spuren von Zivilisation sind hier zu entdecken. Das liegt am South Downs National Park, durch den die Strecke verläuft. Er sorgt vor allem immer wieder für frisches Wassergurgeln am Wegesrand, denn der Itchen ist der Begleiter

Linke Seite: Statue von König Alfred dem Großen in Winchester. Oben: die abendlich beleuchtete Winchester Guildhall.

⭐ Winchester Cathedral

Der 1079–1093 errichtete Dom von Winchester ist ein Zeugnis jenes Baubooms, dem England nach der Eroberung durch die Normannen 1066 eine Vielzahl neuer Kirchen verdankt und dem die englische Spielart der Romanik seinen Namen gab: Norman Architecture. Aus dieser Zeit erhalten sind noch das nördliche Querhaus und die Krypta. Als typisch für den englischen Kirchenbau gelten die Raumaufteilung von Arkaden, Triforium und Fenstergaden im Langhaus – mit 168 Metern das längste Europas – und der Retrochor (1189 bis 1202). Mit diesem begann auch die Umgestaltung der Kathedrale im Stil der Spätgotik, die schlanke Gestaltungsformen bevorzugte. Im 14. Jahrhundert erhielt das Mittelschiff ein Fächergewölbe, und es entstand die Westfassade mit Blendmaßwerk und großem Fenster. Berühmt ist Winchester Cathedral vor allem für ihre kunstvoll gearbeiteten Grabkapellen. Des Weiteren entstand hier die »Winchester Bible«, eine der schönsten Bibelhandschriften ganz Englands aus dem 12. Jahrhundert.

Die imposante Winchester Cathedral ist eine der größten Kathedralen Großbritanniens. Hauptschiff und Chor stammen aus dem 14. Jahrhundert (großes Bild). Kleines Bild oben: Great Hall.

dieser Etappe. Schon bald kommt die ehemalige Benediktinerabtei Hyde Abbey als Orientierungspunkt in Sicht. Der Bau ist dem Verfall preisgegeben, seit die Truppen auf Befehl Heinrichs VIII. alle katholischen Kirchen im Land zerstörten.

Einige Kirchen liegen nun am Wegesrand, ebenso wie eine Fischerhütte, in der der einstige britische Außenminister Edward Grey einige Tage verbrachte, bevor 1914 der Erste Weltkrieg ausgerufen wurde. Von dort aus ist es nicht weit bis zum Avington Park mit dem prächtigen Herrenhaus aus dem 17. Jahrhundert, das ebenfalls einen Besuch lohnt.

Auf der nächsten Etappe befinden sich abgelegene Dörfer wie Bishop's Sutton. Die Strecke ist wunderbar naturbelassen, Asphaltstraßen sind auf der gesamten Streckenführung eine Seltenheit. Der Weg führt über Wiesen, die vor allem im Frühjahr mit ihrer Blütenpracht leuchten. Es geht oftmals unter würzig duftenden Eichen entlang nach Chawton.

Chawton ist ein verträumter Flecken am Rande des großen Naturparks, dessen ländliche Idylle schon die Schriftstellerin Jane Austen inspiriert hat. 1809 lebte sie bis zu ihrem Tod in dem Ort, weil ihr Bruder ihr ein kleines Cottage zur Verfügung gestellt hatte. Der Backsteinbau ist heute als Museum der Schriftstellerin gewidmet und der größte Besuchermagnet des kleinen Dorfes. Auch das Chawton House, das ihrem Bruder gehörte, lohnt einen Blick ebenso wie die Nikolaikirche, auf deren Friedhof Gräber der Austen-Familie zu finden sind.

Der Endpunkt der Etappe ist das Städtchen Alton. Wer Glück hat, kommt dort an einem Dienstag an. Dann findet der Wochenmarkt mit seinen bunten Ständen statt. Alton ist der Endpunkt der historischen Watercress Line, einer Eisenbahnlinie, deren historische Dampfzüge noch immer durch die Landschaft zuckeln. Historisch Interessierte sollten sich unbedingt das Curtis Museum anschauen, das sich u. a. der Aufarbeitung der Geschichte um die brutal ermordete Fanny Adams widmet.

Von Alton aus führt die Strecke nach Holybourne, einem wunderschön verschlafenen Ort auf sanften Hügeln, die beim Pilgern oftmals herrliche Aussichten ermöglichen. Binsted mit Kirchen und Eichenwald lädt zu einer Rast ein, bevor der Pilger den Ort Farnham erreicht. Nach den vielen Dörfern gleicht dieser fast schon einer Stadt mit seinen Geschäften, der Bummelmeile und der Burg aus dem 12. Jahrhundert, die sein Wahrzeichen ist. Doch keine Sorge, die ländliche Stimmung kommt auf den nächsten Etappen wieder.

Auf dem Weg nach Guildford etwa geht es erneut durch abgelegene Gegenden. Nicht nur für Kunstfreunde bietet dabei der die Hofanlage Watts Gallery, eine große Kunstgalerie mit Café, einen willkommenen Zwischenstopp. Romantisch in den Surrey Hills gelegen, bietet der Hof mit Kapelle und sogar einem kleinen Friedhof ein erholsames Ambiente. Etwas weiter lädt das Anwesen Loseley Park zu einem Zwischenstopp, bevor Guildford erreicht ist.

Die quirlige Stadt mit ihrem Schlossturm und dem Wey-Kanal bietet nicht nur am Fluss schöne Ecken, sondern auch von der Kathedrale aus, die wie ein Backsteinklotz über die Stadt zu wachen scheint.

Doch die Pilger werden sich inzwischen an die liebliche südenglische Landschaft gewöhnt haben und die Natur der Stadt vorziehen. Zumal jetzt eine der schönsten Etappen der Tour lockt. Dorking, der Zielort des Tages, ist umgeben von den Surrey Hills und zählt zu den schönsten Naturlandschaften Englands. Die sanft gewellten Berge mit dazwischen uralten Baum- und Buschbeständen wirken wie aus einer anderen Welt. Nicht nur sie sind wunderschön, auch die alten Steinbrücken, die Lovelace Bridges, oder die vielen kleinen Kirchen, die mitten in dieser Einsamkeit liegen, sind Augenweiden auf diesem Weg.

Oben: der Wey-Kanal mit seiner idyllischen Naturlandschaft.

Der Zielort Dorking bietet ein Informationszentrum für die Gegend. Wer die Natur liebt, sollte bei der Planung überlegen, ob er nicht kurz die Pilgerroute unterbricht, um einen Abstecher in die Berge zu unternehmen.

Von Dorking geht es weiter gen Osten. Einen Stopp lohnt hier allemal der Box Hill. Er ist in der Picknickszene in Jane Austens Roman »Emma« ein zentraler Schauplatz.

Nun wird die Umgebung immer dichter besiedelt, ein untrügliches Zeichen dafür, dass sich die Pilger dem Speckgürtel Londons nähern. Reigate befindet sich am äußeren Zipfel, doch der Puls der Millionenstadt ist dort schon zu spüren. Rund um die Bell Street haben sich Läden und Cafés angesiedelt, in der Nähe befindet sich das alte Schloss.

Der Weg führt nun von Reigate nach Westerham Hill über Felder, manchmal hört man die Autobahn aus der Ferne. Ab Westerham Hills wird es wieder etwas ruhiger auf der Strecke, und schon bald lockt sogar ein echtes Natur-Highlight: das Sevenoaks-Naturschutzgebiet, das vor allem bei Vogelkundlern sehr beliebt ist. Die Badeseen und Moorgebiete sind ein ideales Reservat für Flussregenpfeifer, Graureiher und Grünschenkel. Man sollte unbedingt ein wenig Zeit einplanen, um sich dort ein stilles Plätzchen zu suchen und die Natur zu beobachten. Auch das etwas weiter südlich gelegene Ightham Mote, ein Herrenhaus aus dem 14. Jahrhundert, lohnt die Besichtigung.

Von dort aus führt der Pilgerweg nach einer Erholungspause in Wrotham über Otford und das beschauliche Snodland nach Rochester. Auf dem letzten Stück begleitet der Medway River den Pilger auf der Reise. Auch wenn das Ziel schon sehr nahe ist, lohnt Rochester einen längeren Aufenthalt. Wobei Pilger vor allem die Kathedrale aufsuchen, die immerhin mit ihren mehr als 1400 Jahren die zweitälteste Englands ist. Der heutige Bau stammt aus dem 11. Jahrhundert. Nicht fehlen darf auch der Besuch der Burg auf dem Hügel. Der Bergfried scheint die Stadt mit seinen 38 Metern zu überragen. Literaturfans wandeln auf den Spuren von Charles Dickens, der das Restoration House in der Crow Lane literarisch in seinem Roman »Große Erwartungen« verewigt hat.

In Rochester hat der Pilger noch etwas geschafft: Er hat die Küste erreicht. Wenn auch nicht immer der Blick so weit reicht, dass man das Wasser sehen kann, spürt der Wanderer doch die salzige Luft auf dem Weg nach Thurnham, wo vor allem das Schloss sehenswert ist. Die Gegend wird nun grüner und bewaldeter. In Lenham, dem vorletzten Stopp der Pilgerreise, wartet ein kleines Dorf mit einer hübschen grauen Steinkirche. St Mary's Church eignet sich gut für kleine Andachten.

Über Felder und Wiesen geht es gen Wye, wo vor allem der Hügel Devils Kneading Trough einen Blick wert ist. Aber auch die in die Hügellandschaft geritzte Krone ist sehenswert, die anlässlich der Krönung von Edward VII. in den Berg gefräst wurde.

Durch Wald und Wiesen und entlang von Flüssen genießt der Pilger die nun endende Reise. Die Universitätsstadt Canterbury mit der Kathedrale, in der einst Thomas Becket brutal ermordet wurde, ist die wohl wichtigste Station auf diesem Pilgerweg. Der gotische Prachtbau geht auf das 11. Jahrhundert zurück und ist vor allem außen mit dem 72 Meter hohen Vierungsturm ein markantes Bauwerk im Stadtbild. Im Langhaus brechen die vielen Farben der Westfenster das Licht und sorgen für zauberhafte Farbspiele. Doch nicht nur die Kathedrale zeugt von sakraler Baukunst, auch die Martinskirche ist ein Pflichtstopp für den Pilger. Sie geht auf das 6. Jahrhundert zurück und gilt als ältestes Gotteshaus im englischen Sprachraum, das durchgehend genutzt wurde. Während ihr Inneres eher schlicht ist, zeigt sich außen das romantische Gesicht einer uralten Kirche umgeben von einem ebenso historischen Friedhof.

Vielleicht darf es nun auch etwas Weltliches sein? Dafür bietet Canterbury eine Menge Möglichkeiten. Sei es der Stadtkern, in dem man gut bummeln und einkaufen kann, oder ein Gang zu den alten Stadtmauern, von denen viele noch gut erhalten sind. Historisches lässt sich im Canterbury Heritage Museum erfahren. Und dann auf zum Ufer des River Stour, noch ein wenig zwischen den alten Häusern wandeln und die Eindrücke der letzten Tage nachwirken lassen, bevor der Alltag wieder ruft.

Oben: Lieblich und mit sanften Anhöhen präsentieren sich die Kent Downs.

Nord- und Westeuropa

⭐ Geoffrey Chaucers »Canterbury Tales«

In den »Canterbury Tales« findet eine Pilgergruppe aus 30 höchst unterschiedlichen Menschen zusammen. Sie kommen überein, dass jeder von ihnen auf dem Hin- und Rückweg zwei Geschichten zu erzählen hat, um die anderen zu unterhalten. Diese Geschichten fallen dann so unterschiedlich aus wie die Charaktere, mal launig, mal höchst ernsthaft und moralisch, aber auch schwer romantisch, mal in Versen, mal in Prosa. Geschrieben hat sie – allerdings nur 24, nicht die avisierten 120 – Geoffrey Chaucer, ein Beamter am Hof der Könige Edward III. und Richard II. Die »Canterbury Tales« (1397 verfasst) sind sein Spätwerk. Begonnen hatte er seine literarische Karriere mit der Übersetzung des damals beliebten französischen Liebesromans »de la Rose«, wodurch das Mittelenglische zur Literatursprache wurde.

Oben: Kupferstich Chaucers (1741) von Jacobus Houbraken, National Portrait Gallery, London. Links: »The Prioress's Tale« (c. 1865/98) von Edward Burne-Jones, Delaware Art Museum, USA.

⭐ Thomas Becket

1162 ernannte König Heinrich II. seinen Lordkanzler Thomas Becket zum Erzbischof von Canterbury und damit zum Primas der englischen Kirche. Aber der vermeintlich kluge Schachzug erwies sich als fataler Fehler des Herrschers. Denn Becket, vormals der treueste Diener seines Königs, wurde nun zum loyalen Diener der Kirche. Bisher waren die Machtkämpfe zwischen König und Kirche in England eher glimpflich verlaufen. Das änderte sich mit diesem Fall. In der Frage, ob für straffällig gewordene Kleriker ein weltliches oder ein kirchliches Gericht zuständig sei, verhärteten sich die Fronten. Der Konflikt zwischen König und Erzbischof zog sich jahrelang hin, bis vier königstreue Ritter Thomas Becket ermordeten. Der Mann, der dem König die Stirn geboten hatte, wurde schnell als Märtyrer heiliggesprochen. Seither ist die Kathedrale von Canterbury das Ziel von Pilgern – bis heute kommen jährlich unzählige Menschen in die Stadt, um das Grab des heiligen Thomas aufzusuchen.

Schon kurz nach seinem Tod wurde Thomas Becket als Heiliger verehrt. So konnte sich Canterbury bald großer Pilgerströme erfreuen.

Oben: Kupferstich von 1875, der die brutale Ermordung des Thomas Becket, Erzbischof von Canterbury, zeigt. Sein Tod sorgte für großes Aufsehen.

⭐ Canterbury Cathedral

Canterbury stand von Anfang an im Zentrum der englischen Kirchengeschichte. Zwei zum UNESCO-Welterbe erklärte Sakralstätten sind Zeugen dieser frühen Epoche: zum einen die auf das 4. Jahrhundert (eventuell sogar auf römische Besatzungszeit) zurückgehende Kirche St. Martin außerhalb des Stadtzentrums, die älteste in Benutzung befindliche Kirche Englands; zum anderen die Ruine der 597 vom heiligen Augustinus, der die Briten zum Christentum bekehrte, gegründeten Benediktinerabtei, die zum Zentrum des neu geschaffenen Bistums Canterbury avancierte. In der Kathedrale, 1070 als normannischer Bau begonnen, wurde 1170 Erzbischof Thomas Becket von königstreuen Rittern ermordet. Seine Grabstätte in der Kirche war in der Folge ein beliebtes Pilgerziel. Nach einem Feuer 1174 wurde das Gotteshaus neu errichtet, womit die Gotik in England Einzug hielt.

Die Kathedrale vereint außen und innen Elemente der Romanik und Gotik.

Nord- und Westeuropa

ℹ RUND UMS PILGERN

Anforderung: Der Weg ist moderat und kann auch von wenig trainierten Pilgern gut begangen werden. Wer besser im Training ist, kann überlegen, einige Etappen zusammenzufassen, was aber schade wäre, denn dann geht vielleicht der Sinn des Pilgerns verloren, zu dem schließlich die Entdeckung der Langsamkeit gehört.

Unterkunft und Verpflegung: Anfangs gibt es nicht überall Pubs und Läden, deswegen ist es gerade zu Beginn wichtig, seinen Rucksack gut mit Proviant gepackt zu haben. Später im Großraum Londons wird das etwas anders und man findet genügend Einkaufs- und auch Übernachtungsmöglichkeiten.

Beste Reisezeit: Im Frühling sind die Hänge der Surrey Hills überzogen von einem bunten Teppich aus duftenden Wildblumen und Rosen. Vor allem im Mai und Juni ist deswegen eine Pilgertour empfehlenswert. Je nach Wetterlage kann die Blütezeit aber auch schon im April beginnen.

Nicht verpassen: Es liegen viele schöne Herrenhäuser auf dem Weg, ein besonderes ist das Knole House aus dem 17. Jahrhundert mit seinem großen Garten. Die Schriftstellerin Vita Sackville-West wurde hier geboren, durfte das Haus aber nach dem Tod ihres Vaters nicht erben, da sie eine Frau war. Die Geschichte des Hauses und der Familie Sackville lieferte für Virginia Woolfs Roman »Orlando« den literarischen Stoff.

Knole House wurde 1281 zum ersten Mal urkundlich erwähnt. Es besitzt 365 Zimmer und 52 Treppen.

Nord- und Westeuropa

Deutschland, Luxemburg, Belgien, Frankreich
Martinusweg – Pilgern durch vier Länder

Von Trier nach Mouzon führt unser Abschnitt und quert dabei die vier Länder Deutschland, Luxemburg, Belgien und Frankreich. Die offizielle Mittelroute des europäischen Martinuswegs – von Szombathely in Ungarn, seinem Sterbeort, nach Tours in Frankreich, wo er im 4. Jahrhundert Bischof war – führt zu den Wirkungsstätten des heiligen Martin von Tours in Südeuropa.

STRECKEN-INFORMATIONEN

Distanz: 172 km
Dauer: mindestens 10 Tage

Etappen (Auswahl):
① Trier – Langsur: 13 km
② Langsur – Junglinster: 28 km
③ Junglinster – Luxembourg: 23 km
④ Luxembourg – Hollenfels: 18 km
⑤ Hollenfels – Steinfort: 18 km
⑥ Steinfort – Arlon: 10 km
⑦ Arlon – Etalle: 16 km
⑧ Etalle – Villers-devant-Orval: 20 km
⑨ Villers-devant-Orval – Mouzon: 26 km

Die richtige Einstimmung auf das Pilgern auf den Spuren des heiligen Martin gibt es gleich zu Anfang der Route, nämlich in Trier. Die Stadt, in der es ohnehin viel zu viel zu sehen gibt, als dass man sie nur als simple Ausgangsstation der Strecke nehmen könnte, war eine wichtige Wirkungsstätte des Heiligen. Auf einer acht Kilometer langen Tour erfährt der Pilger einiges über das Leben von Sankt Martin. Immerhin war der heilige Martin für manche wie ein zweiter Heiland, denn er hat schon früh mit sanftem Widerstand für die Rechte der Armen und Andersgläubigen gekämpft. Nicht nur der berühmte Akt des Mantelteilens als Zeichen der Barmherzigkeit zeugt von der menschlichen Größe dieses Heiligen, sondern er hat noch viele andere gute Taten vollbracht. Tatsächlich sind diese Taten nicht nur Spekulationen, denn die Existenz des heiligen Martin im 4. Jahrhundert ist schriftlich überliefert. Sulpicius Severus, ein enger Gefährte Martins, hat zu dessen Lebzeiten an der Biografie des Bischofs von Tours gearbeitet. Sie ist bis heute erhalten. Darin finden sich auch Hinweise, dass der Heilige in Trier gewesen ist. Es war gewiss kein Urlaub, den der damalige Bischof in Deutschland machte, auch wenn Trier eine wirklich verlockende Stadt gewesen sein muss. Mit den Kaiserthermen und deren riesigem Warmbadesaal hatten die Römer sich dort etwas erschaffen, was man heute als Spa- und Wellnesszentrum bezeichnen würde. Das Wasser für das Schwimmbad wurde in riesigen Kesseln erwärmt, und es gab sogar eine Fußbodenheizung. Neben den Kaiserthermen lockten die Barbara- und die Viehmarktthermen. Doch Martin von Tours hatte eine wichtige Mission in Trier: Anstatt sich zu vergnügen, führte er ernste Gespräche mit den römischen Kaisern. Oft ging es auch darum, die Grenzen auszuloten: So sollte Kaiser Maximus sich nicht in kirchliche Angelegenheiten einmischen. Das tat er aber, da er sich für den Theologen Priszillian stark machte. Während die Kaiser die Hinrichtung des als Ketzer angeklagten Priesters forderten, machte sich Martin dafür stark, Andersdenkende zu tolerieren und Priszillian

Nord- und Westeuropa

und seiner Bewegung, die die Abschaffung der Sklaverei und eine Gleichstellung der Geschlechter forderte, zu dulden. Solche Details erfährt der Pilger auf einer geführten Tour durch Trier, bei der der Stadtführer aus dem Leben des heiligen Martin erzählt. Sankt Martin hat wohl eine ganze Nacht im Trierer Dom gebetet, um sich auf das Gespräch mit dem Kaiser vorzubereiten. Auch wenn der Dom sich inzwischen baulich verändert hat – die Ansichten und Lehren Martins sind heute aktueller denn je. Er sprach sich nicht nur dafür aus, Andersdenkende zu tolerieren, sondern etablierte auch eine Kultur des Teilens und der Solidarität, deren Gedanken die Stadt Trier an einigen Orten aufnimmt und mit dem Wirken des Heiligen verbindet. Das ehemalige Martinskloster zum Beispiel ist inzwischen zwar längst ein Studentenheim geworden, aber eine Martinskirche ist in der Stadt immer noch zu finden. Auch in der Porta Nigra ist Martin als Heiligenfigur verewigt.

Sicher ist, dass St. Martin über die Moselbrücke in die Stadt kam. Auf diesem Weg startet der Pilger nun auch zu seiner Tour nach Luxemburg, Belgien und Frankreich. Auf dem Weg nach Langsur verlässt der Wanderer schon bald die Trierer Innenstadt und geht entlang von Kleingärten und Weinbergen. Mit ihren 13 Kilometern ist die erste Etappe perfekt, um die Muskeln zu lockern und auch den Körper erst einmal auf das Pilgern einzustimmen. Drei Länder wird der Pilger in diesen zehn Tagen durchstreifen und damit auch drei verschiedene Kulturen erleben.

Zunächst wandert man ein Stück mit den vielen Menschen, die den Moselsteig und seine Weingenüsse für sich entdecken, denn die Strecken vereinen sich hinter Trier. Doch schon bald geht der Pilger wieder seinen eigenen Weg. In Zewen wird er wieder auf Sankt Martin

Oben: In Trier beginnt die Pilgerroute. Mitte: die Porta Nigra; unten: der Kreuzgang des Trierer Doms.

Nord- und Westeuropa

⭐ Moselwein

Kein anderer deutscher Fluss kann mit so malerischen Windungen aufwarten: Tief hat sich die Mosel zwischen Hunsrück und Eifel gegraben und so das größte Steillagenweinbaugebiet der Welt geschaffen. Nach jeder Flussschleife tut sich eine noch schönere auf, gesäumt von schier endlosen Rebgärten. Und am Ufer reihen sich pittoreske Weinorte wie Perlen an einer Schnur. Es laden mehr als ein Dutzend Weingüter zu Verkostungen, Weinbergführungen und Weinfesten ein. Direkt hinter der deutsch-französisch-luxemburgischen Grenze ist die Landschaft noch lieblicher, die Hänge sind weniger steil. Hier werden im Gebiet Südliche Weinmosel die verschiedensten Weißweine angebaut, vor allem der sehr alte Elbling. Hinter Trier beginnen die steilen Schieferhänge der Mittelmosel, auf deren Lagen von Weltruf fast ausschließlich Riesling wächst. Hinter Zell werden die Hänge noch steiler. Die Hänge führten auch dazu, dass früher allerorts Burgen gebaut wurden, deren malerische Relikte man auf Schritt und Tritt finden kann.

Entlang der Mosel bauten bereits die Römer Wein an. Heute gedeiht hier vorwiegend Riesling.

⭐ Prozession von Echternach

Älter als der heilige Willibrord könnte sie sein, die zu Ehren des Heiligen aufgeführte Echternacher Prozession, deren genaue Ursprünge im Dunkeln liegen. Schon seit Jahrhunderten tanzen, oder vielmehr hüpfen Tausende Pilger jährlich am Dienstag nach Pfingsten zu einer eingängigen Polkamelodie durch die Stadt zum Grab des 739 verstorbenen Willibrord, dem Apostel der Friesen. Nicht immer war auch der amtierende Bischof unter den Springenden, im Gegenteil: Es gab Zeiten, da versuchten die Kirchenoberen die im Zuge der Aufklärung als heidnisch deklassierte Tradition zu verbieten. Doch die Echternacher waren stur und hüpften jedes Jahr aufs Neue zum Grab: in Grüppchen von je 50 bis 100 Teilnehmern, die, in Fünferreihen angeordnet, zwischen sich weiße Tücher halten, dazwischen Marschkapellen. Die Pilger, die sich auf den Weg nach Echternach gemacht haben, kommen aus allen Richtungen. Sie versammeln sich nach der morgendlichen Pontifikalzelebration, und dann geht es auch schon los mit dem Tanz.

Seit 2010 gehört die Echternacher Springprozession zum Immateriellen Welterbe der UNESCO.

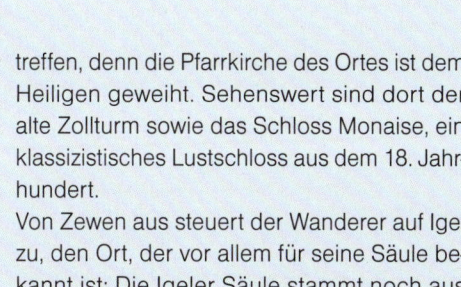

Nord- und Westeuropa

treffen, denn die Pfarrkirche des Ortes ist dem Heiligen geweiht. Sehenswert sind dort der alte Zollturm sowie das Schloss Monaise, ein klassizistisches Lustschloss aus dem 18. Jahrhundert.

Von Zewen aus steuert der Wanderer auf Igel zu, den Ort, der vor allem für seine Säule bekannt ist: Die Igeler Säule stammt noch aus der Zeit vor dem heiligen Martin, denn sie wird dem 3. Jahrhundert zugeordnet. Sie ist eines der wenigen antiken Grabmale, das nördlich der Alpen noch erhalten geblieben ist. Was auf den ersten Blick wirkt wie die Reste eines Kirchturms, entpuppt sich bei näherem Hinsehen als ein üppig mit Reliefs geschmückter Pfeiler. Die Säule ist Teil des UNESCO-Weltkulturerbes der römischen Baudenkmäler in Trier. Nach dem Stopp an diesem Kulturdenkmal schlängelt sich der Weg noch einmal die Weinberge hinauf und belohnt den mühsamen Aufstieg mit einem herrlichen Panoramablick über die Mosel. Das wussten wohl auch schon die alten Römer, die dort einen Tempel errichtet hatten, der heute als Grutenhäuschen bezeichnet wird. Er liegt auf dem direkten Weg des Pilgers und kann besichtigt werden. In Wasserbilligerbrück liegt noch einmal eine Martinskirche auf dem Weg, bevor der Pilger sein erstes Etappenziel erreicht.

Eine Brücke trennt Deutschland von Luxemburg. Die Grenzüberschreitung steht am zweiten Pilgertag gleich zum Start auf dem Programm. Die Sauer fließt hier in die Mosel und gibt dem Wanderer zwei Alternativen: einmal, über die stark befahrene Grand Rue in die Stadt zu gelangen oder über die Fußgängerpassage zur Mosel auf die Esplanade de la Moselle entlangzuwandern.

Nach dem Grenzort wird es wieder ländlich.

Das Grutenhäuschen (links oben) und Schloss Monaise (links unten) sind zwei Sehenswürdigkeiten, die die Pilger sich auf dem Weg zur luxemburgischen Grenze ansehen können.

Auf dem Weg über Manternach, Betzdorf und Rodenbourg finden sich viele Martinskirchen am Wegesrand. Die Strecke ist moderat und sehr ländlich, geprägt von den kleinen Orten. Der Zielort lockt mit einem mittelalterlichen Stadtkern und einem hübschen Schloss. Die dortige Martinskirche ist ein wunderbarer Ort für eine Einkehr, bevor es am nächsten Tag weitergeht in die Landeshauptstadt Luxemburg. Noch viel spannender als die Hauptstadt selbst sind die Geschichten, die sich am Wege zugetragen haben sollen. Nicht umsonst heißen einige Orte Engelsbësch (»Engelwald«) und Engelshaff (»Engelshof«). An dieser Stelle soll dem heiligen Martin einst ein Engel erschienen sein. An diese Begebenheit erinnert der Hellgesteen (»Heiligenstein«) bei Niederanven. Er ist eines der größeren Denkmäler auf dem Martinusweg und lohnt die Rast. Das Denkmal befindet sich am Fuß des Senningerbergs. Dort führte einst eine Römerstraße zwischen Reims und Trier entlang, auf der auch der Bischof von Tours unterwegs war. Er war betrübt, denn obwohl er sich gegen die Todesstrafe für Priszillian in Trier stark gemacht hatte, wurde der Angeklagte hingerichtet. Dem von Selbstvorwürfen geplagten Martin soll in den Wäldern von Niederanven ein Engel erschienen sein und ihn getröstet haben. Der Stein, auf dem Martin gesessen haben soll, liegt noch immer dort. Bis ins 17. Jahrhundert stand hier eine Kapelle; heute erinnert ein Steinpavillon mit einer Martinsstatue an dieses Ereignis.

Anschließend geht es in großen Schritten auf in die Stadt zu, die sich schon mit der Autobahn ankündigt, die fast parallel zum Pilgerweg verläuft. Doch die Ankunft in Luxemburg entschädigt den Pilger für solche Unannehmlichkeiten. Jenseits des Herzogpalastes und der Bogenbrücke kann der Pilger ganz schlicht und minimalistisch durch Luxemburg wandern, indem er immer den Supren des Heiligen folgt. Und der lässt sich weniger an der großen Kathedrale als an Kleinigkeiten ablesen, etwa in Weimerskirch. Die Martinskirche von Weimerskirch ist zwar nicht die älteste Kirche der Stadt, wohl aber gilt sie als älteste Kirchengemeinde: Martin von Tours persönlich soll die Pfarrei gegründet haben. Auf dem Hügel des Stadtteils thront die Martinskirche, die vor allem im Inneren einen Blick lohnt. Die Glasfenster der Kirche stammen aus dem 20. Jahrhundert, zeigen aber dennoch große Kunst. Die Motive dokumentieren verschiedene Stationen im Leben des Heiligen, nicht nur die berühmte Mantelteilung, sondern auch die Engelserscheinung im nahen Niederanven oder die Bekehrung seiner Mutter zum Christentum. Gleich neben der Kirche befindet sich ein alter Steinbrunnen, der Märtesbuer, der dem Bischofsstab des Heiligen entsprungen sein soll. Tatsächlich aber gilt der Steinbrunnen als noch älter, und es könnte sein, dass schon die Frauen zu Lebzeiten Sankt Martins dort Wasser geholt oder ihre Wäsche gewaschen haben.

Die Wanderung führt weiter durch die hügelige Landschaft, deren dichte Besiedelung nun zunehmend dünner wird. Schon bald betritt der Wanderer das Eischtal. Entlang des Flusses Eisch kommt der Pilger bald an ein kleines Örtchen, das von einem Kloster dominiert wird: In Marienthal hatten Dominikanerinnen im 13. Jahrhundert ein Kloster gegründet, dessen Gebäude heute noch den Ort zieren. Die Nonnen sind längst verschwunden, das Kloster ist in eine Jugendherberge und ein Jugendzentrum umgewandelt worden und bietet einen schönen Stopp auf dem Weg zum Etappenziel. In Hollenfels überragt der wuchtige Bergfried mit seinen 23 Metern die Stadt. 1000 Jahre alt ist diese Burg und zählt zu den schönsten Sehenswürdigkeiten der Region – nicht nur, weil sie so malerisch auf dem Fels über dem Tal wacht, sondern auch, weil sie eine der sieben Prachtbauten im Tal der sieben Schlösser ist, das der Wanderer ab jetzt passiert. Schattige Alleen sind dabei ebenso der ständige Begleiter wie schöne Ansichten. In Simmern (Septfontaines) etwa überragt die Burg den Ort. Sehenswert sind auch die Kirche und der Brunnen mit sieben Quellöffnungen, der dem Ort seinen Namen gab.

Als nächster Höhepunkt der Reise wartet die Ruine der Burg Koerich auf den Pilger, bevor er die Etappe in Steinfort beendet.

Schon bald heißt es auch schon, Adieu zu Luxemburg sagen, denn am nächsten Tag erreicht der Pilger das belgische Arlon. Der wichtigste Stopp auf der Strecke sind wohl die

Der luxemburgische Großherzog Jean, amtierender Großherzog zwischen 1964 und 2000, bekam zum 25. Thronjubiläum von seiner Regierung das Musée d'Art Moderne de Grand-Duc Jean, kurz, »Mudam«, geschenkt (oben).

Luxemburg-Stadt

Mit lediglich 119 000 Einwohnern handelt es sich bei Luxemburg-Stadt um alles andere als eine Metropole. Genau das macht aber ihren Charme aus. Nähert man sich der Stadt, fällt zuerst das Kirchberg-Plateau ins Auge, das sich modern gibt. Optisch wird es von zeitgenössischen Hochhäusern, in denen Banken und europäische Behörden residieren, dominiert. Außerdem geht es vorbei am Europäischen Gerichtshof, am Europäischen Rechnungshof, der Europäischen Investitionsbank sowie Teilen des Generalsekretariats des Europäischen Parlaments. Aber es gibt durchaus auch Kultur in dem Stadtviertel zu entdecken, allen voran die Philharmonie und das Kunstmuseum »Mudam«. Die historische Altstadt dagegen ist durch das Wechselspiel von Ober- und Unterstadt geprägt. Auf einem steilen Felsen gründete Siegfried von Luxemburg nach 963 die Festung Lützelburg, zu deren Füßen sich im Mittelalter die Stadt entwickelte. Angefangen bei den Spaniern, die die Stadt 1555 eroberten, trugen die wechselnden Herrscher jeweils ihren Teil zum heutigen Stadtbild bei. Die Burg gehört mit ihren beeindruckenden Festungsanlagen sowie den einzigartigen unterirdischen Kasematten zum UNESCO-Weltkulturerbe. Bemerkenswerte Gebäude sind außerdem der großherzogliche Palast, die inmitten des Altstadtviertels gelegene Residenz der großherzoglichen Familie, die St.-Michaels-Kirche als das älteste erhaltene sakrale Bauwerk, und die Liebfrauenkathedrale. Es gibt nicht viele Orte auf der Welt, in denen man auf so kleinem Raum so viel geboten bekommt!

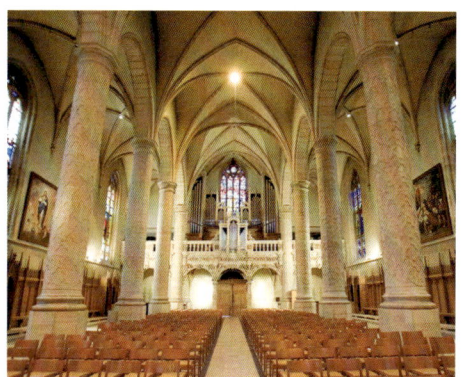

Kleines Bild: Der Innenraum der Kathedrale stammt aus dem 17. Jahrhundert.

Ruinen der Abteil Clairefontaine. Das Kloster wurde im 13. Jahrhundert errichtet und infolge der Französischen Revolution zerstört. Vermutlich findet man die Steine in den Häusern der umliegenden Dörfer wieder. Doch die Stille in diesen Ruinen ist beeindruckend und lohnt den Aufenthalt, bevor es in die belgische Kleinstadt Arlon geht, in der eine Martinskirche auf die Pilger wartet.

Am nächsten Etappenziel, in Étalle, ist eine Ausgrabungsstätte aus römischer Zeit zu bewundern, bevor sich der Pilger auf die Schlussetappen dieser Tour begibt.

Dabei können sich vor allem Bierliebhaber auf den Ort Villers-devant-Orval freuen, denn die gleichnamige Abtei produziert einen Gerstensaft, der über die Landesgrenzen hinaus bekannt ist. Viele Menschen kommen aber nicht des Bieres wegen hierher, sondern weil es ein besonderer, spiritueller Ort ist. Genau genommen, befinden sich sogar zwei Klöster auf dem Gelände: Eines, in dem der Trapistenorden seit 1939 wieder aktiv ist. Dieser Ort der Stille und des Klosterlebens kann leider nicht besichtigt werden, wohl aber die Ruinen der alten Abtei. Sie geht auf das 12. Jahrhundert zurück und ist infolge der Französischen Revolution geplündert und zerstört worden. Die Ruinen lassen die einstige Pracht erahnen, vor allem die Spitzbogenfenster der Apsis. Es ist ein schöner Ort, um innezuhalten und die Eindrücke der vergangenen Tage Revue passieren zu lassen. Was möchte ich mitnehmen? Welche Änderungen bringe ich in mein Leben? Mit den Antworten auf solche Fragen im Kopf schreiten die Gläubigen auf dem letzten Teil dieser Pilgeretappe voran.

Schon bald ist der belgische Teil der Ardennen durchschritten und die Maas erreicht. In Mouzon gelangt der Pilger in eine hübsche nordfranzösische Kleinstadt mit Mittelalterflair und alten Häusern am Maas-Kanal. Sehenswert sind nicht nur die gut erhaltenen Stadttore und die alte Stadtmauer, sondern auch die Festung.

Schon bald ist die Abteikirche Notre-Dame de Mouzon mit ihrer prächtigen Westfassade erreicht, die der Wanderung einen würdigen Abschuss gibt.

In der Zisterzienserabteie Notre-Dame d'Orval (1132) leben bis heute Mönche. Im Klostergarten (oben) werden traditionell Heilkräuter angebaut.

Nord- und Westeuropa

ℹ RUND UMS PILGERN

Anforderung: An manchen Stellen gibt es steile Anstiege, aber das sind Ausnahmen. Insgesamt ist die Tour sehr moderat.

Unterkunft und Verpflegung: Es gibt viele Möglichkeiten, in einfachen Jugendherbergen oder Pilgerstuben zu nächtigen. Die Strecke ist pilgertouristisch sehr gut erschlossen.

Beste Reisezeit: Der Herbst ist eindeutig die beste Jahreszeit zum Pilgern. Dann ist es noch warm, es gibt keinen Frost oder gar Schnee, und der erste Wein wird geerntet. Wenn sich das Laub verfärbt, verleiht es der Landschaft einen ganz besonderen Zauber.

Nicht verpassen: Die Burg von Sedan anschauen! Sie ist eine der größten Festungsanlagen in Europa und sehr beeindruckend.

Die 35 000 Quadratmeter große Burg von Sedan birgt heute ein Restaurant und ein Hotel. Außerdem findet hier im Mai ein Mittelalterfestival statt.

Nord- und Westeuropa

Frankreich
Tro-Breizh – Einmal durch die Bretagne

Was für die Moslems Mekka ist, ist für die Bretonen die Tro-Breizh.
Es ist eine Tour, die Gläubige einmal im Leben gehen sollten.
Die Pilgertour führt durch wunderschöne Ecken der wilden Küstenregion.

STRECKEN-INFORMATIONEN

Distanz: 550 km
Dauer: mindestens 45 Tage

Etappen:
① Saint-Malo – Cancale: 25 km
② Cancale – Dol-de-Bretagne: 21 km
③ Dol-de-Bretagne – Dinan: 38 km
④ Dinan – Léhon – Yvignac-la-Tour: 26 km
⑤ Yvignac-la-Tour – Saint-Méen-le-Grand: 30 km
⑥ Saint-Méen-le-Grand – Tréhorenteuc: 32 km
⑦ Tréhorenteuc – Vieux-Bourg de Taupont: 22,5 km
⑧ Vieux-Bourg de Taupont – Josselin: 19 km
⑨ Josselin – Plumelec: 24 km
⑩ Plumelec – Monterblanc: 19 km
⑪ Monterblanc – Vannes: 23 km
⑫ Vannes – Sainte Anne d'Auray: 21 km
⑬ Sainte-Anne-d'Auray – Hennebont: 37,5 km
⑭ Hennebont – Pont-Scorff: 14,5 km
⑮ Pont-Scorff – Quimperlé: 19,5 km
⑯ Quimperlé – Bannalec: 20 km
⑰ Bannalec – Rosporden: 19 km
⑱ Rosporden – Chapelle de Locmaria-an-Hent de Saint-Yvi: 6 km
⑲ Saint-Yvi – Quimper: 21 km
⑳ Quimper – Landudal: 23,5 km
㉑ Landudal – Pleyben: 31 km
㉒ Pleyben – Saint-Rivoal: 21 km
㉓ Saint-Rivoal – Guimiliau: 23 km
㉔ Guimiliau – Penzé en Taulé: 22 km
㉕ Penzé en Taulé – Saint-Pol-de-Léon: 16,5 km
㉖ Saint-Pol-de-Léon – Carantec: 18 km
㉗ Carantec – Morlaix: 28 km
㉘ Morlaix – Lanmeur: 22,5 km
㉙ Lanmeur – Lannion: 23 km
㉚ Lannion – Tréguier par Louannec: 32 km
㉛ Tréguier – Pontrieux: 18 km
㉜ Pontrieux – Paimpol: 29 km
㉝ Paimpol – Plouha: 20 km
㉞ Plouha – Binic: 26 km
㉟ Binic – Saint-Brieuc: 18 km
㊱ Saint-Brieuc – Hillion: 16 km
㊲ Hillion – Lamballe: 25 km
㊳ Lamballe – Pléven: 26 km
㊴ Pléven – Plancoët: 16,5 km
㊵ Plancoët – Saint-Briac: 24 km
㊶ Saint-Briac – Saint-Malo: 29 km

Nord- und Westeuropa

Sich einen Platz im Paradies sichern, wer würde das nicht gerne machen? In diesem Fall muss man nichts weiter dafür tun als zu gehen. Dem Glauben der Franzosen nach muss jeder Bretone einmal im Leben eine Wallfahrt zu den sieben Heiligen der Bretagne unternehmen. Zu Fuß natürlich. Wer es zu Lebzeiten nicht geschafft hat, dem droht Schmach. Der Legende nach muss man die Pilgerfahrt nach dem Tod nachholen, wenn auch in einer stark gedrosselten Geschwindigkeit. Es hieß, man schaffe dann nur eine Sarglänge pro Jahr. Nicht auszudenken also, wie viele Jahrhunderte die Seele auf Pilgerfahrt sein muss, um die rund 550 Kilometer lange Strecke zu den Gräbern der sieben Gründungsheiligen der Bretagne zu unternehmen! Also startet man doch besser zu Lebzeiten.

Der Beginn der Pilgerroute ist Saint-Malo, eine der berühmtesten Städte der Bretagne. Ihr Name geht auf den heiligen Maklovius zurück, der zu den sieben Gründungsvätern der Bretagne zählt. Wie eine Festungsinsel ragt die Altstadt aus dem Meer auf. Trutzig dicke Mauern umrahmen den alten Kern und bieten bei einem Rundgang auf den Wehrmauern wunderschöne Ausblicke. Die Altstadt mit ihren verwinkelten Gassen ist aber auch jenseits des Forts sehenswert. Dann heißt es: Ab zum Strand! Direkt am Fort befindet sich ein feiner Sandstrand. Doch Achtung: Die bretonische Küste ist einer der Orte mit dem größten Tidenhub in Europa. Mehr als zwölf Meter Wasserstandsunterschied bei Ebbe und Flut sind keine Seltenheit. Es kann also sein, dass der feine Sandstrand, den man gerade entdeckt hat, schon bald vom Wasser überflutet wird. Von Saint-Malo aus führt der Weg an der Küste entlang nach Cancale. Die Stadt an der Smaragdküste ist weniger für ihr hübsches Antlitz bekannt. Sie macht vielmehr mit einer kulina-

Die Stadt Saint-Malo mit ihren Befestigungsmauern trotzt stolz der Brandung und liegt traumhaft am Ärmelkanal.

Nord- und Westeuropa

rischen Spezialität von sich reden: Cancale gilt nämlich als Austernhauptstadt der Bretagne. Die Schalentiere gehören hier einfach auf den Teller. Ob roh oder überbacken – nicht nur die Franzosen lieben sie. Man genießt sie am besten mit Blick auf den fernen Mont Saint-Michel, der sich wie eine Fata Morgana im Meer abzeichnet.

Doch dorthin führt der Pilgerweg vorerst nicht, sondern nach Dol de Bretagne, ein wenig weg von der Küste ins Landesinnere. Der Ort liegt am nördlichen Zipfel der Route. Er gilt als Tor in die Bretagne. Gläubige besuchen dort die Kathedrale aus dem 12. Jahrhundert, die dem heiligen Samson gewidmet ist; dessen Reliquien sich in der Kirche befinden. Samson wird nachgesagt, viele Wunder und Heilungen vollbracht zu haben. Er hat die Kathedrale mit aufgebaut. Wie die anderen sechs hoch verehrten Heiligen der Bretagne war auch Samson einer der ersten Bischöfe dieser Gegend. Neben dem Gotteshaus mit seinen bunten Glasfenstern ist ein fast zehn Meter hoher Menhir außerhalb der Stadt sehenswert. Das städtische Musée d'Histoire et d'Art Populaire beherbergt eine Sammlung von Heiligenfiguren. Von Dol aus führt die Tour nach Dinan. Die drei Kilometer lange Stadtmauer und das Schloss aus dem 14. Jahrhundert sind Zeugen der Vergangenheit der Stadt am Fluss Rance. Am Jachthafen kann man schön spazieren gehen, bevor oder nachdem man den Altstadtkern mit seinen schönen Erkerhäusern erkundet.

Als nächster Ort im Tal der Rance lockt Léhon, eine Abtei aus dem 14. Jahrhundert, die sich idyllisch in das umgebende Dorf einfügt.

Weiter im Süden des Pilgerweges liegt ein sagenumwobener Wald am Wegesrand: Brocéliande gilt als der mystischste Wald der Bretagne, dort soll sich das Grab des Zauberers Merlin befinden. Vieles erinnert an die Sage von König Artus und der Ritter der Tafelrunde. Auf dem Weg nach Tréhorenteuc sollten Pilger unbedingt einen Blick in die Kirche Sainte-Onenne wagen, eines der wenigen Gottes-

häuser, dessen Innenausstattung sich mit der Artus-Sage beschäftigt.

In Vieux-Bourg de Taupont können Pilger an dem Badesee eine erfrischende Pause einlegen, bevor die Route weiterführt nach Josselin, in eine Kleinstadt, die nicht nur wegen des Schlosses nähere Erkundung lohnt. Auch die kleinen Gassen mit den hübschen Steinhäusern und kleinen Kapellen am Flüsschen Oust lassen Urlaubsstimmung aufkommen. Noch einmal gilt es, Kraft zu tanken, bevor es auf die Zielgrade nach Plumelec geht. Dort können Pilger ein wenig Lourdes-Energie tanken, denn ein Kreuzweg endet an einer künstlichen, Lourdes nachgebildeten Grotte in der Gegend. Der Weg nach Vannes, wo endlich wieder das Meer lockt, zeigt sich in dieser Etappe sehr grün und waldreich. Ein Viertel der Gesamtstrecke ist bereits bewältigt – Zeit, sich eine Pause zu gönnen und das Naturschutzgebiet ausgiebig zu erkunden. Der Golf von Morbihan, der sich an Vannes anschließt, bietet sich für einen kleinen Halt an. Von zwei Landzungen umschlossen, finden sich in dieser fjordähnlichen Landschaft mehr als 40 Inseln, viele sind unbewohnt und nur mit dem Schiff erreichbar.

Kleines Bild oben: Blick auf den Golf von Morbihan. Rechts oben: Ein Besuch der Altstadt von Dinan lohnt sich allein wegen der schönen alten Häuser. Rechts unten: Sainte-Onenne ist auch als Kirche des heiligen Grals, Église du Graal, bekannt.

Nord- und Westeuropa

⭐ Magische Wälder

Die Artussage spielt in der Bretagne eine wichtige Rolle: Feen, Ritter der Tafelrunde und der Zauberer Merlin gehören dort zur mythischen Kulturgeschichte. Zwei Wälder verkörpern wie keine anderen den Glauben der Bretonen an diese Märchenwelt. Brocéliande gilt als der Artuswald schlechthin. Er liegt westlich von Rennes und soll die Wirkungsstätte des Zauberers Merlin gewesen sein. Heute finden sich dort viele Megalithen und knorrige Bäume, denen magische Begebenheiten zugesprochen werden. Dort soll der Ritter Lancelot in einem Schloss unter Wasser großgezogen worden sein. Insgesamt wirkt die Landschaft so surreal wie die Kulisse eines Fantasyfilms. Ebenfalls verwunschen und zauberhaft ist der Wald von Huelgoat: Dort befindet sich nicht nur eine Artus-Grotte, sondern auch ein Wackelstein sowie eine Landschaft, die eher an Südamerikas Dschungel erinnert als an Zentralfrankreich. Seltsam geformte Felsen, die wie Murmeln in der Gegend liegen, ein spiegelglatter See und rauschende Flüsse sorgen für die einzigartige Stimmung in diesem Forst.

Die 500 Jahre alte Hindrés-Eiche steht im Wald von Brocéliande.

Nord- und Westeuropa

Vannes selbst zählt zu den Höhepunkten der Pilgerreise. Die Stadt mit ihren gut erhaltenen mittelalterlichen Häusern, dem Waschhaus, dem malerischen Hafen und dem prunkvollen Schloss aus dem 14. Jahrhundert bietet viel Kulturhistorisches. Pflicht ist ein Stopp in der Kathedrale, in der sich das Grab des heiligen Vinzenz Ferrer befindet, einer der Gründungsheiligen der Bretagne.

Durch die saftig grüne Landschaft schlängelt sich der Pilgerweg nun gen Sainte-Anne d'Auray, einem der berühmtesten Wallfahrtsorte der Bretagne. Die Verehrung der heiligen Anna spielt eine große Rolle in der Geschichte der Bretagne. Zum einen ist Anna die Mutter von Maria und somit Jesus' Großmutter. Ihr Geist soll einem Bauern im 17. Jahrhundert mit den Worten »Gott möchte, dass ich hier verehrt werde« auf einem Feld erschienen sein. Nur wenig später grub der Bauer eine Figur der Anna aus dem Boden. Kein Wunder also, dass noch im selben Jahr damit begonnen wurde, an dieser Stelle eine Kirche zu errichten. Heute befindet sich dort die Basilika mit angeschlossenem Karmeliterkloster. Die Quelle als Ort der Heiligenerscheinung ist ebenfalls ein wichtiges Ziel für Pilger, die jedes Jahr Ende Juli zur Bußwallfahrt hierher pilgern.

Vom Ort der Verehrung Annas führt der Weg nach Hennebont, eine mittelalterliche Stadt an der Mündung des Blavet. Die Tour ist lang, umso schöner ist es, sich in dem Ort mit dem mächtigen, turmbewehrten Stadttor und den Stadtmauern einmal umzuschauen. Die Basilika mit ihren Buntglasfenstern gehört zum Pflichtprogramm, bei dem der Besucher auch die edlen Bürgerhäuser passiert.

Nach einer angemessenen Pause geht es weiter in das idyllische Pont-Scorff am gleichnamigen Fluss.

Die nächste Station, Quimperlé, ist nicht nur für Pilger des Tro-Breizh interessant, sondern auch für Menschen, die die französische Variante des Jakobswegs gehen. Sie kreuzen an dieser Stelle den Weg. Sehenswert sind dort vor allem zwei Dolmen, die an die Megalithkultur erinnern. Von dort erstreckt sich der Pilgerweg nach Bannalec. Diese Strecke ist im Frühjahr in den Monaten April/Mai sehenswert, wenn der Ginster die Landschaft mit gelben Hecken durchzieht. Deswegen trägt dieser Teil Frankreichs auch den Beinamen »Land des Ginsters«, Pays des Genêts.

Die Strecke führt weiter nach Rosporden. Nahe dem Ort befindet sich die sehenswerte Kapelle Locmaria-an-Hent de Saint-Yvi, ein ebenso eindrucksvoller wie einfacher Felssteinbau aus dem 16. Jahrhundert.

Der Bretagne-Pilger macht sich von dort aus auf den Weg in die nächstgrößere Stadt, nach Quimper. Dort befindet sich die Grablege des heiligen Corentin von Quimper, einem der Gründungsheiligen der Bretagne. Ihm ist auch die Kathedrale geweiht. Die neugotischen feinen Spitzen der Türme prägen das Stadtbild. Musikfreunde kennen Quimper aus einem anderen Grund: Die Stadt ist die Heimat der Bagad, einer bretonischen Form des Dudelsacks. Mit dieser Musik im Ohr wandert der Besucher gerne durch die hübsche Altstadt mit ihren blumengesäumten Straßen am Ufer des Odet.

Dem Lauf des Flusses folgt der Pilgerweg auf der nächsten Etappe nach Landudal und dann weiter nach Pleyben. Der Ort befindet sich am Rande des Parc naturel régional d'Armorique, einer abwechslungsreichen Landschaft aus Heideflächen, Halbinseln, Hecken und steilen Klippen, die dem Gebiet ein einzigartiges und sehr waldreiches Antlitz verleihen.

Mitten durch den Naturpark steuert der Pilger auf Saint-Rivoal zu, einen kleinen Weiler, in dem vor allem die Mont-Saint-Michel-de-Brasparts einen Besuch lohnen.

Rechts oben: Vannes ist von einer Stadtmauer umgeben. Rechts, Mitte: Am Ufer des Odet steht die Kathedrale Saint-Corentin in Quimper. Rechts unten: Monts d'Arrée mit Blick auf den Roc'h Trévezel.

Nord- und Westeuropa

Pardons

Leuchttürme

Die Menschen in der Bretagne haben ihre eigene Art, ihre Frömmigkeit auszudrücken. Auch wenn sie nicht auf die große Wallfahrt Tro-Breizh gehen, lassen sie sich das Pilgern nicht nehmen. Es gibt viele kleine Wallfahrten in der Bretagne, bei der die Gläubigen um Vergebung bitten. Sie gleichen lokalen Festen und sind begleitet von einer Prozession. Nach Schätzungen gibt es etwa 1200 Pardons jedes Jahr in der Bretagne. Sie sind wichtige Feste für viele Bretonen, die zu diesem Anlass gerne auch ihre Tracht anlegen. Die Menschen bitten um Gesundheit, Schutz für die Familie oder Heilung von Krankheiten, erinnern sich an die verstorbenen Verwandten oder nehmen die Gelegenheit wahr, ein wenig Kraft für den Alltag zu schöpfen. Pardons in der Bretagne sind oftmals an Kirchen und Kapellen gebunden. Manche Gotteshäuser öffnen nur einmal im Jahr exakt zu diesem Anlass. Die größte und beliebteste Wallfahrt ist die in Sainte-Anne-d'Auray Ende Juli. Sainte Anne-la-Palud, ebenfalls Ende Juli, Tréguier (Mai) und Locronan (Juli) zählen zu den größten Pardons der Bretagne.

Die Prozession von Sainte-Anne-d'Auray ist über die Grenzen hinaus bekannt.

Sie stammen von dieser Küste, die spektakulären Bilder von Leuchttürmen, die von Riesenwellen fast verschlungen werden. Ohne Leuchttürme geht in der Bretagne gar nichts; sie sind als gute alte Postkartenmotive noch bei den Bäckern und Feinkostläden zu haben oder locken in natura an der Küste. Besonders eindrucksvoll ist Frankreichs höchster Leuchtturm. Mit 82,50 Metern liegt er auf einer kleinen Insel nahe Plouguerneau. Der Phare de l'Île Vierge ist nicht nur von außen markant, sondern auch seine Innenausstattung mit den kostbaren Fliesen ist einen Blick wert. Lieblich hingegen ist der Leuchtturm von Pontusval, der in einem Häuschen untergebracht ist. Beliebt ist auch der weiße Pointe Saint-Mathieu, der im Jahr 1835 die Tradition der Mönche beendete, die in der Abtei an derselben Stelle abends immer ein Leuchtfeuer im Turm entzündeten, um den Schiffen den Weg zu weisen. Rekordverdächtig ist auch der Phare du Créac'h auf der Insel Ouessant, der mit seiner Reichweite von 59 Kilometern zu den stärksten Leuchtfeuern der Welt zählt.

Vom Leuchtturm von Créac'h strahlt Europas stärkstes Leuchtfeuer aus.

Die nächste Etappe nach Guimiliau führt wieder aus dem Naturpark heraus. Der Ort präsentiert eines der berühmtesten Kirchengelände der Bretagne: Die umfriedeten Pfarrbezirke kommen als Kunstform nur hier vor, und der von Guimiliau gilt weit und breit als schönster mit seinem Triumphtor, dem großen Kruzifix, dem Beinhaus und dem ummauerten Friedhof. Gen Norden führt der Pilgerweg weiter mitten durch das Landesinnere der Bretagne nach Penzé en Taulé. Der Fluss Tenzé, der sich dort entlangwindet, ist bereits im Landesinneren den Gezeiten ausgesetzt und hat einen starken Tidenhub. Der Pilgerweg folgt dem Fluss ein Stückchen und trifft am Meer schließlich auf Saint-Pol-de-Léon, einen Ort, der ebenfalls zu den sieben wichtigen Plätzen der Bretagne zählt, an denen die Gründungsheiligen verehrt werden. Der heilige Paulinus Aurelianus ist das Ziel der Bretagnepilger. Ihm ist die Kathedrale geweiht. Sehenswert ist auch die Kapelle Notre-Dame du Kreisker, deren knapp 80 Meter hoher Turm zu den höchsten der Bretagne zählt.

Das Meer und die Penzé-Mündung entlang offenbart der Pilgerweg nun spektakuläre Panoramen auf zerklüftete Küsten und versprengte Inseln, auf denen sich viele Vögel ein Refugium gesucht haben. Auf einer Insel liegt trutzig die Burg Taureau. Eine Besonderheit ist die Île Callot, zu der eine Straße führt, die nur bei Niedrigwasser passierbar ist.

Auf dem Weg in den Osten ist Morlaix mit den hübschen Fassaden und den Laternenhäusern ebenso einen Stopp wert wie Lannion mit seinen heiligen Quellen oder die Côte de Granit Rose in der Nähe.

Der Pilgerweg meidet das Meer und schlängelt sich nun durch das Land gen Tréguier. Die Stadt geht auf den Bretagne-Gründungsheiligen Tugdual zurück, dem die örtliche Kathedrale geweiht ist. Vor allem den Kreuzgang sollten sich Besucher nicht entgehen lassen.

Verträumt liegt Pontrieux auf dem Weg, das mit seiner Lage am Fluss als Venedig der Region gilt. Von dort aus zieht der Pilger weiter gen Osten nach Paimpol, dessen Hafen ebenso sehenswert ist wie die Ruinen der alten Abtei. Der Pilger kann nun stolz auf sich sein, der Großteil der Strecke liegt hinter ihm. Jetzt hat er sich die schönen Etappen an der Küste verdient, wo immer wieder Sandstrände hinter zerklüfteten Felsen locken. Ebbe und Flut ziehen den Besucher stark in den Bann, ebenso die vielen kleinen Häfen.

In Saint-Brieuc erwartet den Pilger etwas Abwechslung mit den türkisfarbenen Buchten, den pastellfarbenen Häusern und den Viadukten. Ein Pflichtstopp ist die Kathedrale. Sie ist aber nicht dem Schutzpatron der Stadt geweiht, sondern dem heiligen Stephanus.

Nach so vielen Kilometern ist der Weg nach Staint-Malo nicht mehr weit. Der Pilger genießt noch das Rauschen des Meeres an der Smaragdküste, bevor er sein Ziel erreicht und stolz auf seine Tour zurückblickt.

Dieses Passionsretabel ist in einer Seitenkapelle der Église Notre-Dame de Lampaul-Guimiliau zu bewundern.

Nord- und Westeuropa

ℹ️ RUND UMS PILGERN

Beste Reisezeit: Die beste Jahreszeit für diese Pilgerreise ist das Frühjahr, denn dann blüht alles herrlich und die Unterkünfte und Städte sind nicht überfüllt, wie es zum Beispiel in den französischen Sommerferien der Fall sein kann. Wer im April/ Mai reist, erlebt zudem die wunderbare Ginsterblüte im Finistère.

Anforderung: Wer die ganze Tour laufen will, hat sich ein großes Projekt vorgenommen. Manche Strecken sind hügelig, denn die Bretagne ist nicht so flach, wie sie auf den ersten Blick erscheinen mag. Doch insgesamt sind die Anforderungen an den Pilger moderat. Es lohnt sich dennoch, zwischendurch Pausentage zur Regeneration einzulegen. Dafür eignen sich viele Orte auf der Route gut.

Unterkunft und Verpflegung: Ein gutes Netz an Pensionen überzieht diese Route. Vor allem in der Nähe der Küste gibt es Schlafmöglichkeiten für jeden Anspruch. Allerdings sollte man einige Unterkünfte im Voraus der Reise buchen, denn manche Orte sind sehr beliebt. Verpflegung sollte ebenfalls kein Problem sein, da es überall kleine Restaurants und Bistros gibt, die spätestens im April wieder aus dem Winterschlaf erwachen.

Nicht verpassen: Diese Küste liegt zwar nicht direkt auf dem Pilgerweg, dennoch sollte man sie keinesfalls verpassen: die Côte de Granit Rose. Sie zählt zu den spektakulärsten Küsten der gesamten Gegend. Ihre bizarr geformten Felsen aus rötlichem Granit sind beliebte Fotomotive. Bei ihrem Anblick wird man sich bewusst, welche enorme Schöpfungskraft die Natur besitzt und wie vergänglich doch das menschliche Dasein gegen die jahrtausendealten Felsformationen ist. Die Küste eignet sich daher auch gut als Ort zum Meditieren.

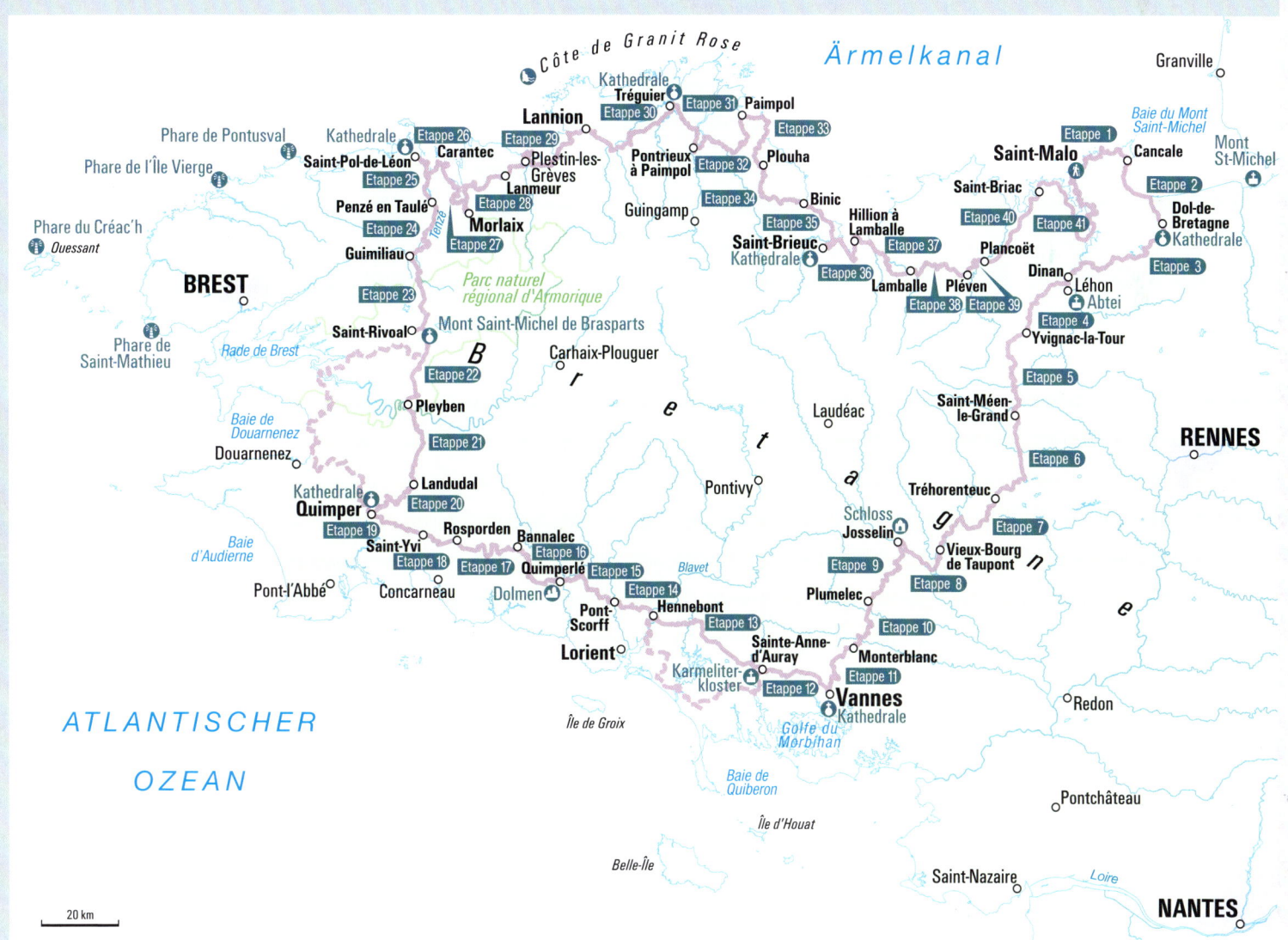

Frankreich
Auf dem Martinusweg von Chartres nach Tours

Der französische Martinusweg ist geprägt von einer weiten, ursprünglichen Landschaft sowie von geschichtsträchtigen Städten, idyllischen Dörfern und prachtvollen Schlössern. Vielerorts erfahren die Pilger neben Andacht und Einkehr auch eine gute Portion Savoir-vivre.

STRECKEN-INFORMATIONEN

Distanz: 245 km
Dauer: mindestens 12 Tage

Etappen:
1. Chartres – Le Gault Saint Denis: 29 km
2. Le Gault-Saint-Denis – Bonneval: 12 km
3. Bonneval – Châteaudun: 19 km
4. Châteaudun – Cloyes-sur-Le-Loir: 19 km
5. Cloyes-sur-Le-Loir – Freteval: 17 km
6. Freteval – Vendôme: 18 km
7. Vendôme – Thoré-la-Rochette: 17 km
8. Thoré-la-Rochette – Prunay Cassereau: 23 km
9. Prunay-Cassereau – Château-Renault: 20 km
10. Château-Renault – Saint-Ouen-les-Vignes: 26 km
11. Saint-Ouen-les-Vignes – Saint-Martin-le-Beau: 20 km
12. Saint-Martin-le-Beau – Tours: 25 km

Es gibt nur wenige Kirchen, an deren feinen Schwingungen man die vielen Gebete und Gesänge der Vergangenheit fast spüren kann. Chartres ist so ein Ort – eine der wichtigsten Kirchen Frankreichs, die der Künstler Auguste Rodin nicht umsonst als Frankreichs Akropolis bezeichnet hat. Ob Sankt Martin diesen Platz einst ebenfalls besonders fand oder ob es für ihn ein normaler Zwischenhalt war, lässt sich heute nur noch schwer herausfinden. Die Kathedrale Notre-Dame gab es damals natürlich noch nicht. Aber schon die Kelten sollen dort heilige Brunnen gebaut haben. Auch jenseits der Geschichte und der Atmosphäre ist Chartres ein idealer Ort, um als Pilger aufzubrechen. Ganz klassisch betreten die Pilger durch das Königsportal die Kathedrale, die als Urmutter aller gotischen Kirchenbauten gilt. Der über und über mit bildhaften Plastiken verzierte Tympanon zeigt Szenen des Jüngsten Gerichtes. Durch dieses Portal schreitet der Pilger und betritt schon nach wenigen Schritten das berühmte Labyrinth von Chartres, ein in den Fußboden eingelassenes Marmormuster, das sinnbildlich für das Leben auf der Erde und das Erreichen des Paradieses steht. Doch wer die Kathedrale von Chartres betritt, wird seine Augen nicht lange auf den Fußboden senken, sondern vom Glitzern und Leuchten der Glasfenster fasziniert sein. Die Fenster stammen aus dem 13. Jahrhundert und sind in ihrer Gesamtheit der größte Bestand an Glasfenstern aus jener Zeit. Insgesamt 2600 Quadratmeter Fläche nehmen sie ein und schillern wie Edelsteine. In vielen starken Farbtönen erzählen sie biblische Geschichten. Chartres steht in dem Ruf, dass allein der Besuch der Kathedrale die Menschen in ein höheres Bewusstsein versetzten kann. Die wichtigste Reliquie ist ein Stück der Tunika, die Maria bei der Geburt von Jesus getragen haben soll. Es gibt viele Geschichten und Legenden rund um die Kathedrale. Daher lohnt es sich, einer Führung beizuwohnen oder sich sogar vorher in die Baukunst und heilige Geometrie einzulesen. Tagelang könnte man sich nicht nur in der Kathedrale, sondern auch in der mittelalterlichen Stadt aufhalten. Allein die Maison Picassiette – das Haus eines Künstlers, über und über mit Mosaiken geschmückt – ist sehenswert, ebenso wie die alten Stadtmauern und das Kunstmuseum.

So schön solche Städte auch sind, irgendwann wird es Zeit, aufzubrechen, und der Pilger macht sich auf den Weg nach Le Gault-Saint-Denis. Die erste Etappe ist zugleich die längste der gesamten Tour, deswegen wäre es besser, einen ganzen Tag in Chartres zu verbringen und erst am nächsten Tag früh aufzustehen.

Der Weg nach Le Coudray führt am Ufer der Eure entlang und erreicht schon bald einen Ort der Geschichte, der mit seinen Lagern eindeutig an die Zeit des Zweiten Weltkriegs erinnert. In einem Kriegsgefangenenlager eröffnete damals die größte Priesterschule der Weltgeschichte: In dem sogenannten Stacheldrahtseminar wurden 1945–1947 katholische Priester und Lehrer ausgebildet. Ziel dieses besonderen Seminars war es, den jungen Menschen, die im späteren Nachkriegsdeutschland moralische und spirituelle Schlüsselpositionen besetzen würden, eine Ausbildung zu gewährleisten, die der jahrelangen Beeinflussung durch die Nationalsozialisten gezielt mit neuem Gedankengut entgegenwirken sollte. Fast 1000 Menschen waren in den zwei Jahren dort tätig. Heute befindet sich auf dem Lager eine deutsch-französische Begegnungsstätte.

Notre-Dame de Chartres ist »die« hochgotische Kathedrale par excellence. Sie verkörpert in ihrer Eleganz und Schlichtheit den Triumph der gotischen Kunst.

Nord- und Westeuropa

In Coudray lädt die Kirche Saint Julien de Brioude (12. Jahrhundert) zu einer stillen Einkehr ein, bevor der Pilger sich weiter auf den Weg nach Morancez macht.
Besonders hübsch ist der kleine Ort Ver-lès-Chartres, nicht nur wegen seiner Lage am Fluss Eure und der alten Häuser und Mühlen, sondern vor allem wegen der ehemaligen Abtei Notre-Dame de l'Eau, deren Reste heute noch

auf einem Privatgelände stehen. Sie war eine bedeutende Abtei der Zisterzienserinnen, und einiges der früheren Pracht ist noch erhalten. Sakral geht es weiter nach Fresnay-le-Comte. Dort findet der Pilger eine Martinskirche vor. Vom Zielort Le Gault-Saint-Denis setzt sich der Weg am nächsten Tag fort nach Aigneville mit dem Schloss und der Martinskirche. Der Pfad ist flach und einfach zu gehen; zwölf Kilometer sind aber auch keine große Distanz.
Mit Pré-Saint-Martin erreicht der Pilger das Loir-Tal und gleichzeitig einen Ort, der dem Heiligen Martin abermals mit einer Kirche huldigt. Das liebliche Tal zeigt sich mehr und mehr in den Bauten am Wegesrand, viele nehmen nun die Form von runden Türmen an, etwa in Bonneval. Der Ort liegt am Oberlauf des Loir, dem kleinen Bruder des berühmten Flusses Loire. Die Altstadt mit dem sie umgebenden Wassergraben wird auch als Klein-Venedig bezeichnet, weil die alten Häuser so idyllisch am Wasser liegen. Vor allem das Kloster Saint-Florentin ist sehenswert, denn es geht auf das 9. Jahrhundert zurück. In dem ehemaligen Benediktinerkloster befindet sich heute eine Klinik für psychisch Kranke. Doch das Gebäude mit seinen schachbrettartigen Verzierungen an der Fassade und den kleinen Türmchen ist auch von außen sehenswert.
Nach einer Übernachtung in der Stadt durchquert der Pilger am nächsten Tag die weiten Wiesen und kleinen Wäldchen im Loir-Tal und erreicht nach knapp 20 Kilometern den Zielort Châteaudun. Spätestens dort sehen die Pilger das, was die Gegend ausmacht: eines der vielen Schlösser. Das Château de Châteaudun gilt als das erste der vielen Schlösser am Fluss. Es wurde im 15. Jahrhundert vollendet. Der ältere Teil stammt aus dem 12. Jahrhundert und ist der Bergfried, der das Schloss überragt. Daran schließen sich Gebäudeteile an, die den Stil der Renaissance verkörpern, u. a. mit den typischen Fenstern im Flamboyantstil. Mit seiner Lage auf dem Berg ist es ein wunderschönes Fotomotiv. Im Schloss befindet sich eine sehenswerte Kapelle. Der Ort selbst mit seinen Kirchen und den Höhlen bietet Besuchern ein abwechslungsreiches Programm.

Links: Bonneval verzaubert mit seinem schönen Ortskern, z. B. auf der Rue de la Grève. **Ganz oben:** Wegen seines Wassergrabens nennt man Bonneval auch Klein-Venedig. **Oben:** Schloss Châteaudun.

Nord- und Westeuropa

In Vendôme ist die Dreifaltigkeits-Abtei unbedingt einen Besuch wert (oben). Rechts oben: Am Flussufer des Loir steht das imposante Chateau de Montigny-le-Gannelon.

Im Laufe der nächsten Etappe wird die Landschaft wasserreich. Kleine Seen liegen neben dem Fluss Loir, der sich in Bögen durch die Landschaft schlängelt. Wahrscheinlich werden Angler immer wieder am Ufer stehen und auf gute Fänge warten. Der Fluss rauscht durch die Landschaft. Spezialitätenläden in den kleinen Dörfern sorgen für das Auffüllen des Proviants. Die Gegend ist sehr ländlich geprägt. Hin und wieder säumen kleine turmlose Kapellen den Weg, der sich fast einsam durch die Landschaft zieht.

Schon bald erreicht der Pilger Montigny-le-Gannelon, einen Ort, der vor allem für sein Schloss berühmt ist. Es liegt hoch über der Siedlung kleiner Häuser, die sich am Ufer des Flusses aufreihen. Das Schloss ist noch immer in Privatbesitz und im neugotischen Stil gebaut. Sehenswert im Ort selbst sind der alte Stadtkern mit dem Tor und die Kirche. Von dort ist es nur noch ein Katzensprung nach Cloyes-sur-le-Loir – der Ort, in dem die Notre-Dame-Kirche unbedingt einen Besuch wert ist, denn ihr schlichtes Inneres aus dem 9. Jahrhundert verzaubert den Gast. Vor allem die Fresken lohnen das genauere Hinsehen.

Auf der weiteren Wanderung liegen ab und zu Dolmen in der Landschaft, die auf frühe Kulturen hinweisen. Immer wieder lädt auch eine Kirche zur Besichtigung oder stillen Einkehr ein. Moderat bleibt die Steigung auch am nächsten Pilgertag auf dem Weg nach Vendôme. Dort kommen mehr und mehr Schlösser und Herrenhäuser ins Sichtfeld des Pilgers, etwa Schloss Meslay – ein kleines Anwesen, das im 18. Jahrhundert von einem Textilfabrikanten errichtet worden ist.

Am Etappenzielort Vendôme steht zwar nur noch die Ruine der ehemaligen Burg, doch die allein ist sehenswert, denn sie liegt eingebettet in einen schönen Park am Südrand der Stadt. Nicht nur die Burg ist eine Ruine, die für den Pilger so wichtige Martinskirche von Vendôme ist es auch. Sie wurde 1857 abgerissen, nur der Turm blieb erhalten. Er beherrscht den davor liegenden Platz mit seinem Belfried. Da Vendôme auch auf dem Jakobsweg liegt, treffen sich hier Martinspilger und

Nord- und Westeuropa

Jakobspilger. Für Letztere ist die Jakobskirche aus dem 12. Jahrhundert ein Pflichtstopp, aber auch die Martinspilger sollten sich die gotische Kirche nicht entgehen lassen. Insgesamt ist Vendôme durchaus sehenswert, ist es doch wie eine Insel umgeben von den Armen des Flusses Loir. Im Mittelalter beherrschten Gerbereien und Mühlen das Treiben der Stadt; die berühmten Glacéhandschuhe wurden mit Ziegenleder aus Vendôme hergestellt. Der Schriftsteller Honoré de Balzac ging hier zur Schule. Kulturhistorisch wertvoll ist die Dreifaltigkeits-Abtei, kurz: Trinité. Sie geht auf das 11. Jahrhundert zurück. Dort wird eine besondere Reliquie aufbewahrt: die heiligen Tränen Jesu. Von außen beeindruckend sind die Flamboyantfassade und der romanisch geprägte Glockenturm, im Inneren die wertvollen Glasfenster. Es gibt also viel zu entdecken, sodass sich vielleicht auch hier ein Pausentag lohnt. Der nächste Abschnitt ist geprägt von kleinen Dörfern und weiter Landschaft, doch Frankreich lässt sich nie lange bitten, den Pilger mit kleinen Schönheiten zu verwöhnen. Eine liegt in diesem Fall in Lavardin. Das mittelalterliche Stadtbild des Ortes mit den kleinen Häuschen, die sich um die Kirche drapieren und zudem noch malerisch auf einer Anhöhe liegen, ist ein Augenschmaus. Die erste Anlaufstelle der

Die Kirche Saint-Genest in Lavardin geht auf das 12. Jahrhundert zurück (oben). Rechts: Das mittelalterliche Lavardin zählt zu den »schönsten Dörfern Frankreichs«.

⭐ Das Tal der Loire

In einem rund 200 Kilometer langen Abschnitt zwischen Sully-sur-Loire und Chalonnes, wo der längste Fluss Frankreichs in Ost-West-Richtung zum Atlantik mäandert, konzentriert sich eine einzigartige Fülle von Kulturmonumenten. Mit dem heiligen Martin, der 371–397 Bischof von Tours war, beginnt der Aufstieg der Städte im Loiretal. Das Grab des Schutzpatrons der Franken in Tours entwickelte sich bald zum wichtigen Pilgerziel. 848 wurde Karl der Kahle in Orléans gekrönt, unter den Kapetingern war das Flusstal im 10./11. Jahrhundert die bevorzugte Residenz. Aus der Romanik finden sich hier bedeutende Zeugnisse, etwa die Kirchen in Saint-Benoît-sur-Loire, Germigny-des-Prés oder Cunault. Einer der größten Klosterkomplexe Europas ist die Abtei Fontevraud mit der Grabkirche der Plantagenêts. Unter Franz I. wurde eine Reihe von Schlössern neu errichtet bzw. umgebaut: das prächtige Wasserschloss Azay-le-Rideau (1527), das Brückenschloss Chenonceaux, Schloss Chambord und die Schlösser von Blois und Amboise.

Chateau de Saumur (13. Jh.) wurde unter Herzog Ludwig I. von Anjou zum prachtvollen Schloss umgestaltet.

⭐ Château d'Amboise und Château du Clos Lucé

Auf einem Hügel, der steil zur Loire hin abfällt, steht das erste bedeutende Renaissanceschloss Frankreichs. Allerdings ist das Bauwerk nur in Teilen erhalten, doch noch immer von beeindruckender Größe und Pracht. Im Jahr 1496 brachte Karl VIII. von einem Italienfeldzug Künstler, Handwerker und Kunstwerke hierher. Er verwandelte das Schloss in seine Hauptresidenz und baute es entsprechend um. Die mächtigen Türme waren im Inneren so eingerichtet, dass ein Reiter zu Pferd in die oberen Stockwerke gelangen konnte. Ein Zeugnis gotischer Baukunst stellt die Chapelle Saint-Hubert dar. Nicht weit vom Château d'Amboise liegt das Schlösschen Clos Lucé, in welchem Leonardo da Vinci seine letzten Lebensjahre verbrachte. Franz I. hatte das italienische Universalgenie nach Frankreich geholt. Hier erinnert ein kleines Museum, das Modelle von Leonardos Erfindungen zeigt, an den großen italienischen Künstler.

Schloss Amboise thront auf einem Felsen über der gleichnamigen Stadt an der Loire. Karl VIII. ließ auf den Fundamenten einer mittelalterlichen Burg ein prächtiges Renaissanceschloss errichten.

⭐ Leonardo da Vinci

Leonardo da Vinci (1452–1519) war ein Universalgenie, dessen Ruhm bis heute andauert. Sein Name da Vinci bezeichnet nicht seinen Familiennamen, sondern steht für den Ort, aus dem er stammt. Als Wissenschaftler betrieb der am 14. April 1452 unweit des Dorfes Vinci, rund 30 Kilometer westlich von Florenz, geborene Leonardo seiner Zeit weit vorauseilende geophysikalische, botanische, hydrologische und aerologische Forschungen und verfasste theoretische Abhandlungen über Malerei, Architektur, Mechanik und die menschliche Anatomie. Er betätigte sich als Erfinder von Flugapparaten und Kriegsmaschinen und war außerdem ein begnadeter Zeichner und Maler, der neben Gemälden eine Unmenge von Skizzen, Studien, Zeichnungen und Entwürfen anfertigte. Florenz, Mailand und Rom waren die Hauptwirkungsstätten Leonardos. Hier stand er als Ingenieur und Maler in Diensten der Fürsten Sforza und Medici. Seinen Lebensabend verbrachte Leonardo auf Einladung des französischen Königs Franz I. auf Schloss Cloux (Clos Lucé), wo er am 2. Mai 1519 starb.

Das Museum im Château du Clos Lucé zeigt Leonardo da Vincis Arbeitszimmer.

Pilger ist die frühromanische Kirche Saint-Genest, die vor allem im Inneren mit Rundbögen und terracottafarbenen Verzierungen eine wunderbare Wärme ausstrahlt. Hoch über der Stadt, die sich direkt am Ufer des Loir befindet, wacht eine Burgruine über den Ort.

Mit der Etappe nach Château-Renault nähert sich der Pilger seinem Ziel. Tours ist nicht mehr weit, und nach der nächsten Etappe ist der Pilger bereits in Auzouer-en-Touraine, wo eine schöne Martinskirche zu besichtigen ist. Über sehr ländliche Wege und vorbei an einigen Seen geht es nach Montreuil-en-Touraine und weiter nach Saint-Ouen-les-Vignes – zu einem Ort, der von einem kleinen Schloss dominiert wird. Es ist heute ein Hotel.

Im Amboise schließlich hat der Pilger die Loire erreicht und wird auch staatstragend mit einem herrschaftlichen Panorama empfangen. Amboise war schon eine Festung der Gallier und kann auf eine entsprechend lange Historie zurückblicken. Das sieht man dem Ort auch an, dessen Zentrum von Festungsmauern umschlungen ist. Er ist geprägt von Fachwerkhäusern, rundbogigen Durchlässen, der Stadtmauer, Uhrtürmen und dem mächtigen Schloss. Doch der Star des Ortes ist das Schloss Clos Lucé mit seinem Da-Vinci-Museum.

Über Saint-Martin-le-Beau gelangt der Pilger nun auf die Schlussetappe nach Tours. Dort steuert er nicht die große Kathedrale an, sondern als erstes die Sankt-Martins-Basilika. An dieser Stelle wurde der heilige Martin im Jahr 397 bestattet. Schon damals errichteten die Mönche eine Basilika, die zu einem wichtigen Pilgerort wurde. Das Gebäude konnte die Pilgerströme schon bald nicht mehr aufnehmen, und wurde 471 durch eine Basilika ersetzt. Ein Kloster entstand rund um das Heiligtum, und schnell war die Schreibkunst von Tours ein wichtiges Kulturgut. In der Französischen Revolution wurde das Gebäude fast völlig zerstört. Der heutige Bau stammt aus dem 20. Jahrhundert, die Krypta aber bewahrt noch immer die Gebeine des Heiligen auf. Sie gilt als der wichtigste religiöse Ort der Stadt. Im Laufe der Zeit entstanden in Tours noch weitere sakrale Zentren, so etwa die Kathedrale und das Kloster Marmoutier. Letzteres war eine der ersten Klostergründungen von Sankt Martin und entstand, nachdem sich Martin in die dortigen Höhlen zurückgezogen hatte. Mit seinem mittelalterlichen Stadtzentrum und den schmalen Fachwerkhäusern hat auch die weltliche Seite von Tours ein schönes Gesicht. Hier kann man die Pilgertour gut ausklingen lassen, denn Tours gehört zu den am besten erhaltenen Altstädten Frankreichs. Noch einmal die vergangenen Tage Revue passieren lassen, das Pilgerbuch durchblättern und ein Stück Frankreich im Herzen tragen!

Am Zielort des Martinuswegs beeindruckt die Kathedrale von Tours, die den Stil der Gotik verkörpert.

Nord- und Westeuropa

 RUND UMS PILGERN

Beste Reisezeit:
Diesen Pilgerweg kann man ganzjährig gehen, doch die beste Zeit ist von Mai bis September. Dann ist das Wetter angenehm und freundlich.

Unterbringung/Verpflegung:
Die Infrastruktur am Weg hilft dem Pilger generell, Unterkunft und Verpflegung zu finden. Da manche Gegenden dünn besiedelt sind, ist es ratsam, die langen Tage im Sommer bei der Wanderung zu nutzen, zudem haben dann auch die Pensionen und Hotels sicher geöffnet. Manche machen eine längere Winterpause. Gerade im Mittelteil der Strecke kann es oftmals sehr ländlich werden, deswegen sollte der Proviant gut aufgefüllt und die Herberge vielleicht doch reserviert sein.

Anforderungen: Das Gelände ist meist flach und lässt sich ohne große Anstrengungen durchqueren. Unerfahrene Pilger sollten aber dennoch Pausentage einkalkulieren.

Nicht verpassen: Der Ort Troo gehört zu den schönsten der Region Vendôme. Bekannt sind vor allem die Höhlenwohnungen, aber auch der Stadtkern kann sich sehen lassen.

Die Höhlenwohnungen an der Loire, Troglodyten genannt, wurden früher von Arbeitern genutzt; heute sind einige davon in Ferienwohnungen umgebaut wie hier in Troo.

Frankreich
Via Turonensis – von Tours nach Santiago de Compostela

Über die Via Turonensis zogen früher vor allem Pilger aus den Niederlanden und Nordfrankreich nach Santiago de Compostela. Auch heute gibt es Reisende, die den Jakobsweg und seine Zubringer in Frankreich erwandern. Dabei kann man nicht nur sein Seelenheil suchen, sondern auch die zahlreichen Sehenswürdigkeiten längs des Weges genießen.

STRECKEN-INFORMATIONEN

Distanz: 885 km
Dauer: mindestens 50 Tage

Etappen (Zusammenfassung):
- ❶ Saint-Denis – Paris: 10 km
- ❷-❻ Paris – Orléans: 125 km
- ❼-❾ Orléans – Blois: 60 km
- ❿-⓭ Blois – Tours: 60 km
- ⓮-⓱ Tours – Châtellerault: 68 km
- ⓲-⓳ Châtellerault – Poitiers: 33 km
- ⓴-㉘ Poitiers – Saintes: 125 km
- ㉙-㊱ Saintes – Bordeaux: 115 km
- ㊲-㊶ Bordeaux – Dax: 145 km
- ㊷-㊻ Dax – St.-Jean-Pied-de-Port: 80 km

Der eigentliche Pilgerweg beginnt in Saint-Denis, nördlich von Paris. In den großen Zeiten der Jakobswallfahrten lag der Ort nördlich der damaligen Stadtgrenze und war ein Sammelpunkt für die Pilger aus Paris. In der Kathedrale der Stadt liegt der französische Nationalheilige Dionysius begraben. Die Basilika, in der fast alle Könige Frankreichs beigesetzt sind, zählt zu den frühesten gotischen Kirchengebäuden. Nach dem Aufenthalt in Saint-Denis geht es durch Paris, durch die Rue St.-Jacques zur gleichnamigen Kirche, von der heute nur noch der Turm am rechten Seine-Ufer steht.

Die französische Hauptstadt bietet aufregende Kontraste: Reich an Tradition und gleichzeitig avantgardistisch, von monumentaler Größe und dann wieder bestechend charmant: Paris ist Regierungssitz und Universitätsstadt, Mode- und Kunstmetropole, multikulturell und dabei doch immer sehr französisch geblieben. Besonders sehenswert südlich der Seine ist natürlich der Eiffelturm, das zur Weltausstellung 1889 erbaute Wahrzeichen von Paris – eine 300 Meter hohe Eisenkonstruktion, die der Ingenieur Gustave Eiffel in nur 16 Monaten errichten ließ. Außerdem ist das Hotel des Invalides, ein von König Ludwig XIV. für die Invaliden seiner zahllosen Kriege errichteter Gebäudekomplex mit kuppelgekröntem Dome des Invalides, sehenswert. Nördlich der Seine liegt der wohl schönste Prachtboulevard der Welt: die Avenue des Champs-Elysees mit dem Arc de Triomphe und der Place de la Concorde.

Rechte Seite: Paris ist der Ausgangspunkt des Pilgerwegs. Die Kathedrale Notre-Dame (Mitte) ist trotz der Schäden, die ein Brand im April 2019 verursachte, das Wahrzeichen der französischen Metropole geblieben. Montmartre (unten) verströmt bis heute den Charme eines Künstlerviertels.

Nord- und Westeuropa

Basilika Saint-Denis

Die Basilika Saint-Denis in einem nördlichen Vorort von Paris wurde im 12. Jahrhundert an der Stelle erbaut, an der sich die Grabkapelle des ersten Bischofs von Paris, des heiligen Dionysius, befand. Diesen Ort soll der um 250 in Montmartre enthauptete Märtyrer noch mit seinem Kopf in den Händen erreicht haben. Das im 6. Jahrhundert hier gegründete Kloster wurde im 12. Jahrhundert nach Plänen von Abt Sugers (1081–1151) zu einer Kirche umgestaltet, die als einer der Gründungsbauten der Gotik gilt: Spitzbogen, Gewölberippen, Fensterrosette – all die Elemente, die gotischen Bauten ihre Leichtigkeit verleihen und sie zum Himmel streben lassen, fanden hier erstmalig Verwendung. Bis zu Ludwig XVIII. wurden hier alle französischen Herrscher begraben. Die prunkvollen Grabmäler bieten einen Überblick über zwölf Jahrhunderte französischer Grabmalskunst.

Saint-Denis ist geschichtlich wie architektonisch bedeutend. Ihr Chor, der 1144 fertiggestellt wurde, gilt als der erste im Stil der Gotik gestaltete Chor der Welt.

Nord- und Westeuropa

Was man ebenfalls nicht verpassen darf: die Parkanlage Jardin des Tuileries hin zum Louvre; die Place Vendôme mit noblen Geschäften; den Palais Garnier, ein prunkvolles Opernhaus des 19. Jahrhunderts; den Palais Royal aus dem 17. Jahrhundert. Vom Hügel der Sacre-Cœur hat man eine fantastische Aussicht über die Stadt. Die Friedhöfe Montmartre und Père Lachaise sind zwei der großen, um 1800 angelegten Nekropolen, die mit Grabmälern unzähliger Berühmtheiten aufwarten.

Der Pilger wandert nahezu zwei Wochen, ehe er die Stadt Blois erreicht. In der ersten Hälfte des 17. Jahrhunderts war diese das Zentrum des politischen Geschehens in Frankreich. Der Mittelpunkt des Städtchens ist heute das Schloss. Nur selten prägen sich an einem Gebäude die einzelnen Bauphasen so deutlich aus wie hier: Der älteste Bestandteil ist der in rotem Backstein mit weißen Tuffsteinverzierungen gehaltene Trakt von Ludwig XII. Weitaus prunkvoller ist der Flügel Franz' I., ein Renaissancebau, der teilweise noch Spuren der französischen Gotik aufweist. Adelspaläste wie das Hôtel Sardini, das Hôtel d'Alluye oder das Hôtel de Guise machen deutlich, dass nicht nur der König, sondern auch zahlreiche Adelige an der Loire ihren Wohnsitz hatten. Die Kathedrale Saint-Louis ist nicht gotisch, sondern stammt aus dem 17. Jahrhundert, weil der Vorgängerbau von einem Orkan zerstört worden war. Am Platz der Kathedrale liegt ein besonders hübscher Fachwerkbau, das Maison des Acrobates. Wer nicht auf gotische Kirchen verzichten möchte, sollte Saint-Nicolas aus dem 12. Jahrhundert einen Besuch abstatten.

Von Blois aus geht es in drei Etappen weiter in die Stadt, nach der Jakobsweg benannt ist: nach Tours. Das Grab des heiligen Martin war seit jeher ein wichtiges Etappenziel auf dem Weg der frommen Jakobspilger. Die alte Basilika Saint-Martin rissen die Revolutionäre Ende des 18. Jahrhunderts ab. Die neue Basilika im neo-byzantinischen Stil mit dem Grab des Heiligen, das 1890 geweiht wurde, ist ein Beispiel

für die monumentale Kirchenbaukunst jener Zeit, die sich aller Stile bediente. Die Kathedrale Saint-Gatien ist der kunsthistorisch wichtigste Kirchenbau der Stadt. Einen schönen Blick auf das Maßwerk der Türme und auf die fein gehauenen Strebebögen hat man vom zweistöckigen Kreuzgang aus. In der Altstadt selbst glaubt man sich stellenweise – wie etwa an der Place Plumereau – ins Mittelalter versetzt: Schmucke Fachwerkhäuser mit spitzen Giebeln und oft auch geschnitzten Balken zeugen vom Reichtum der damaligen Kaufleute. In den historischen Räumen des Château Royal (13. Jahrhundert) ist ein Wachsfigurenkabinett untergebracht.

Drei Tagesetappen weiter gelangt der Pilger an den heute eher unbedeutenden Ort Châtellerault, der für die Jakobspilger einstmals ein wichtiger Rastplatz war. Durch die Porte Sainte-Catherine betraten nicht nur die Wallfahrer, sondern auch Jeanne d'Arc den Ort. Die Kirche St.-Jacques, das Ziel der Jakobspilger, wurde

Nord- und Westeuropa

mit einem aufwendigen Glockenspiel versehen. Einige Bürgerhäuser lassen noch erahnen, wie das Leben im 15. Jahrhundert ablief, so etwa das Logis Cognet.

Am nächsten Zielort, in Poitiers, gilt es, gleich drei Kirchen zu besuchen: St.-Hilaire, Notre-Dame-la-Grande und Ste.-Radegonde. Die alte Stadt, eine wichtige Etappe auf dem Weg der Jakobspilger, hatte in Herzog Jean de Berry einen wichtigen Förderer. So war sie bis in die zweite Hälfte des 16. Jahrhunderts ein Zentrum geistlichen und wissenschaftlichen Lebens. Ihre Kirchen zeugen davon.

Nach einer weiteren Woche zu Fuß erreichen die Pilger Saint-Jean-d'Angély. Dieser Ort war einst für die Jakobspilger ein wichtiges Ziel, galt es doch, dort dem Haupt Johannes des Täufers die Ehre zu erweisen. Von der gotischen Kirche sind nur noch Ruinen erhalten, doch eine Reihe schöner Fachwerkhäuser, die Tour de la Grosse Horloge (Uhrturm) von 1406, ein kunstvoller Brunnen aus dem Jahr 1546 und die Abtei, die im 17. Jahrhundert wiedererrichtet wurde, vermögen den heutigen Besucher in die Vergangenheit zu versetzen.

Linke Seite oben: Jakobsstatue in der Église Saint Jacques in Châtellerault. Linke Seite unten: Kathedrale von Tours. Großes Bild oben: Stadtansicht von Blois mit der Kathedrale. In Poitiers (links unten: Notre-Dame la Grande; oben: Place Charles-de-Gaulle) warten viele Kulturdenkmäler auf die Besucher.

Nord- und Westeuropa

Das Etappenziel des nächsten Tages ist Saintes. Die Hauptstadt der Saintonge blickt auf eine lange Geschichte zurück, deren Zeugnisse heute noch zu sehen sind. Aus römischer Zeit stammt der Arc de Germanicus, der ursprünglich den Zugang zu einer Brücke bildete. Bei der Abtragung der Brücke wurde er gerettet und am rechten Ufer wieder aufgestellt. Die heute von Grün überwachsene Ruine des Amphitheaters aus dem 1. Jahrhundert bot einst 20 000 Zuschauern Platz. Auch das Mittelalter hat beeindruckende Spuren hinterlassen: Die Abbaye aux Dames wurde 1047 gegründet, die romanische Kirche entstand im 11./12. Jahrhundert. Die gotische Kathedrale Saint-Pierre errichtete man im 13./14. Jahrhundert, der Turm wurde im 17. Jahrhundert hinzugefügt. Die Kirche Saint-Eutrope war das Ziel der Jakobspilger; hier beteten sie in der geräumigen Krypta am Grab des Stadtheiligen Eutropius.

Nach einer weiteren Woche Fußmarsch gelangen die Pilger nach Bordeaux. Auch dieser Ort kann mit bedeutenden Reliquien aufwarten: mit den Gebeinen des heiligen Severin und dem Rolandshorn. Von den Kirchen sollte man einige nicht verpassen. Die Kathedrale Saint-André entstand zwischen dem 13. und 15. Jahrhundert und fasziniert mit der Porte Royale, einem prachtvollen, reich mit Skulpturen geschmückten Portal. Neben der Kirche steht die Tour Pey-Berland, ein frei stehender Turm. Etwas später (14.–16. Jahrhundert) entstand die Basilika Saint-Michel, die im 17. Jahrhundert barock ausgestattet wurde. Besonders als Jakobspilger sollte man der Saint-Seurin einen Besuch abstatten. Die Anbetung des heiligen Severin war ein wichtiger Punkt im Programm der mittelalterlichen Jakobspilger. Die frühromanische Krypta stammt aus jener Zeit. Bordeaux hat darüber hinaus noch vieles mehr zu bieten, etwa die Stadttore Cailhau, Aquitaine, Monnaie und Dijeaux, den Pont de Pierre (steinerne Brücke) und die moderne hoch aufragende Pont d'Aquitaine aus dem Jahr 1967.

Die alte Stadt an der Garonne ist seit alters vom Handel geprägt, in erster Linie vom Weinhandel. 1154 kam Bordeaux unter englische Herrschaft. Dank des großen Interesses der Engländer an den Weinen der Region nahm der Handel einen bedeutenden Aufschwung. Auch als Bordeaux längst wieder französisch war, blieb die enge Bindung an die Britischen Inseln. Als Ausgangspunkt für einen Stadtbummel eignet sich die Place de la Comédie mit der klassizistischen Säulenfront des Grand Théâtre.

Les Landes, so heißt die typische Landschaft südlich von Bordeaux, die die Pilger nun queren. Sie ist geprägt von flachem, sandigem Boden, auf dem lichte Nadelwälder wachsen. Diese Wälder wurden einst von Menschenhand gepflanzt und dienen auch heute noch der Forstwirtschaft (vorwiegend der Gewinnung von Harz). Die Hauptstadt der Landes ist das etwas abseits der Route gelegene Mont-de-Marsan im Südosten der Region. Sie birgt einige sehenswerte romanische Häuser sowie die Burg Donjon Lacataye aus dem 15. Jahrhundert und einige sehr hübsche Parkanlagen. Zwischen Bordeaux und Dax liegen zwei weitere Pilgerwochen. Bevor die Wanderer in der kleinen Stadt am Adour ankommen, haben sie

In Bordeaux sollten Pilger unbedingt die beiden Kirchen St. Seurin und St. Michel besuchen (kleine Bilder unten). Zu Letzterer gehört auch der 114 Meter hohe frei stehende Glockenturm (rechts).

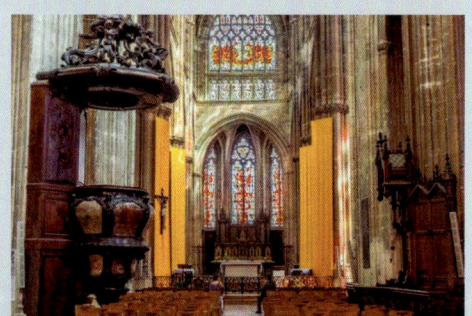

weitere 150 Kilometer hinter sich gelassen. Umso mehr haben sie sich einen längeren Aufenthalt in Dax verdient. Die Stadt ist eines der am stärksten frequentierten Thermalbäder Frankreichs. Aus der Source de la Néhe sprudelt 64 °C heißes Wasser. Sehenswert ist zudem die Kathedrale, die aus dem 17. Jahrhundert stammt. Kunsthistorisch bedeutender noch ist die Apostelpforte aus dem gotischen Vorgängerbau. Ein Besuch des Musée de Borda in einem schönen Stadtpalais sowie ein Bummel an den Ufern des Adour runden den Besuch ab. Von hier sind es noch rund 80 Kilometer bis nach Saint-Jean-Pied-de-Port.

Im Mittelalter war das schon in den Bergen liegende Städtchen Saint-Jean-Pied-de-Port ein wichtiger Rastplatz für die Pilger – die letzte Station vor der anstrengenden Überquerung der Pyrenäen über den 1057 Meter hohen Puerto de Ibañeta nach Roncesvalles in Spanien. Den mittelalterlichen Charakter hat sich der Ort bis heute bewahrt. Das Ufer des Nive ist von Häusern aus dem 16. und 17. Jahrhundert und der gotischen Kirche Notre-Dame-du-Bout-du-Pont gesäumt.

Großes Bild: Über Saintes wacht die Kathedrale Saint-Pierre. Oben: Durch Mont-de-Marsan fließen drei Flüsse.

⭐ Weinregion Bordeaux

Die Stadt Bordeaux eignet sich hervorragend, um das sie umgebende Weinpardies zu erkunden. Das Bordelais mit seinen rund 120 000 Hektar Rebfläche gilt als das größte zusammenhängende Anbaugebiet für Qualitätswein weltweit. Es erstreckt sich an den Ufern der Flüsse Garonne und Dordogne sowie am Zusammenfluss beider in einem langen Mündungsgebiet bis fast zum Atlantik. Erzeugt werden durch rund 3000 Weingüter vor allem trockene, langlebige Rotweine, die im Gebiet des linken Ufers der Garonne fruchtiger und in den Appellationen von Saint-Émilion und Pomerol am rechten Ufer sanfter und voller ausfallen. Viele von ihnen zählen zu den berühmtesten und teuersten Tropfen der Welt. Gewonnen werden sie vor allem aus den drei Rebsorten Cabernet Sauvignon, Merlot und Cabernet Franc. Die Spitze stellen die edelsüßen Sauternes aus der Semillon-Traube dar, erzeugt um den gleichnamigen Ort und im nahen Barsac. Die charaktervollsten trockenen Weißweine, meist auf der Basis von Sauvignon Blanc, stammen aus dem Bereich Graves. Insgesamt existieren für das Weinbaugebiet rund 50 AOC (Appellation d'Origine Contrôlée).

Großes Bild: Saint-Émilion. Oben: Grand Cru und Château Mouton-Rothschild.

Nord- und Westeuropa

ℹ RUND UMS PILGERN

Anreise und Rückreise: Saint-Denis, der Startpunkt der Via Turonensis, gehört heute längst zum Einzugsgebiet der französischen Metropole Paris. Der Bahnhof von Saint-Denis ist einerseits ein Haltepunkt auf der Strecke Paris–Lille, andererseits jedoch auch durch den öffentlichen Nahverkehr direkt an die Hauptstadt angeschlossen. Eine Anreise über Paris ist also unproblematisch. Das Ziel der Reise auf der Via Turonensis ist St.-Jean-Pied-de-Port. Von hier nimmt man am besten den Zug nach Bayonne (ca. 1 Stunde). Ab Bayonne kann man die Heimreise per Flugzeug über den nahe gelegenen Flughafen Biarritz antreten oder mit dem TGV in vier Stunden Paris erreichen.

Beste Reisezeit: Generell eignen sich die Monate Mai bis Oktober für Pilgerreisen in Frankreich. Da die Via Turonensis nicht wie alle anderen französischen Strecken durch alpines Gelände führt, kann man den Start auch früher einplanen, etwa ab Ende Februar.

Anforderung: Die Via Turonensis wird oft als »grande route« bezeichnet, und Ehrfurcht schwingt in dem Titel mit. Auf der einen Seite verspricht sie eine unvergessliche Erfahrung, bei der man bis in die Seele spüren wird, was Pilgern bedeutet. Auf der anderen Seite sollte man auch keinesfalls zu wenig Zeit für diese Mammutstrecke einplanen.

Unterkunft und Verpflegung: Auf den französischen Pilgerwegen hat man die Wahl zwischen »refuges pèlerin« (Pilgerherbergen), für die man einen Pilgerausweis benötigt, und den »gites d'etape« (Wanderherbergen). In der Regel zahlt man 10 bis 25 Euro für eine Übernachtung. Die Verpflegung kann etwas teuer werden, wenn man jeden Tag in einem Lokal speist, deshalb empfiehlt es sich, in den Städten im Supermarkt etwas Proviant zu kaufen.

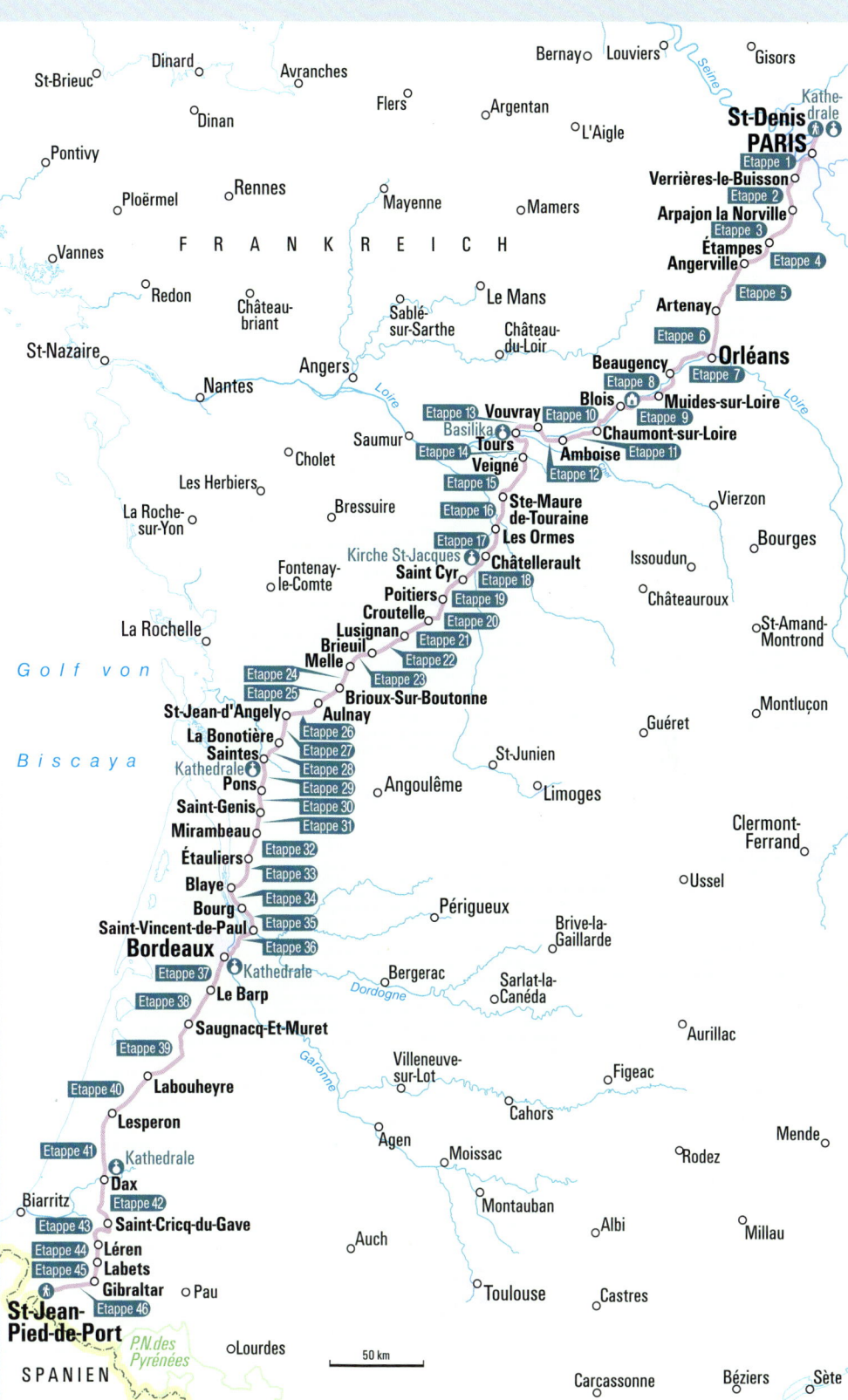

Frankreich
Via Podiensis – Einmal quer durch Frankreich

Dies ist der berühmteste der vier Jakobswege in Frankreich. Die Strecke führt auf mehr al 700 Kilometern durch die Regionen Auvergne, Languedoc-Roussillon, Midi-Pyrénées und Aquitanien. Dabei passiert der Pilger grüne Wiesen, fruchtbare Täler und malerische Ortschaften, die für ihren Wein und ihre kulinarischen Besonderheiten bekannt sind. Diese lange Wanderung tut letztendlich nicht nur der Seele gut, sondern auch dem Leib.

STRECKEN–INFORMATIONEN

Distanz: 710 km
Dauer: mindestens 32 Tage, mit eingeplanten Ruhetagen

Etappen (Auswahl):
1. Le Puy-en-Velay – St.-Privat-d'Allier: 23 km
2. St.-Privat-d'Allier – La Falzet: 21 km
3. La Falzet – St.-Alban-sur-Limagnole: 23 km
4. St.-Alban – Aumont-Aubrac: 15 km
5. Aumont-Aubrac – Nasbinals: 26 km
6. Nasbinals – Saint-Chély-d'Aubrac: 17 km
7. Saint-Chély-d'Aubrac – Espalion: 22 km
8. Espalion – Golinhac: 27 km
9. Golinhac – Conques: 21 km
10. Conques – Decazeville: 20 km
11. Decazeville – Figeac: 29 km
12. Figeac – Cajarc: 30 km
13. Cajarc – Varaire: 24 km
14. Varaire – Cahors: 32 km
15. Cahors – Montcuq: 31 km
16. Montcuq – Lauzerte: 14 km
17. Luazerte – Moissac: 26 km
18. Moissac – St. Antoine: 26 km
19. St. Antoine – Lectoure: 24 km
20. Lectoure – Condom: 30 km
21. Condom – Eauze: 33 km
22. Eauze – Nogaro: 20 km
23. Nogaro – Aire-sur-l'Adour: 28 km
24. Aire-sur-l'Adour – Arzacq-Arraziguet: 25 km
25. Arzacq-Arraziguet – Arthez-de-Béarn: 29 km
26. Arthez-de-Béarn – Navarrenx: 32 km
27. Navarrenx – Aroue: 19 km
28. Aroue – Larceveau: 26 km
29. Larceveau – St.-Jean-Pied-de-Port: 17 km

Manche Orte wirken so wundersam, dass man sich die Augen reiben möchte, wenn man mitten in dem Panorama steht. Le Puy-en-Velay erweckt den Eindruck, als wandele der Pilger durch eine Filmkulisse. Eine schmale Felsnadel ragt wie ein Zuckerhut hoch am Ortsrand auf, in ihrer Spitze verschmilzt sie mit einer Kirche, deren Turm den Felsen zu krönen scheint. Die Kirche Saint-Michel d'Aiguilhe stammt aus dem 11. Jahrhundert. Wer die 268 Treppenstufen hochgestiegen ist, genießt einen erhabenen Blick auf die Stadt in der Landschaft der erloschenen Vulkane. Nicht erst seit 11. Jahrhundert ist dieser Platz den Menschen heilig, man nimmt an, dass sie schon zu römischer Zeit dort ihre Gebete gen Himmel geschickt haben. Archäologen vermuten, dass das Gotteshaus auf den Resten eines Merkur-Tempels aus römischer Zeit errichtet wurde. Wohl immer schon weckte der Felsen bei den Menschen den Wunsch nach Kontemplation. Die Kirche ist ein schöner Auftakt für diese Pilgertour, die zu den ursprünglichsten Jakobswegen zählt. Die Kapelle ist nicht die einzige sakrale Besonderheit im Ort. Ähnlich wie in Rio de Janeiro thront dort auch eine große Statue über der Stadt. Auch wenn diese für manche vielleicht nicht die gelungenste Form der Ästhetik verkörpert, wohnt ihr doch eine große Symbolik inne: Dort wurden 213 Kanonen aus dem Krimkrieg eingeschmolzen und zu einer 16 Meter großen Heiligenfiguren gegossen. Rosa angemalt, wacht sie nun als Statue »Notre Dame de France« über die Stadt. Der Glaube spielte vor allem im Mittelalter eine große Rolle in Le Puy-en-Velay. Damals wurde die Stadt von den Pilgerscharen fast überrannt, denn sie hatte sich nach Chartres zu einem der wichtigsten Pilgerorte des Landes entwickelt.

Nach dem Segen in der Kathedrale macht sich der Pilger auf den Weg gen Süden. Dabei streift er durch die abwechslungsreiche Landschaft der Auvergne, in der die Vulkane deutliche Spuren hinterlassen haben. Schon die erste Etappe lässt den Pilger seine Sorgen etwas vergessen, denn der Blick schweift über die weite Ebene des Velay. Saint-Privat-d'Allier heißt die erste Station, deren Zentrum mit alten Steinhäusern eine Hügelkuppe schmückt. Hier ist man mit passenden Herbergen auf Pilger eingestellt. Wenn man nicht schon die 23 Kilometer gewandert wäre, würde man direkt in Versuchung kommen, die umliegende Landschaft zu erkunden. Malerisch stechen die Basaltklippen hervor, mal dramatisch steil, mal mit Vegetationsteppich bewachsen. Steil aufragende Felsen, Häuser, die nahe an Klippen stehen und auf einen Fluss hinabblicken, Seen

In Le Puy-en-Velay (kleines Bild), in der Kathedrale Notre Dame (großes Bild), nimmt die Pilgerroute ihren Anfang.

Nord- und Westeuropa

und Bäche machen die nächsten Etappen zu einem wahren Genuss für Auge und Ohr. Es ist ruhig in der Gegend, sodass der Pilger oftmals nichts weiter vernimmt als das Rauschen der Bäche, das Zwitschern der Vögel oder seine eigenen Gedanken. Doch wie bei jeder Pilgerreise nimmt zumindest der Lärm im Kopf mit jedem Kilometer ab und mehr und mehr treten Stille und Entspannung ein.

In Rochegude lädt die kleine Felssteinkapelle Saint-Jacques Pilger des Jakobsweges zu einer Andacht ein und belohnt sie mit einem spektakulären Panorama.

Nach kurzer Rast geht es weiter, die Strecke wird steiniger und steiler, und der Fluss Allier ist der Begleiter. Langsam wandeln sich Vulkanfelsen in Granitgestein. Der Weg führt nun entlang der Straße bis zum Zielort Le Falzet. Die Etappe nach Saint-Alban-sur-Limagnole wird sagenhaft: In Le Villeret d'Apchie gibt es eine Quelle, der bis vor einigen Jahrhunderten Wunderheilungen nachgesagt wurden.

Wegweiser zeigen immer wieder die Muschel der Jakobspilger. Es geht durch eine liebliche Landschaft: Wiesen, Wälder und kleine Anstiege beschäftigen den Pilger, bevor das Tagesziel erreicht ist. In Saint-Alban-sur-Limagnole lohnt ein Blick in die romanische Kirche.

Die Landschaft der Margeride hält den Pilger am nächsten Tag in Atem; an manchen Stellen geht der Weg steil bergauf und bergab. Kiefern- und Laubwälder wechseln sich mit kleinen Weilern ab. Wer hier im Herbst wandert, dem wird der Pilzduft in die Nase steigen. Steinpilze und andere lassen sich am Wegesrand finden. Der Höhenzug des Aubrac ist nun der ständige Begleiter – ob im Namen der Städte wie Aumont-Aubrac oder mit spürbarer Steigung auch in den Waden. Der Name Aubrac steht zudem für eine Rinderrasse, deren Fleisch sehr beliebt ist. Wer seinen Proviant gut aufgefüllt hat, wird auf dieser Strecke froh darüber sein, denn es gibt kaum Möglichkeiten, sich unterwegs mit Snacks oder Getränken zu versorgen. Dafür ist die Landschaft filmreif: Das Zentralmassiv zeigt sich hier in seiner wilden, schroffen Form und lässt noch einige Vulkankrater erahnen. Die Bergdörfer sind teilweise ursprünglich und einsam – das macht den Reiz dieses Weges aus. Jahrelang haben die Menschen in dieser Gegend als Selbstversorger gelebt, Gemüse gezogen, den Cantal-Käse fabriziert und ihre Rinder auf den Wochenmärkten feilgeboten. Typische Steinkirchen am Wegesrand laden zur Andacht ein, bevor der Pilger Nasbinals erreicht. Wie bei den vorigen Etappen auch ist der Pilgerweg in dieser Gegend unverfälscht und folgt dem Weg durch eine karge, baumlose Landschaft, die an Schottland erinnert. Kulinarisch hat die Region eine Kartoffelspeise erfunden, die mittlerweile in ganz Frankreich beliebt ist: Aligot. Das ist Kartoffelbrei vermischt mit dem lange Streifen ziehenden Cantal-Käse der Region.

Die nächste Etappe nach Saint-Chély-d'Aubrac führt noch einmal durch die Aubrac-Landschaft. Mühelos kann der Wanderer voranschreiten, denn es geht größtenteils bergab. In Saint-Chély-d'Aubrac ist die Brücke über den Fluss Boralde ein Pflichtstopp für Jakobspilger. Am dortigen Kreuz ist ein Jakobspilger als Statue verewigt. Nach einigen Wanderstunden durch Wiesen und Buchenwälder gelangt der Pilger schließlich an den Fluss. Es scheint, als verleihe jeder Fluss der ihn umgebenden Landschaft seine ganz eigene Prägung.

Die Region Lot erreicht der Pilger über eine Rundbogenbrücke, an die sich direkt ein malerisches Fachwerkensemble mit bunten, schmalen Häusern anschließt. Die Häuser stehen nicht umsonst so nah am Wasser und sind mit steinernen Stufen mit dem Fluss verbunden: Was heute romantisch anmutet, war einst praktisch. Espalion ist eine alte Stadt der Gerber, die früher die Tierhäute im Fluss gewaschen haben.

Wer nun noch Kraft hat, macht sich auf zur Ruine der Burg Calmont d'Olt. Sie stammt aus dem 15. Jahrhundert und überragt die Stadt wie ein Wahrzeichen.

Nord- und Westeuropa

Sonnenverwöhnte Hänge, Kastanienwälder, verwunschene Burgen und vor allem gurgelnde Bäche charakterisieren die Landschaft im Lot-Tal. Das Wasser in den Flüssen ist so sauber, dass man ohne Bedenken darin baden kann – was viele Menschen auch tun. Im Gegensatz zur oftmals schroffen Berglandschaft des Zentralmassivs zu Beginn der Tour wird hier südliches Flair deutlich: Das Klima ist milder, die Felsen zeigen sich in goldenem Licht, hier wachsen Wein und Sonnenblumen. Über die Städtchen Golinhac und Estaing mit der berühmten Burg geht es in Richtung Conques, einer malerischen Stadt, die sich wie ein Nest zwischen die Berge kuschelt. Allein dieses Panorama war schon die vielen Wandermühen wert. Conques ist ein wichtiges Pilgerziel auf der Via Podiensis. Die Pilgerbrücke und vielmehr noch die Kathedrale erinnern an die große Tradition der Pilger. Die Kathedrale von Conques ist der heiligen Fides geweiht, einer jugendlichen Märtyrerin aus dem 4. Jahrhundert. Ihr ist zudem die goldene Statue Sainte Foy gewidmet. Sie stammt aus dem 10. Jahrhundert und zählt zu den größten Schätzen mittelalterlicher Goldschmiedekunst in Frankreich. Sehenswert ist außerdem das reich

Links oben: Auf 967 Meter thront die Chapelle Saint-Jacques de Rochegude. Links unten: Aubrac-Rinder werden in dieser Gegend gezüchtet. Oben: die romanische Kapelle von Bessuéjouls.

Nord- und Westeuropa

Marienheiligtum von Rocamadour

Lust auf eine Wallfahrt während des Pilgerns? Dann lohnt sich Rocamadour! Zum Glück befinden wir uns nicht mehr im Mittelalter, als sich die Menschen Büßerhemd und Ketten an Hals und Arme legen mussten, um um Vergebung zu flehen. Heute geht man bequem in T-Shirt und Wanderschuhen nach Rocamadour. In dem Ort ist nicht nur die schwarze Madonnenstatue sehenswert, sondern die komplette Stadt. Sie liegt an einem Steilhang und gliedert sich in drei Etagen. Unten die Stadt mit den Wohnhäusern, in der Mitte die sakrale Ebene mit den sieben Kirchen und Kapellen und ganz oben eine Burg aus dem 14. Jahrhundert. Die Marienkapelle ist dabei das wichtigste der Gotteshäuser, denn sie beherbergt die Schwarze Madonna. Das Stadtbild mit den gut erhaltenen mittelalterlichen Häusern, die teilweise dramatisch an den steilen Felsen kleben, ist einzigartig in Frankreich. Dabei ist Rocamadour schon lange kein Geheimtipp mehr auf der touristischen Karte.

Das Heiligtum ist auf über 200 Stufen oder mit der Seilbahn zu erreichen. Die hölzerne Schwarze Madonna soll der heilige Amadour (4. Jh.) gefertigt haben.

Nord- und Westeuropa

geschmückte Tympanon am Eingangsportal der Kathedrale, das einem Wimmelbild gleich viele biblische Geschichten erzählt.
Von Conques führt der Jakobsweg über Noailhac nach Decazeville. Es geht entlang vieler Kapellen, die dem heiligen Rochus gewidmet sind. Er wurde zur Zeit der Pest als Schutzheiliger angerufen; die von der Pest verschont Gebliebenen errichteten ihm Gotteshäuser.
Der Zielort Decazeville zeugt vom einstigen Kohleabbau in der Region. Ein Museumsbergwerk erinnert an die industrielle Blütezeit. Auf der Etappe nach Figeac folgen die Pilger immer weiter dem Muschelsymbol. Jetzt beginnt ein traumhafter Abschnitt der Tour, die sich bis Cahors fortsetzt. Rauschende Flüsse begleiten den Pilger und senkrecht abfallende Felswände, die sich auf wundersame Weise mit direkt angebauten Häusern zu vereinigen scheinen. Trotz der starken südlichen Sonne bietet der panoramareiche Weg dank der vielen Laubwälder Schatten.
Figeac, das nächste Etappenziel, ist das pulsierende Zentrum der okzitanischen Region, die so ländlich und abgelegen ist, dass nicht nur Supermärkte, sondern auch Geldautomaten und Tankstellen rar sind. Figeac mit seinen Steinhäusern, roten Dächern und dem Célé-Fluss, der sich durch die Gegend windet, ist ein Traumort mit Stadtpalästen und hübschen mittelalterlichen Fassaden, in dem es sich lohnt, länger Rast zu machen. Das gilt vor allem zu Wochenmarkttagen (Mittwoch und Samstag). Einen Blick wert sind auf jeden Fall das Hôtel de la Monnaie, in dem sich die Touristeninformation sowie das Stadtmuseum befindet. Aus Figeac stammt auch der Ägyptologe Jean-François Champollion, der mit der Übersetzung des Steins von Rosetta einen Meilenstein zur Entzifferung von Hieroglyphen setzte.
Durch das Tal der Célé führt die Strecke über Cajarc, den Geburtsort der Schriftstellerin Françoise Sagan, durch Trüffelwälder über Varaire in die Römerstadt Cahors. Schon das Eintreffen ist spektakulär, gelangt der Pilger doch über die Ponte Valentré in die Stadt – eine mit Türmen bewehrte Brücke aus dem 14. Jahrhundert. Das spirituelle Zentrum ist die Kathedrale Sainte Étienne, die mit ihren riesigen Kuppeln das Stadtbild prägt.
Nach dem städtischen Trubel tut es gut, wieder auf ländlichen Wegen unterwegs zu sein. Jetzt befindet sich der Pilger im Land des Weines: Überall sind Reben in Sichtweite. Der Weg erstreckt sich über Montcuq gen Lauzerte und weiter nach Moissac mit seiner lebhaften Altstadt. Station machen sollten Pilger dort auf jeden Fall in der Abteikirche Saint-Pierre; allein der Kreuzgang ist lohnenswert.
Durch das Tal der Garonne und entlang eines Seitenkanals führt der Weg über Auvillar mit seinem schönen Panoramablick und Saint-Antoine weiter gen Westen nach Lectoure. Die Stadt ist ein alter Bischofssitz. Von ihrem Reichtum zeugt die mittelalterliche Altstadt.
Durch die sanften Hügel der Gascogne erstreckt sich der Pilgerweg weiter nach Condom. Die Kathedrale Saint-Pierre mit ihrer spätgotischen Architektur und dem Kreuzgang, der Garten und Gotteshaus verbindet, ist auf jeden Fall einen Blick wert. Durch Weinberge und entlang kleiner Kapellen und Kirchen, von denen viele eigens für Jakobspilger gebaut worden sind, gelangt der Wanderer zu Etappenzielen wie Aire-sur-l'Adour mit der berühmten Kathedrale und der Festungsstadt Navarrenx ins Baskenland.
Die Pyrenäen kündigen sich an, und am Fuß des Passes nach Spanien befindet sich Saint-Jean-Pied-de-Port, der die Via Podiensis beendet. Für viele Jakobspilger bedeutet er den Auftakt des Weges nach Spanien: der Camino Fancés.

Oben links: Chapelle Notre Dame de Pitié in der Église Saint-Sauveur in Figeac.
Oben rechts: der Pont Valentre in Cahors.

⭐ St.-Jean Pied de Port

Etwa 60 000 Menschen starten am »Fuß des Passes«, was Pied de Port übersetzt bedeutet, ihre Pilgerreise nach Spanien auf dem Camino Francés, um nach mehr als 700 Kilometern in Santiago de Compostela anzukommen. In Saint-Jean heißt es: nächste Station Spanien, denn es ist die letzte Stadt vor der Grenze. Der kleine Ort mit den gut 1500 Einwohnern ist schon seit dem Mittelalter bei Jakobspilgern beliebt. Aus rotem Sandstein gehauene feine Muscheln zieren die Hauseingänge im Ort, die blaue Markierung des Jakobsweges ist an den Fenstern zahlreicher Pilgerherbergen zu finden, und sogar einen Brunnen gibt es für die Pilger, um ausreichend Wasser für die nächste Etappe mitzunehmen. Der Mittelpunkt des mittelalterlichen Fleckens mit den teilweise steilen Kopfsteinpflastergassen und mit Blumen geschmückten Fassaden ist die Kirche Notre Dame du Bout du Pont. Ihr Turm ist zugleich das Tor zur Stadt, das Besucher passieren. Dahinter macht sich ein typisch südlicher Dorfkern breit mit schmalen Häusern und Menschen, die auf der Straße schwatzen oder Kaffee trinken. Neben einem Stopp am Fluss Nive lohnt sich der Besuch der Zitadelle, der Markthalle und des Bischofskerkers.

Romantisch-beschaulich ist der Ort am Fluss Nive mit seinen schmucken Fachwerkhäusern und Steinbrücken. Links: die Kirche Notre Dame du Bout du Pont.

Nord- und Westeuropa

ℹ️ RUND UMS PILGERN

Anforderung: An einigen Passagen verlangt dieser Weg den Pilgern Kondition ab, da die Felswände steil abfallen. Dennoch verlaufen die meisten Abschnitte durch ebene Flusstäler und sind größtenteils erholsame Strecken. Insgesamt ist diese Strecke für Pilger geeignet, die bereits trainiert sind. Wer das nicht ist, sollte einige Zwischenetappen und Pausenaufenthalte einplanen.

Unterkunft und Verpflegung: Die Menschen in den abgelegenen Landschaften haben lange Zeit als Selbstversorger in ihren Dörfern gelebt. Deswegen sind heute in vielen Regionen Supermärkte und Banken kaum vertreten. Bäckereien, Bars und kleine Dorfläden haben jedoch immer Grundnahrungsmittel. Es lohnt sich, nach Käsereien und Fleischereien Ausschau zu halten.

Beste Reisezeit: In Okzitanien kann es im Hochsommer sehr warm werden, deswegen ist die beste Jahreszeit der späte Sommer und frühe Herbst. September/Oktober eignen sich gut. Im März sind oft noch alle touristischen Angebote geschlossen. Sie öffnen vielerorts frühestens im April; zudem besteht in einigen Regionen auch die Gefahr von kühlen Abenden. Also an warme Kleidung denken!

Nicht verpassen: Saint-Cirq-Lapopie ist einer der schönsten Orte auf dieser Pilgerstrecke. Er ragt auf steilen Klippen 100 Meter aus dem Lot-Tal. Rund um die Alte Burg gruppiert sich eine mittelalterliche Stadt wie aus dem Bilderbuch mit Steinhäusern, engen Gassen und Künstlerateliers.

Saint-Cirq-Lapopie zählt zu den bekanntesten Orten des Lot-Tals und ist einer der schönsten Orte Frankreichs.

Mitteleuropa

Viele Wege führen nach Rom – und ebenso viele nach Santiago de Compostela. So findet man in Mitteleuropa einige Strecken, die zum Jakobsweg gehören, doch sie könnten unterschiedlicher nicht sein. Auf dem Pommerschen Jakobsweg wandert man beispielsweise an der Ostseeküste entlang, der Geruch des Meeres liegt dabei in der Luft. Nimmt man daran anschließend die Via Jutlandica, so erfreut man sich an den weiten Ebenen Schleswig-Holsteins. Die Via Coloniensis hält dagegen einige Höhen und Tiefen in der Eifel und im Moseltal bereit. Aber nicht nur Jakob weist in Mitteleuropa den Weg: Pilger folgen hier auch den Spuren Martin Luthers, der heiligen Birgitta von Schweden, des heiligen Wolfgang und des Benedikt von Nursia.

Eines der Highlights im bayerischen Pfaffenwinkel ist die Wieskirche, deren Innenausstattung ein wahres Rokokojuwel ist. Das Gotteshaus ist seit 1983 UNESCO-Weltkulturerbe.

Dänemark, Deutschland
Via Jutlandica – Der Jütländische Jakobsweg

Pilgerwege sind nicht nur Wege für Gläubige, sondern nutzen, wie die Via Jutlandica, oft auch Trassen des Krieges. Große Teile folgen dem alten Heerweg vom heutigen Dänemark bis zur Elbe. Händler nutzten diese Pfade ebenso wie das Militär. Um Moore und unwegsames Gelände machten die Strecken einen weiten Bogen, dafür überzog ein dichtes Netz an Siedlungen den Rand, denn Gasthäuser und Unterkünfte wurden gebraucht. Noch heute bieten diese den Pilgern Herbergen in eher dünn besiedelten Gegend. Je weiter südlicher die Strecke führt, desto windiger wird es. Und flach: Schon bald zeigt die Landschaft ihr für die Nordsee typisches Gesicht.

STRECKEN-INFORMATIONEN

Distanz: 213 km
Dauer: 10 Tage

Etappen:
1. Kruså – Handewitt: 16 km
2. Handewitt – Süderschmedeby: 25 km
3. Süderschmedeby – Schleswig: 26 km
4. Schleswig – Kropp: 22 km
5. Kropp – Rendsburg: 22 km
6. Rendsburg – Stafstedt: 23 km
7. Stafstedt – Jahrsdorf: 20 km
8. Jahrsdorf – Itzehoe: 29 km
9. Itzehoe – Glückstadt: 30 km

Die dänische Stadt Kruså ist der Ausgangspunkt des Pilgerwegs. Kruså war vor der Eröffnung der Autobahn die wichtigste dänische Grenzstadt. Gleich hinter der Grenze findet sich die erste Markierung des Jakobsweges – die gelbe Muschel auf blauem Grund. Der Weg schlängelt sich über den »Krummen Weg«, einen mit Findlingssteinen gepflasterten Pfad, durch die bewaldete Landschaft. Kurz vor dem

Ende der Etappe erreicht der Pilger Niehuus und stößt auf die Reste einer alten Burg. Entlang eines Sees geht es weiter durch das Naturschutzgebiet Schäferhaus. Die Gegend mutet mit ihrer Weite und dem niedrigen Bewuchs wie eine afrikanische Steppe an. Hier wurden sogar Knochen von urzeitlichen Elefanten gefunden. Heute grasen Galloway-Rinder und Wildpferde friedlich auf den Weiden. Die zweite Etappe des Weges schlängelt sich von Handewitt nach Süderschmedeby durch eiszeitlich geformte Landschaften. Die neugotische Kirche in Handewitt lädt zur Andacht ein, bevor es weiter gen Süden geht.

Zunächst führt die Strecke in Hörweite der Autobahn, doch dann wird es wieder stiller. Der Höhepunkt der Etappe ist der Sankelmarker See, eine einstige Gletscherzunge aus der Eiszeit. Vier Kilometer lang ist seine Umrundung, der Pilgerweg folgt dieser Strecke ein Stück. An seinem Ufer führt die Route durch Buchenwäldchen und immer wieder Stationen mit Blicken auf das Wasser. Schon bald erreicht der Pilger das Örtchen Oeversee, dessen Geschichte mindestens bis ins 12. Jahrhundert zurückreicht. Unbedingt sehenswert ist die Wehrkirche St. Georg mit ihrem Rundturm aus Feldsteinen, den filigranen Deckengemälden und ihrem barocken Altar.

Über das Flüsschen Treene geleitet der Weg den Pilger nach Süderschmedeby. Schon der Name des Ortes erinnert an die Vergangenheit als Schmiedestadt, der Schmiedeplatz am Auberg zählt zu den ältesten Waldschmieden Norddeutschlands.

Auf der dritten Etappe durchquert der Wanderer die Endmoränenlandschaft des Nordens und tritt ein in die sandig-flache Geestlandschaft. Die Gemeinde Sieverstedt markiert diesen Übergang und ist nicht nur deswegen interessant, sondern auch, weil sie über ein einzigartiges Gotteshaus verfügt. Wer die St.-Petri-Kirche betritt, wird nicht nur florale Fresken an den Bögen der Decke finden, sondern auch eine Besonderheit: Neben dem Altar befindet sich ein Kamin. Die Kirche stammt dem 12. Jahrhundert, ihr Taufstein ist sogar noch älter.

Nach dieser kurzen Einkehr setzt sich der Weg über Idstedt fort gen Süden. Dort lohnt sich unbedingt ein Stopp, denn die Idstedter Räuberhöhle gehört zu den wenigen fast gänzlich erhaltenen steinzeitlichen Ganggräbern Norddeutschlands. Sie liegt etwas versteckt im Wald. Von dort aus sind es nur etwa sechs Kilometer, ehe Schloss Gottorf erreicht ist, eine Hauptattraktion der Stadt Schleswig. Das Schloss sollte auf keinen Fall ausgelassen werden, schließlich zählt es zu den bedeutendsten weltlichen Bauwerken Schleswig-Holsteins. Allein die Baugeschichte ist bemerkenswert,

Linke Seite: St.-Georg-Kirche in Oeversee. Oben: Vor den Terrassenstufen im Garten von Schloss Gottorf ist ein Wasserbecken angelegt, der Spiegelteich.

Mitteleuropa

⭐
Naturpark Schlei

Über gut 40 Kilometer erstreckt sich die Schlei zwischen der Stadt Schleswig und der Ostsee. Manchmal wirkt sie wie ein See, dann wieder wird sie schmal wie ein Fluss. In Wahrheit handelt es sich um einen Meeresarm, der in der Eiszeit durch abfließendes Schmelzwasser geformt wurde. Gefüllt ist die Schlei mit Brackwasser, dessen Salzgehalt von Osten nach Westen stetig abnimmt. Ihre vielfältige Gestalt sorgt auch dafür, dass die Ufervegetation ständig wechselt. Ausgedehnte Röhrichtbestände folgen auf Wälder und romantische, sandige Badebuchten. Kein Wunder, dass diese reizvolle Landschaft die verschiedensten Ökosysteme beheimatet. Mehrere Teile stehen unter Naturschutz. So etwa die Halbinseln Reesholm bei Schleswig und Oehe an der Schleimündung sowie der strandnahe Schwansener See, die alle bedeutende Brut- und Rastgebiete für Seevögel sind. Des Weiteren der Bültsee bei Eckernförde, einer der letzten nährstoffarmen Seen in Deutschland, das Esprehmer Moor, der Rest einer großen Moorlandschaft, und der Eiszeitrücken Os bei Süderbrarup.

Oben: Malerisch geht die Sonne über der Schlei unter.

Mitteleuropa

denn es wurde von einer mittelalterlichen Festung in ein Renaissanceschloss umgewandelt und hat heute ein barockes Antlitz bekommen. Die einstige Residenz dänischer und schwedischer Könige ist ein bedeutsames Museum für Archäologie und Kunstgeschichte. Der Neuwerkgarten gehört zu den ersten barocken Terrassengärten Nordeuropas. Bemerkenswert für Jakobspilger ist die Stehle auf der Schlossinsel. Sie weist den Weg ins 3199 Kilometer entfernte Santiago de Compostela – etwa 4,25 Millionen Schritte weit weg.

Für Schloss Gottorf sollten sich Pilger schon einige Stunden im Terminplan reservieren, ebenso wie für die anderen Sehenswürdigkeiten von Schleswig: den St.-Petri-Dom, das Graukloster oder das St.-Johannis-Kloster. Da die Stadt an der Schlei fast die Mitte des Pilgerweges markiert, lohnt es sich, vielleicht sogar einen mehrtägigen Stopp einzuplanen, denn auch das nahe gelegene Wikingerdorf Haithabu mit seinen Schiffen und der Bernsteinsammlung ist einzigartig. Auch die ehemalige Fischersiedlung Holm, heute ein Stadtteil von Schleswig, ist sehenswert.

Nach so viel Kultur führt der Jakobsweg seine Pilger schließlich in die Natur zurück, auf den Spuren der Wikinger bis nach Kropp.

Auf einer kleinen Anhöhe liegt Kropp, das für seinen Ochsenweg bekannt ist. Schnurgrade verläuft der Weg durch den Wald. Auf Tafeln erfährt der Pilger mehr über die Geschichte des Ochsenweges, der als Heer- und Handelsweg wohl schon in der Bronzezeit bis nach Dänemark führte. Dass es dabei auch immer wieder zu Schlachten kam, darauf deuten die Wallenstein-Schanzen hin. Sie stammen aus dem Dreißigjährigen Krieg und waren vom Feldherrn wohl zur Verteidigung des Ochsenweges errichtet worden. Über wenig befahrene

Links: die Historische Fischersiedlung Holm. Oben: Brüggemann- oder Bordesholmer Altar im St. Petri-Dom, Schleswig.

⭐ Haithabu

Kaum ein anderer Ort präsentiert den Alltag und die Geschichte der Wikinger so lebendig wie das 1985 eröffnete Wikinger-Museum Haithabu vor den Toren Schleswigs. Das Museum, das ein Teil der Stiftung Schleswig-Holsteinische Landesmuseen Schloss Gottorf ist, befasst sich mit Archäologie und Geschichte des Siedlungsplatzes Haithabu zur Wikingerzeit. Die frühmittelalterliche Stadt war vom 9. bis ins 11. Jahrhundert eines der wichtigsten nordeuropäischen Handelszentren. Als Kreuzungspunkt bedeutender Fernhandelswege wurde hier mit Waren aus der ganzen Welt gehandelt. 1066 wurde das Handelszentrum vom Volk der Wenden zerstört, und seine Schlüsselfunktion im Warenhandel zwischen Nord- und Ostsee ging auf die Stadt Schleswig über. Ausgrabungen auf dem Areal der einstigen Hafenstadt begannen um 1900. Die Siedlung, die Befestigungsanlagen und die Gräberfelder brachten bedeutende Funde zutage. Heute sind diese im Museum ausgestellt.

Das spektakulärste Exponat ist das Langschiff (großes Bild).

Straßen geht es nun weiter zum Nord-Ostsee-Kanal nach Rendsburg, der geografischen Mitte Schleswig-Holsteins. Wer keine Sehenswürdigkeit verpassen möchte, folgt der blauen Linie durch die Stadt. Hier lohnt es sich, nicht nur die Altstadt anzuschauen, sondern auch einen Blick in die Marienkirche mit ihrem geschnitzten Altar zu werfen. Das Jüdische Museum gehört zu den wenigen seiner Art in Norddeutschland. Bei einem Bummel durch die Stadt mit ihren bunten Häusern am Wasser klingt der Tag schön aus.

Technik beeindruckt den Pilger am Anfang der sechsten Etappe, denn eine Rolltreppe bringt ihn nun 20 Meter unter die Erde und führt zu einer Passage unter dem Nord-Ostsee-Kanal. Die am stärksten befahrene künstliche Wasserstraße der Welt ist auch vom Ufer aus sehenswert, vor allem wenn Containerschiffe oder Kreuzfahrtgiganten dort wie Hochhäuser gen Elbe schippern. In Stafstedt sollten Pilger besser nicht vom Weg abkommen: Eine Sage erzählt, dass sie sonst von einer wilden Sau angefallen werden, die ihre Ferkel bewacht. Also Augen auf beim Verlassen von Stafstedt und bloß nicht auf besagte Wiese abdriften!

Das Wasser und die Blicke über Seen oder gar auf das Meer am Horizont sind nun verschwunden, der Pilgerweg führt durch die Mitte Schleswig-Holsteins über Nindorf, Tappendorf und Vaasbüttel nach Hohenwestedt. Wer genau hinschaut, erkennt auf dem Weg Hünengräber und hübsche Katen. Aus der Einsamkeit heraus tritt der Wanderer in Hohenwestedt. Die dortige Peter-Pauls-Kirche gehört zum Pflichtstopp; der Backsteinbau stammt aus dem 17. Jahrhundert.

Nun steuert der Pilger schon bald das Ziel der Etappe an. In Jahrsdorf, einem typischen Bauernort, ist vor allem die Kopfsteinpflasterstraße Quellengrund sehenswert; die angrenzenden Häuser, teilweise mit Reet gedeckt, entführen in eine andere Zeit.

Die nächste Etappe ist geprägt von einstigen militärischen Übungsplätzen, die die Natur langsam wieder für sich zurückerobert. An manche Zeiten erinnern nur Denkmäler oder die Namen von Brücken wie Bismarck oder Moltke. Obwohl Hohenlockstedt nicht direkt am Jakobsweg liegt, lohnt sich für Kulturinteressierte ein Abstecher: Das Rathaus und die Lageruhr sind sehenswert. Wer es lieber ruhig hat, genießt währenddessen den Weg durch den Itzehoer Forst, der sich nördlich der Stadt erstreckt und schon bald zum Ziel der heutigen Etappe führt.

Itzehoe kündigt sich mit dem vorgelagerten Naturerlebnisraum Itzequelle wunderbar wasserreich und grün an. Die Stadt selbst ist vor allem wegen der St.-Laurentii-Kirche und dem benachbarten Kloster interessant. Sie bilden ein hübsches Bauensemble, an dem sich ganz

Der Nord-Ostsee-Kanal (hier: bei Kiel) verläuft einmal quer durch Schleswig-Holstein.

Mitteleuropa

in Ruhe Kraft sammeln lässt, bevor die nächste Etappe beginnt. Jenseits dieser kirchlichen Sehenswürdigkeiten lohnt aber auch das Germanengrab auf dem Galgenberg einen Abstecher; es stammt aus der Bronzezeit.

Nun macht sich das Land zwischen Elbe und Nordsee bemerkbar, denn über die flachen Wiesen bläst dem Pilger ein kräftiger Wind entgegen. Entlang des hübsch mäandernden Flusses Stör schlängelt sich der Pilgerweg aus der Stadt hinaus. Bevor es aufs Land geht, erreicht die Strecke eine der ältesten Kirchen Schleswig-Holsteins: Die kleine St.-Marien-Kirche zu Heiligenstedten geht auf das 9. Jahrhundert zurück.

Ein kurzer Stopp, und weiter geht es am Deich entlang. Hier hat man das Gefühl, schon etwas unterhalb des Meeresspiegels zu wandern. Tatsächlich liegt der tiefste Punkt Deutschlands nur zehn Kilometer entfernt und ist garantiert in Sichtweite, denn der Blick reicht weit.

Der Fluss Stör wird breiter, und schon bald kündigt sich Glückstadt an – ein passender Ausklang für diese Wallfahrt. Der Name verspricht nicht zu viel, denn die Innenstadt ist geprägt von holländisch anmutenden Häusern und Fleten. Besonders hübsch ist es am Hafen mit seinen Backsteinhäusern und historischen Schiffen. Von dort lohnt sich der Gang zur Elbe, die hier nun schon breit ist wie eine Meeresbucht. Es tut gut, den Blick in die Ferne schweifen zu lassen und die inneren Prozesse, die man auf dem Weg durchlaufen hat, noch einmal zu reflektieren.

Nach dem Besuch der Kirche St.-Laurentii (rechts unten) führt der Pilgerweg über scheinbar endlose Wiesen, die sich zwischen Elbe und Nordsee bis nach Glückstadt ausdehnen (rechts oben). Rechts, Mitte: der Binnenhafen von Glückstadt mit seiner prächtigen historischen Häuserfront.

Mitteleuropa

ℹ RUND UMS PILGERN

Anreise und Rückreise: Der nächste Flughafen zu Kruså liegt in Sønderborg. Alternativ kann man die dänische Grenzstadt auch gut über die öffentlichen Verkehrsmittel erreichen, die Flensburger Buslinie Nummer 1 verkehrt beispielsweise mehrmals stündlich nach Kruså. Von Hamburg nach Flensburg braucht man mit dem Zug etwa zwei Stunden. Auch liegt die Stadt direkt an der deutschen Bundesstraße B200. Auch vom Etappenziel, Glückstadt, kommt man mit einer direkten Zugverbindung nach Hamburg, die Fahrt dauert ca. 45 Minuten. Über Elmshorn besteht zudem eine Zugverbindung Richtung Kiel oder Flensburg.

Anforderung: Auch mit wenig alpiner Erfahrung ist der Weg gut zu schaffen, da die Strecke meist sehr flach ist. Insbesondere auf den letzten Kilometern erstreckt sich die weite Ebene Holsteins vor den Pilgern bis in die schiere Unendlichkeit. Auch der Geist kann sich dieser Horizonterweiterung anschließen.

Unterkunft und Verpflegung: Die Gegend ist zwar wenig besiedelt, doch man findet ausreichend Gasthöfe und Einkehrmöglichkeiten. Dennoch ist es am besten, sich vor Antritt der Tagesetappe vorsichtshalber Proviant für den Tag zu besorgen. Traditionelle Pilgerherbergen gibt es auf der Via Jutlandica nicht, doch die Gastfreundschaft der Geistlichen hat es schon oft möglich gemacht, in Gemeindehäusern oder Klöstern zu übernachten.

Beste Reisezeit: Die Etappe eignet sich ganzjährig zum Pilgern. Selbst im Juli und August sind die Temperaturen durch die Nähe zum Meer mit rund 22 °C nicht zu heiß. Februar und April sind die niederschlagsärmsten Monate des Jahres. Mit Wind ist ganzjährig zu rechnen.

Oben: das Wasserschloss Glücksburg am Morgen.

Mitteleuropa

Deutschland
Via Baltica – Baltisch-Westfälischer Jakobsweg von Usedom nach Lübeck

Mit ihren feinen Stränden, den mondänen Bauten in Orten wie Heringsdorf und den Seebrücken wie in Ahlbeck hat Usedom ein ganz eigenes Gesicht. Es lohnt sich, etwas früher anzureisen und ein paar Tage am Strand auszuspannen, bevor die Pilgertour startet. Die Zielorte liegen zwar an der Ostsee, der Weg schlängelt sich jedoch eher selten an der Küste entlang und bevorzugt das Landesinnere. Dennoch versorgt er den Pilger immer wieder mit schönen Momenten am Wasser – ob am Ostseestrand, an den Binnenseen oder den ursprünglichen Bächen und Flüssen.

STRECKEN-INFORMATIONEN

Distanz: 363 km
Dauer: mindestens 20 Tage

Etappen:
1. Heringsdorf – Usedom (Stadt): 23 km
2. Usedom – Pinnow: 15 km
3. Pinnow – Wrangelsburg: 25 km
4. Wrangelsburg – Greifswald: 23 km
5. Greifswald – Grimmen: 31 km
6. Grimmen – Zarrentin: 14 km
7. Zarrentin – Bad Sülze: 21 km
8. Bad Sülze – Sanitz: 23 km
9. Sanitz – Rostock: 23 km
10. Rostock – Bad Doberan: 23 km
11. Bad Doberan – Alt Karin: 20 km
12. Alt Karin – Alt Bukow: 22 km
13. Alt Bukow – Wismar: 21 km
14. Wismar – Grevesmühlen: 25 km
15. Grevesmühlen – Schönberg: 28 km
16. Schönberg – Lübeck: 26 km

Die Kirche im Walde ist ein schöner Startpunkt für die Pilgerroute von Usedom nach Lübeck, bei der insgesamt etwa 360 Kilometer zurückgelegt werden. Deswegen heißt es hier: Nochmals Kraft sammeln, bevor die große Pilgerreise startet! Die Kirche im Walde ist im Stil des Historismus errichtet, sie stammt aus dem Jahr 1848 und ist mit ihrer Vorhalle schon von außen sehenswert. Von dort führt der Weg ins Inselinnere, weg von Strand und Meeresrauschen. Durch Felder schlängelt er sich am Wolgastsee entlang bis zur Stadt Usedom. Die Landschaft ist von Gräben durchzogen, Seevögel brüten oder suchen Futter und erfreuen mit ihrem Gesang. Die typisch nordische Landschaft präsentiert sich mit Rosen, Holunderbüschen und sich am Himmel auftürmenden Wolken. Im kleinen Dorf Dargen passiert der

Mitteleuropa

Pilger das DDR-Museum. Hier lohnt sich ein Stopp ebenso wie am Schloss Stolpe, dessen Fassade sich malerisch im Wasser spiegelt. Über Wiesen führt der Weg entlang des Usedomer Sees in die kleine Inselstadt.

In Usedom-Stadt gibt es einiges zu sehen, bevor es weiter über den Peenestrom in Richtung Land geht. Das Anklamer Tor zum Beispiel, das heute so unvermittelt in der Stadt auftaucht, war einst ein Bestandteil einer mittelalterlichen Wehranlage. Der viergeschossige Backsteinbau mit Durchfahrt ist ein beliebtes Fotomotiv und das Wahrzeichen der Stadt. Für Pilger ist die Marienkirche wohl interessanter. Der dreischiffige Bau stammt aus dem ausgehenden 15. Jahrhundert und strahlt die besondere Stimmung der norddeutschen Backstein-Hallenkirchen aus. Es gilt innezuhalten, den Blick auf den Altar zu richten und vielleicht noch einmal um Segen zu bitten, bevor es über die Peene auf das Festland geht.

Der Weg nach Pinnow ist erstaunlich grün und waldreich; er führt durch das Peenetal, entlang der Torfabstichgebiete, durch Wälder bis zum Zielort. In Pinnow erwartet den Pilger eine Überraschung: Weiß verputzt leuchtet ihm die kleine Dorfkirche entgegen. Ein Ort, um den Tag noch einmal Revue passieren zu lassen. Die dritte Etappe ist recht lang, deswegen gilt es auch, sich besser früh mit ausreichend Proviant auf den Weg zu machen. Auf geht es nun wieder gen Wasser, denn der Jakobsweg macht einen Schlenker zur Küste, nach Lassan. Wer im Frühling pilgert, zwischen März und April, kann mit Glück Kraniche auf den Weiden beobachten, wie sie Futter suchen. Lassan, die Kleinstadt am Wasser, lädt zu einer Rast ein. Über Hohensee führt der Weg in die feuchten Wälder der Buddenhagener Moore. Wer dort genauer hinschaut, kann Sonnentau und Wollgras entdecken, denn die Moore sind

Linke Seite: Garten am Münster Bad Doberan. Links: Heringsdorf (oben), Wolgastsee (Mitte) und Peenetal (unten).

Mitteleuropa

ein wertvoller Rückzugsraum für seltene Pflanzen und Tiere. Libellen, Frösche oder Fichtenkreuzschnabel zeigen sich mit etwas Glück, wenn der Pilger eine kleine Rast macht.
Das Schloss Wrangelsburg sieht mit seinem Park und den umgebenden Alleen schon von ferne hübsch aus. Diese Idylle der vorpommerschen Dörfer zeigt sich auf der ganzen Etappe, etwa in der Wassermühle Hanshagen aus dem 16. Jahrhundert oder kleinen Dorfkirchen. Vor Greifswald sollten Pilger unbedingt einen längeren Halt einplanen, denn die Klosterruine Eldena hat schon Caspar David Friedrich in seinen romantisierenden Bildern verewigt. Sie strahlt eine wunderbare Stimmung aus. Geradezu perfekt, um noch einmal zur Ruhe zu kommen, bevor es in die quirlige Stadt geht.
Greifswald ist nicht nur geprägt von mittelalterlicher Backsteingotik, es ist vor allem auch der Geburtsort des Malers Caspar David Friedrich. Somit ist klar, dass viele Sehenswürdigkeiten der Stadt auch mit dem Maler verbunden sind. Sein ehemaliges Wohnhaus ist ein Museum, im Pommerschen Landesmuseum sind seine Werke zu sehen, und ein Caspar-David-Friedrich-Bildweg führt auf den Spuren des Malers durch die Stadt, zu deren touristischen Höhepunkten der Marktplatz gehört. Nicht fehlen dürfen bei einem Rundgang Besuche im Dom St. Nikolai sowie in der Marienkirche – beide im typisch nordischen Backsteinstil erbaut. Entspannen mit Blick auf alte Schiffe lässt es sich am Museumshafen. Der Pilgerweg führt vom quirlig jungen Greifswald nun in das Hinterland, weiter nach Grimmen.
Grimmen ist ein architektonisches Kleinod mit einer von Backsteingotik geprägten Innenstadt. Das Rathaus (1400) wirkt wie fein gezeichnet, ebenso die drei Stadttore, deren rote Erscheinung immer wieder von weißen Flächen unterbrochen wird. Die St.-Marienkirche ragt majestätisch aus alldem heraus und beeindruckt durch ihre barocke Kanzel. Ein idealer Ort, um sich wieder auf das Pilgern zu besinnen und sich auf den Weg über Felder und eine weite Landschaft zum nächsten Ziel zu machen.
Die mäandernde Trebel ist auf der siebten Etappe der plätschernde Begleiter. Die Strecke führt durch einsames Gebiet nach Tribsees, einen Ort, dessen Kirche die Landschaft

Die friedlich gelegene Klosterruine Eldena (oben) ist der ideale Ort, um zur inneren Ruhe zu finden.

Mitteleuropa

⭐ Greifswald

So geheimnisvoll und still die 800 Jahre alten Ruinen des Klosters Eldena, Keimzelle der Stadt Greifswald, so jugendlich-lebensfroh zeigt sich die kleine Studentenstadt mit dem mittelalterlichen Ortskern. Über den Fluss Ryck mit dem Meer verbunden, stieg Greifswald bereits im Mittelalter in den Kreis der Hansestädte auf. Benannt wurde der Ort nach den pommerschen Herzögen aus dem Geschlecht der Greifen. Drei Sakralbauten, die noch heute die Stadtsilhouette maßgeblich prägen, entstanden im 13. Jahrhundert. 1456 kam die Universität hinzu. Greifswald wartet nicht nur mit einer spannenden Geschichte, sondern auch mit einem breiten Kultur- und Freizeitprogramm auf, zu dem Festivals, Kunstgalerien, Theater, Museen und Einkaufsmöglichkeiten zählen.

Links: der Museumshafen und die Marienkirche (oben) sowie der Jachthafen am Fluss Ryck mit Wohnanlage Holzteichquartier (unten) in der Hansestadt Greifswald. Oben: Altstadt mit Rathaus, Dom St. Nikolai und Markt.

Mitteleuropa

zu dominieren scheint. Leicht auf dem Hügel gelegen, erhebt sie sich über die Kleinstadt, die mit ihren Backsteingotiktoren und dem Kartoffelmuseum ein beliebtes Ausflugsziel ist. Der Weg führt weiter durch die feuchten Niederungen des Grenztalmoors nach Bad Sülze. Vor allem die Stadtkirche aus dem 13. Jahrhundert ist ein guter Stopp, um noch einmal Kraft zu tanken. Wer sich für die Stadtgeschichte interessiert, besucht das Salzmuseum.

Das ländliche Vorpommern zeigt sich auf der Strecke von Bad Sülze nach Sanitz von seiner besten Seite: Die Dorfkirche bei Kölzow aus dem 13. Jahrhundert ist ebenso bemerkenswert wie Gutshäuser und Herrenhäuser, die am Wegesrand liegen. Das Gotteshaus am Zielort Sanitz bietet nach dieser Etappe einen schönen Abschluss.

Durch die dichten Wälder des Billenhäger Forstes zieht sich die nächste Etappe bis nach Rostock. Die Stadt kündigt sich an, denn die Gegend wird merklich dichter besiedelt. Von Rostocks Geschichte als bedeutende Hansestadt zeugen noch immer die Backsteinbauten, die auf früheren Reichtum hinweisen. Der erste Anlaufpunkt für Pilger ist die Marienkirche, die auf das 13. Jahrhundert zurückgeht. Sie gehört zu den am reichsten ausgestatteten Kirchen des Ostseeraums. Sehenswert sind vor allem der Rochusaltar sowie die astronomische Uhr. Auffällig an Rostocks Stadtbild sind die Tore, die sich wie Türme erheben, tatsächlich sind sie aber Überreste der mittelalterlichen Stadtbefestigung. Rund um das Rathaus und den Marktplatz gleicht die Stadt mit ihren hübsch zurechtgemachten Fassaden einer Puppenstube. Eine Oase der Stille bietet der Klosterhof: Das ehemalige Zisterzienserinnenkloster fungiert heute als Museum. Wer in Rostock weilt, sollte auf jeden Fall einen Abstecher nach Warnemünde machen. Der größte deutsche Kreuzfahrthafen bietet nicht nur riesige Schiffe, sondern auch eine stimmungsvolle Altstadt. Und nach so viel Binnenland gibt es in Warnemünde die Möglichkeit, am herrlichen Sandstrand in der Ostsee zu baden. Über die Vorstadt Kröpeliner Tor verlässt der Pilger Rostock und wandert über Felder und durch Wälder nach Bad Doberan, das im 13. Jahrhundert ein Wallfahrtsort war. Das Hostienwunder im Kloster hat sich seitdem nicht wiederholt, dennoch bleibt das Kloster die bedeutendste Sehenswürdigkeit der Stadt. Die ehemalige Zisterzienserabtei ist nur noch in Teilen erhalten, aber dennoch mit dem Münster und den verwunschenen Gärten ein Besuchermagnet.

Von Bad Doberan aus führt der Weg ins Quellental. Dort ist der Name Programm, denn tatsächlich entspringt hier eine klare Mineralquelle. Sogar ein eigenes Quellhäuschen wurde errichtet, und bis heute kommen die Menschen und füllen ihr Wasser direkt in Gefäße ab. Hügelgräber umgeben die Quelle. Von diesem Platz aus biegt der Weg nach Süden ab, am wunderschön gelegenen Gutshaus Groß Siemen mit dem duftenden Rosenpark, und verläuft nach Alt Karin. Die gotische Backsteinkirche aus dem 13. Jahrhundert ist ein perfekter Ort für Andacht und Stille.

Von Alt Karin macht die Via Baltica einen Schlenker nach Neubukow, und wie schon so oft auf dem Weg sind Windmühlen in Form der alten Galerieholländer ein Blickfang. Die Stadtkirche in Neubukow ist nicht nur von außen schön anzuschauen; innen überrascht ein kunstvoll geschnitzter Eichenaltar. Nur wenige Minuten Fußweg entfernt rattert eine Wassermühle, die sehr idyllisch am Mühlteich gelegen ist, im Museumsbetrieb.

Konsequent südwärts richtet sich der Pilgerweg von Alt Bukow aus. Erst in Neu Farpen biegt er etwas gen Westen. Hier lohnt es sich, eine kleine Pilgerpause zu machen, denn nicht weit entfernt ist die Ostseeinsel Poel mit ihren

In der Rostocker Altstadt stehen schöne Bürgerhäuser, etwa in der Kröpeliner Straße (rechts, Mitte) oder am Neuen Markt (rechts unten).

Mitteleuropa

★ St.-Marienkirche Rostock

Mit ihrem ungewöhnlich langen Querschiff und dem mächtigen Westbau samt Turmmassiv strahlt die dreischiffige Basilika, die nach dem Vorbild der Lübecker Marienkirche erbaut wurde, eine monumentale Größe aus. Das Gotteshaus gilt als Hauptwerk der norddeutschen Backsteingotik. Die heute wichtigste Kirche von Rostock entstand zwischen 1290 und 1450 auf den Fundamenten eines Vorgängerbaus, der jedoch stark vergrößert wurde. Die aufeinanderfolgenden Bauphasen sind am horizontal gestreiften Außenmauerwerk gut zu erkennen, das aus roten Backsteinen älteren Ursprungs und farbig glasierten Ziegeln neueren Datums besteht. Trotz der Wirren der Reformationszeit blieben der mittelalterliche Rochusaltar, der barocke Hochaltar, die Renaissancekanzel, die Fürstenloge mit Orgel, der um 1290 geweihte Tauffünte (Taufkessel) und die elf Meter hohe astronomische Uhr vom Bildersturm verschont. Alle Elemente erstrahlen heutzutage in neuem Glanz.

Zu den Schätzen der Rostocker Marienkirche gehört die elf Meter hohe astronomische Uhr von 1472 (oben), ein Meisterwerk mittelalterlicher Technik.

★ Münster Bad Doberan

Das Doberaner Münster ist einzigartig in seiner Architektur und Entwicklung. Es demonstriert eindrucksvoll den Gestaltungswillen der Hochgotik. Wer das alte Doberaner Münster betritt, wähnt sich am Mittelpunkt der Welt: Dank seiner ebenmäßigen Symmetrie und klösterlichen Schlichtheit der Architektur gehört es zu den schönsten gotischen Backsteinkirchen Norddeutschlands. Es wurde im Jahr 1368 geweiht, als das Zisterzienserkloster bereits 200 Jahre bestand – Reformation und unzählige Kriege gingen fast spurlos an ihm vorüber. Der Hochaltar im hohen rötlichen Kirchenschiff ist mit filigran durchbrochenen Fialentürmen ausgeschmückt. Er wurde 1310 errichtet, das über zehn Meter hohe Sakramentshaus stammt aus dem Jahr 1280. Zahlreiche Grabmäler, die Chorkapelle von 1604 und das achteckige, mit glasierten Backsteinen verzierte Beinhaus aus dem 13. Jahrhundert sind ebenso sehenswert. Zu den Highlights zählen der Hochaltar, der Lettner-Kreuzaltar und die Grabplastik der dänischen Königin Margarete Sambiria.

Oben: das Kirchenschiff. Das Münster ist das bedeutendste mittelalterliche Gotteshaus Mecklenburg-Vorpommerns.

Stränden und der Steilküste. Doch dahin führt der Pilgerweg leider nicht; er steuert strikt auf Wismar zu, die nächste Hansestadt auf dieser Route. Ihr historischer Stadtkern zählt zu den am besten erhaltenen in ganz Europa. Ausgangspunkt der Besichtigungen ist der Marktplatz mit der Wismarer Wasserkunst, einem Wahrzeichen der Stadt. Bei den historischen Backsteinhäusern rund um den Marktplatz fällt vor allem die geschwungene Fassade eines Warenhauses ins Auge: Es ist der Stammsitz von Karstadt; die Kaufhauskette wurde hier gegründet. Das Stammhaus lohnt nicht nur wegen des Museums, sondern auch wegen seiner prachtvollen Ausstattung den Besuch. Nun noch einen Abstecher zum Alten Hafen unternehmen und am besten in der Nikolaikirche den Tag ausklingen lassen.

Aus der Stadt hinaus ist der Weg gesäumt von Mehrfamilienhäusern und Straßen, doch schon bald führt er über Wiesen und Felder nach Grevesmühlen. Die Gegend wirkt verlassen, und der Pilger tut gut daran, seine Vorräte aufgefüllt zu haben. In Grevesmühlen bestimmen Fachwerkhäuser den Stadtkern. Pilger zieht es in die Nikolaikirche, die, wie so viele Kirchen an der Küste, Nikolaus von Myra, dem Schutzpatron der Seeleute und Reisenden, geweiht ist. Mit ihren Triumphbögen, dem achteckigen Chorraum und den zarten Fresken lohnt sie auf jeden Fall einen Besuch.

Idylle pur erwartet den Pilger auf der weiterführenden Strecke, vor allem, wenn er den kleinen Ort Börzow erreicht. Eingebettet in eine Landschaft aus Wäldern und vielen Bächen, hat sich dort typisches Dorfleben erhalten. Ein besonderer Ort der Pilgertour ist die kleine Dorfkirche aus dem 15. Jahrhundert, die nicht nur von außen mit einer Fassade aus Feldsteinen überrascht, sondern innen mit Fresken und barockem Altar das Auge erfreut.

Von dort aus macht der Jakobsweg einen großen Bogen gen Küste. Dassow mit der großen Bucht, dem Dassower See, lädt ein, beim Blick aufs Wasser Kraft zu tanken, um das letzte Stück des Weges nach Schönberg gut zu überstehen. Die Gemeinde ist vor allem als Endpunkt der Museumsbahn nach Kiel bekannt. Stolz auf das Erreichte und Trauer über das Ende der Reise – diese beiden Gefühle begleiten den Pilger auf der letzten Etappe der Via Baltica. Der Höhepunkt ist sicherlich die Palingor Heide, die im August purpurfarben blüht. Doch auch zu anderen Jahreszeiten ist es in dem Naturschutzgebiet herrlich, vor allem an den kleinen Teichen. Kaum liegt der Wald hinter dem Pilger, zeigen sich die sieben Kirchtürme von Lübeck am Horizont.

Die Hansestadt markiert ein kulturell aufregendes Ende der Tour: Mit Thomas-Mann-Haus, Holstentor, dem bestens erhaltenen historischen Backsteinkern und der berühmten Marzipanherstellung versorgt sie den Pilger mit Genüssen für Leib, Auge und Seele. Ein verdienter Abschluss einer langen Wanderung!

Vom Ufer Lübecks aus mit seinen schönen Backsteinbauten genießt man herrliche Blicke über die Trave.

RUND UMS PILGERN

Anreise und Rückreise: Die Insel Usedom ist sowohl von Hamburg als auch von Berlin aus gut mit dem Zug erreichbar, jeweils über Züssow. Von dort ist es noch etwas über eine Stunde mit dem Regionalzug nach Heringsdorf. Das Endziel der Strecke, Lübeck, ist ebenso gut an das Fernverkehrsnetz angebunden. Mit dem Zug erreicht man in einer Dreiviertelstunde Hamburg, von dort kann es mit dem ICE in drei Stunden nach Berlin gehen.

Anforderung: Die Via Baltica verläuft die meiste Zeit durch flaches Gelände, dennoch sollte sie aufgrund der Länge nicht unterschätzt werden. Die Pilger sollten sich zwischendurch auch Pausen gönnen.

Unterkunft und Verpflegung: Nicht jeder Teil des Jakobswegs kann mit einem so gut ausgebauten Netz an kostengünstigen Pilgerunterkünften in Gemeindehäusern und Ähnlichem glänzen wie die Via Baltica. In Lübeck können Pilger in der Pilgerherberge an der Jakobikirche Unterkunft beziehen. Greifswald heißt Pilger als Übernachtungsgäste in der Kirchengemeinde St. Nikolai, dem Verein Offensive Junger Christen und im Gemeindehaus der katholischen Propsteigemeinde willkommen. Kurz vor Grimmen kann im Heuboden Jager Quartier bezogen werden. Herbergen finden sich auch in Marlow, Sanitz und bei Bad Doberan. Auf den letzten Kilometern der Strecke sind ebenfalls Herbergen vorhanden, auch wenn die Zahl an Privatunterkünften in den letzten Jahren abgenommen hat. Einkehrmöglichkeiten bieten sich in allen Ortschaften an.

Beste Reisezeit: Usedom, die zweitgrößte deutsche Insel, ist zu jeder Jahreszeit ein herrliches Ziel zum Start eines Pilgerweges, vor allem aber im Sommer. Denn auch wenn nur kleine Bruchteile des Weges direkt am Wasser entlangführen, freut man sich, wenn man eine Abkühlung in den Wellen genießen kann. Außerdem ist der letzte Teil der Pilgerroute geprägt von schönster Heidelandschaft, die ihre ganze Farbenpracht erst im August entfaltet. An Kopfschutz und Sonnencreme ist wie zu jeder Jahreszeit unbedingt zu denken. Und natürlich an ausreichend Wasser und Flüssigkeit.

Ganz oben: Usedom. In Wismar spielt Wasser in Form des Hafens und der Wasserkunst (oben) eine wichtige Rolle.

Deutschland
Auf dem Pilgerweg der heiligen Birgitta von Schweden

Ein weißes Kreuz auf der Jakobsmuschel weist den Weg über knapp 400 Kilometer. Benannt ist die Strecke nach der schwedischen Nationalheiligen. Ob Birgitta von Schweden tatsächlich 1341 auf dieser Strecke gepilgert ist, lässt sich heute nicht mehr nachvollziehen. Sicher ist: Sie hat sich damals auf den Weg von Skandinavien nach Santiago de Compostela gemacht und ist dabei nach Stralsund übergesetzt. Der Jakobus-Pilgerweg der heiligen Birgitta ist heute ein wunderschöner Pilgerpfad, der vor allem die landschaftliche Vielfalt und Schönheit Mecklenburg-Vorpommerns präsentiert.

STRECKEN-INFORMATIONEN

Distanz: 372 km
Dauer: ca. 3 Wochen

Etappen:
1. Sassnitz – Lietzow: 11 km
2. Lietzow – Bergen: 13 km
3. Bergen – Garz: 17 km
4. Garz – Poseritz: 20 km
5. Poseritz – Stralsund: 21 km
6. Stralsund – Richtenberg: 29 km
7. Richtenberg – Tribsees: 19,5 km
8. Tribsees – Tessin: 25,6 km
9. Tessin – Laage: 22,6 km
10. Laage – Reinshagen: 19,8 km
11. Reinshagen – Güstrow: 12,5 km
12. Güstrow – Bützow: 14,5 km
13. Bützow – Baumgarten: 13 km
14. Baumgarten – Tempzin: 24 km
15. Tempzin – Müsselmow: 17,5 km
16. Müsselmow – Schwerin: 25,5 km
17. Schwerin – Dreilützow: 30,5 km
18. Dreilützow – Zarrentin: 17,5 km
19. Zarrentin – Gudow: 17 km
20. Gudow – Roseburg: 19 km

Es gibt mehrere Wege, die den Spuren der heiligen Birgitta von Schweden folgen. Die hier ausgewählte Strecke verläuft zwischen Rügen und der Lauenburgischen Seenplatte und lässt sich in 19 Etappen bewältigen. Genießer planen mehr Zeit ein, denn mit Städten wie Stralsund und Schwerin liegen Ziele auf dem Weg, an denen sich längere Aufenthalte lohnen.

Auf einer Insel mit dem Pilgern zu starten, ist immer eine gute Idee. Sassnitz besitzt vielleicht nicht den schönsten Strand Rügens, dafür aber das spektakulärste Naturschauspiel: Der berühmte Königsstuhl, der 118 Meter hohe Kreidefelsen und das Wahrzeichen der Insel, liegt nur zehn Kilometer entfernt. Die Wanderung dorthin sollten sich Pilger auf keinen Fall entgehen lassen. Wer sich noch nicht per pedes auf den Weg machen will, bucht eine Bootstour, um den Felsen vom Wasser aus zu besichtigen. Vielleicht noch ein paar Tage Strandurlaub, und dann geht es los: Knapp 300 Kilometer Pilgerweg stehen an.

In Lietzow wirkt es, als sei das Ende der Insel Rügen erreicht. Doch das ist eine optische

Mitteleuropa

Täuschung: Der Ort liegt auf einer schmalen Landzunge zwischen den beiden Jasmunder Bodden. Wasser ist seit Sassnitz der ständige Begleiter des Wanderers. Besonders frühmorgens sorgt das viele Nass nicht nur für schöne Anblicke, sondern auch für eine Luft, die wie frisch gewaschen riecht. Der Weg von Lützow führt an vielen Ausgrabungsstätten vorbei, die längst als solche nicht mehr erkennbar sind. Forscher haben hier Feuersteine aus dem Neolithikum gefunden. Immer wieder fällt der Blick auch auf die historischen Villen, die wie kleine weiße Schlösser aus der leicht hügeligen Landschaft ragen und den Weg zum ersten Etappenziel Bergen bereichern.

Von der quirligen Stadt Bergen, die zwar nicht mit Wasser punkten kann, aber dennoch eine schöne Stimmung verbreitet, schlängelt sich der Weg ins Inselinnere. Zuvor aber lohnt sich noch ein Stopp an der ältesten Kirche der Insel: St. Marien stammt aus dem 12. Jahrhundert und ist nicht nur wegen des Abendmahlkelchs und der Wandmalereien sehenswert. Auch die Kirchturmuhr ist etwas Besonderes: Möglicherweise ist sie die einzige, deren Zifferblatt 61 Minuten anzeigt – eine Maßnahme, die Handwerker bei der Restaurierung der bei einem Sturm zerbrochenen Uhr als Notbehelf eingesetzt hatten. Von der Kirche aus geht es über Bergens Randgebiete, die mit Plattenbauten aus alten DDR-Zeiten gesäumt sind, auf gen Putbus.

Der offizielle Pilgerweg biegt zwar vor Putbus ab, aber der Stopp in der Kleinstadt lohnt sich. Zum einen wegen der kreisrunden Gartenanlage namens Circus rund um den Obelisken, zum anderen wegen des sehenswerten Schlossparks. Mit Schlosstheater, Orangerie, Marstall und Uhrenmuseum bietet Putbus etliches zum Anschauen.

Links oben: die Kreidefelsen im Nationalpark Jasmund; Mitte: Mecklenburgische Seenplatte; unten: Lindenallee im Schlosspark Putbus.

⭐ Stralsund: Ozeaneum

Wer den Gedanken, die man sich auf einer Pilgerreise für gewöhnlich hingibt, für ein paar Stunden entfliehen möchte, kann eines der beeindruckendsten Museen Deutschlands aufsuchen. Das Ozeaneum Stralsund wurde 2008 eröffnet, besitzt 50 verschiedene Aquarien und widmet sich ganz den Meeren und seinen Bewohnern. Die Dauerausstellungen legen den Finger jedoch auch deutlich auf die Probleme, mit denen dieser Lebensraum zu kämpfen hat, wie der Mensch Einfluss nimmt und was dagegen werden kann und muss, um die Vielfalt unter der Wasseroberfläche zu erhalten. Somit wird der Museumsbesuch auch für die weiteren Meter und Kilometer des Pilgerwegs genügend Stoff zum Nachdenken über die schützenswerte Schöpfung geben.

Großes Bild: In der Ausstellung »Riesen der Meere« sind naturgetreue Modelle von Walen zu sehen. Kleines Bild: Hafen und Segelschiff »Gorch Fock I«.

Mitteleuropa

Das Etappenziel ist Garz. Die Stadt ist nicht unbedingt nur eine Durchgangsstation. Immerhin befindet sich hier das älteste Museum der Insel: das Geburtshaus des Dichters Ernst Moritz Arndt. Außerdem ist der Burgwall einer der am besten erhaltenen der Gegend. Als Ort der Besinnung offenbart sich die St.-Petri-Kirche aus dem 14. Jahrhundert. Mit seinen noblen Häusern aus dem 18. Jahrhundert verbreitet Garz insgesamt eine schöne Atmosphäre. Doch zu lange verweilen sollte der Pilger hier nicht, denn die letzte Etappe auf Deutschlands größter Insel wartet: Der Weg über Swantow nach Poseritz bietet schöne Blicke auf Insel und Meer.

Die Strecke nach Stralsund führt über die Rügenbrücke. Das mehr als vier Kilometer lange Bauwerk verbindet Rügen mit dem Festland. Da der Weg nicht sehr schön ist, weil Autos und Züge verkehren, lohnt es sich vielleicht, mit dem Zug oder Bus ein wenig abzukürzen und bequem nach Stralsund zu fahren. Dort aber sollten Reisende einen Extratag einplanen. Dann ist man nicht nur der Stadt an der Ostsee-Meerenge gerecht geworden, sondern begibt sich auch ausgeruhter auf die anstehende lange Etappe.

Stralsund lockt mit hanseatischer Stimmung. Am besten beginnt der Pilger seine Stadterkundung am Alten Markt. Das Rathaus und die umstehenden Häuser bilden ein schönes Ensemble. St. Nikolai aus dem 13. Jahrhundert thront über dem Hafen und beeindruckt schon durch sein Portal. Im Inneren ist die Kirche mit aufwendig geschnitzten Altären ausgestattet. Die astronomische Uhr und die frühromantische Orgel sind wertvolle Kirchenschätze. Die Marienkirche als weiteres sakrales Gebäude gilt als Meisterwerk der Spätgotik, was sich nicht nur in ihrer Architektur zeigt, sondern auch in den Fresken. Ebenfalls ein Meisterwerk der Gotik ist das Katharinenkloster der Stadt aus dem 13. Jahrhundert. Heute sind dort das Kulturhistorische Museum und das Meeresmuseum untergebracht. Auch das Johanneskloster als Komplex mit den benachbarten, bunten Fachwerkhäusern ist sehenswert. Bedeutend für die Pilger ist das Kloster St. Annen und Brigitten, einst der Ort für Nonnen des Brigittenordens. Heute ist die Abtei säkularisiert und dient als Verwaltungssitz. Die Kapelle als Mittelpunkt des Komplexes blieb erhalten. Nach so viel Kopfsteinpflaster tut es gut, im Strandbad etwas Sand unter den Füßen zu spüren, bevor es nach Richtenberg weitergeht. Der See, um den die Strecke nach Tribsees hinter Richtenberg führt, war in den 1930er-Jahren versandet; erst vor einigen Jahren wurde er geflutet und ist nun ein geschütztes Biotop, an dessen Ufer es sich herrlich spazieren lässt. Der Wanderer aber hat sein Ziel fest im Auge: Über den mäandernden Fluss Trebel führt der Weg in Richtung Tribsees. Der Fluss markiert die Grenze zwischen Mecklenburg und Vorpommern und hat ein wertvolles Naturreservat geschaffen, in dem sich Eisvögel, Seeadler und Biber tummeln, vor allem am Grenztalmoor, einem ehemaligen Torfabbaugebiet. In der Stadt Tribsees beeindrucken die Backsteintore. Die Thomaskirche dominiert das Stadtbild.

Von Stralsund (oberes Bild) geht die Wanderung nach Tribsees, eine Ortschaft an der Trebel (unteres Bild).

Mitteleuropa

Die nächste Etappe von Tribsees nach Tessin ist geprägt von Feuchtgebieten. Zwischen zwei Seen startet der Weg. Immer wieder plätschern kleine Flüsse oder Seen entlang des Pilgerpfads. Bei Liepen schließlich macht sich der Wanderer auf zum Bocksee und durchquert eine Landschaft, die mit Hügelgräbern gespickt ist. Vor allem der Abstecher zum steinzeitlichen Großsteingrab Thelkow lohnt sich; es ist ein beeindruckendes Zeugnis der Trichterbecherkultur. Klein, aber nicht weniger sehenswert und gut für eine Andacht geeignet präsentiert sich die Steinkirche in Thelkow. In der Zielstadt Tessin ist die Stadtkirche St. Johannis ein hübscher Platz, um sich in die baulichen Ideen des 14. Jahrhunderts zu versenken.

Die Recknitz hat ein Urstomtal erschaffen, in dem sich vor allem Kanuten und Kajaksportler wohlfühlen. Über Felder und Wiesen geht es nach einer hoffentlich geruhsamen Nacht weiter nach Laage, die Stadt, in der sich der Rostocker Flughafen befindet. Himmlische Ruhe ist also von diesem Streckenabschnitt nicht unbedingt zu erwarten. Dafür aber bietet Laage als Kleinstadt neben der sehenswerten Stadtkirche das Scheunenviertel und historische Häuser.

Immer Richtung Süden verläuft der Pilgerweg nun: Gen Liessow verlässt der Wanderer Laage. Die Landschaft ist von kleinen Bächen und Gräben durchzogen, gern zeigen sich Graureiher oder andere Wasservögel am Ufer. In Liessow biegt der Weg nach Westen und führt nach Recknitz, der namensgebenden Stadt des wilden Flusses. Das Gut Gremmelin mit seiner schlichten gelben Fassade erreicht der Wanderer bald. Das Etappenziel ist Reinshagen. Von dort bestimmen Mühlen, kleine Kirchen und Herrenhäuser die dünn besiedelte Gegend. Hinter Reinshagen ändert sich das schon bald, immer öfter tauchen Häuser und Siedlungen auf. Die Stadt Güstrow kündigt sich aber nicht nur mit den Bauwerken an, sondern auch akustisch. Mit etwas Glück ist das Geheul der Wölfe aus dem Wildtierpark zu hören, eben-

so wie das Wiehern der Pferde oder das Schreien der Esel. Die Strecke führt direkt am Tierpark vorbei ins Stadtzentrum. Das historische Wasserkraftwerk liegt ebenso am Wegesrand wie die Gertrudenkapelle: ein entweihtes Gotteshaus, das dem Werk und Schaffen des Künstlers Ernst Barlach gewidmet ist und seine Skulpturen zeigt.

Güstrow lädt zu einem längeren Aufenthalt ein: Der Abstecher zum Schloss ist Pflicht! Ein Besuch hier lohnt sich aufgrund der Renaissancebauweise ebenso wie ein Spaziergang durch den dazugehörigen Park. Auch der Güstrower Dom ist beeindruckend. Im Inneren präsentiert sich die Skulptur »Der Schwebende« von Ernst Barlach als Kunstobjekt erster Güte, ebenso wie der prächtige Altar. Die Marienkirche wartet zwar nicht mit einer Barlach-Skulptur auf, der Flügelaltar von Jan Bormann aus dem Jahr 1522 ist dennoch ein bedeutendes Kunstwerk. Entlang des Bützow-Güstrow-Kanals führt der Pilgerweg zum nächsten Etappenziel: Bützow, eine wahre Wasserstadt. Denn neben dem Kanal prägen auch der Bützower See und die Warnow das Stadtbild. Kein Wunder, dass der Pilger immer wieder Kanuten und Wassersportler antrifft. Die Stadt punktet mit Sehenswürdigkeiten wie etwa der Stiftskirche mit dem berühmten Bützow-Altar aus dem 16. Jahrhundert. Das Rathaus mit seiner neogotischen Fassade ist wie das Krumme Haus ein Prachtstück der Kleinstadt. Der Pilgerweg führt schon bald aus der Stadt hinaus und verwöhnt den Wanderer mit herrlichen Panoramen auf den Bützower See.

Mit dem Kloster Rühn säumt eine ehemalige Klosteranlage den Pilgerweg, dort lockt eine Einkehr in die Klosterschänke. In Rühm bietet sich eine Badepause im Rühner See an, bevor es zum Etappenziel Baumgarten geht. Dort lohnt das »Café Alte Schule« mit selbst gebackenen Torten und dem originellen Garten unbedingt einen Besuch. Wälder hüllen die kleine Stadt in einen grünen Mantel. Bevor es am nächsten Tag mit der Wanderung weiter-

geht, steht die Dorfkirche mit ihrer Schlichtheit für eine stille Andacht bereit.

Der Weg nach Tempzin ist lang, aber sehr vielseitig. Der Groß Labenzer See und der Weiße See, ein Ausläufer der Schweriner Seenplatte, bieten Abwechslung. Am Zielort Tempzin verführt ein See direkt im Ort zum Baden oder einfach nur dazu, den Blick schweifen lassen. Kloster Tempzin ist der Höhepunkt der nächsten Etappe nach Müsselmow. Seen und der Fluss Warnow liegen auf der Strecke. Am Etappenziel ist die Dorfkirche Müsselmow ein schönes Beispiel dafür, was Menschen gemeinsam schaffen, wenn sie sich für eine Sache stark machen, denn seit vielen Jahren wird die Dorfkirche von der Dorfgemeinschaft saniert.

Die kommende Tagesstrecke nach Schwerin sollten Wanderer früh beginnen, denn sie ist lang. Dafür hat sie ein großes Finale zu bieten: Über Felder, Wiesen und durch Wälder geht es in die prächtige Stadt. Wie wunderbar ist der Moment, wenn der Pilger Godern erreicht und mit Panoramablicken über die beiden Seen verwöhnt wird! Wer näher hinschaut, erkennt sogar Inseln. Auf dem Kaninchenwerder im Schweriner See gibt es einen Aussichtsturm und einen Bootsanleger.

Die längste Etappe des Pilgerweges steht allerdings noch bevor. Es lohnt sich also, Zeit für einen Tag Pause in der Stadt am See einzuplanen. Möglicherweise ist das Schloss mit seinem Park der romantischste Platz der Stadt, sicher aber nicht der einzige sehenswerte. Viele Bauwerke auf engem Raum machen die Schwerin zu einem kulturellen Höhepunkt dieser Tour. Ob das Mecklenburgische Staatstheater, das Alte Palais oder die Staatskanzlei: Sie wirken ebenso herrschaftlich wie das Altstädtische Rathaus im Tudorstil oder die Fachwerkhäuser in der Altstadt. Für Pilger interessant

Linke Seite: Stiftskirche Bützow (oben); Güstrower Dom (unten). Oben: Schweriner Schloss und Schloss Güstrow.

⭐ Kloster Tempzin

Das Kloster Tempzin ist einer der Höhepunkte auf dem Pilgerweg. Es fungiert nicht nur als Pilgerherberge, sondern ist auch als Klosteranlage aus dem 15. Jahrhundert sehenswert. Hier nimmt man sich gern vor, noch einmal zum Stundengebet wiederzukommen oder gleich eine ganze Woche in Abgeschiedenheit und Stille zu verbringen und die im Kloster anfallenden Arbeiten zu erledigen. Aber auch wer nicht viel Zeit mitbringt, sollte das Kloster nicht unbeachtet lassen. Auf dem Pilgerweg ist es bereits von Weitem sichtbar und mit dem imposanten Westgiebel der Klosterkirche unverwechselbar. Beinahe kurios wirkt hingegen der äußerst zierliche Glockenturm darüber. Auch ein gotisches Warmhaus aus dem Jahr 1496 ist erhalten.

Kloster Tempzin hat sich der Kultur des Pilgerns verschrieben und bietet sich als Ort der Einkehr an.

ist vor allem der Schweriner Dom, für dessen heutige Erscheinungsform es 146 Jahre gebraucht hat, bis er 1416 endlich fertiggestellt wurde. Die dreischiffige Basilika ist eines der wichtigsten Werke der Backsteingotik und weist mit Kreuzgang und Flügelaltar wertvolle Kunstschätze auf. Mit elf Seen im Stadtgebiet hat Schwerin einen hohen Freizeitwert, und so ist es kein Wunder, dass die Weiße Flotte als Schifffahrtslinie die Ausflugsziele auf dem Wasserweg verbindet. Doch irgendwann muss man auch das schönste Reiseziel einmal verlassen und die lange Strecke nach Dreilützow antreten. Mit vielen Eindrücken im Kopf lässt es sich idyllisch durch Wälder und Felder wandern, vorbei an einem Ort, der Gottesgabe heißt. Wenn das kein schöner Hinweis ist!
Falls die Beine noch nicht müde sind, lohnt das Schloss von Dreilützow einen Blick, denn es liegt hübsch am Wasser. Heute ist der 280 Jahre alte Bau ein Schullandheim. Alternativ kann man sich auch erst eine verdiente Nachtruhe gönnen und am nächsten Morgen das Schloss in Augenschein nehmen, bevor man sich auf den Weg nach Zarrentin macht. Dabei führt der Weg den Wanderer ins Biosphärenreservat Schalsee. Mit etwas Glück kann man Kraniche sehen, Fisch- und Seeadler ziehen ihre Kreise durch die Lüfte. Zarrentin wartet mit einem Strandbad, einem Moorlehrpfad sowie romantischen Fischerhäusern auf – und mit einem Kloster. Dort sind u. a. der Kreuzgang und das Refektorium sehenswert.
Am nächsten Tag lockt das Ufer des Schaalsees zu einem Spaziergang, dann geht es auf die vorletzte Etappe. Duftende Wälder und bunte Felder säumen den Weg, Schleswig-Holstein ist erreicht und empfängt den Pilger mit der Marienkirche in Gudow. Die Feldsteinkirche stammt aus dem 12. Jahrhundert. Vor allem ihr Marienkrönungsaltar ist ein wichtiges Zeugnis mittelalterlicher Kunst.
Obwohl die Betonung auf der letzten Silbe liegt, mutet der Ortsname der ersten Station der letzten Etappe von Gudow nach Roseburg sakral an: Göttin liegt in einer herrlichen Landschaft mit Wäldern und Bächen. Immer wieder zeigen sich Seen am Rande der Strecke. Am schönsten baden lässt es sich jedoch in Güster, einer Stadt, die dem ehemaligen Kiesabbau und den daraus entstandenen Seen ihre Beliebtheit zu verdanken hat. Noch einmal ein kühles Bad, bevor es nach Roseburg geht. Dort ist vor allem das Gut Wotersen ein bekanntes Ausflugsziel; es diente der Fernsehserie »Das Erbe der Guldenburgs« als Kulisse.

Unten: Die Stadt Zarrentin am Schaalsee hat viel Natur zu bieten.

RUND UMS PILGERN

Anreise und Rückreise: Der Startpunkt des Pilgerwegs ist gleichzeitig der Endhalt der Bahnstrecke Stralsund – Sassnitz. Die Anreise per Bahn ist vermutlich die beste Wahl, denn auch die Rückreise ist an das öffentliche Verkehrsnetz angebunden. Von dort dauert es rund eineinhalb Stunden nach Hamburg. Von dort bringt die Deutsche Bahn die Pilger wieder an ihren Entsendungsort.

Beste Reisezeit: Der Weg der heiligen Birgitta ist zu jeder Jahreszeit begehbar. Da man auf dem Weg durch einige Naturschutzgebiete kommt, kann man sich je nach Vorliebe auch an Tierbegegnungen orientieren und im Vorfeld beispielsweise die Routen von Zugvögeln beachten.

Anforderung: Der Pilger kann sich auf dieser Strecke auf die spirituelle Erfahrung konzentrieren. Zwar sind die Etappen teilweise recht lang, doch durch ein geringes Höhenprofil wird das Wandern auch für Nicht-Alpinisten ein Genuss.

Verpflegung und Unterkunft: Neben dem bekannten Kloster Tempzin finden Pilger ausreichende Möglichkeiten der Unterkunft. Klassische Pilgerherbergen findet man zum Beispiel an der St. Marienkirche in Bergen, bei der Dreifaltigkeitskirche in Stralsund oder im Alten Pfarrhaus in Richtenberg. An anderen Etappenzielen muss man teilweise auf private Pensionen zurückgreifen. Da der Weg abschnittsweise durch dünn besiedeltes Gelände führt, sollte man beim Start der jeweiligen Tagesetappen schon etwas Proviant und vor allem ausreichend Flüssigkeit mitnehmen.

Das Kloster Tempzin mit seinem »Haus der Gastfreundschaft« bietet Pilgern und Einkehrern die Möglichkeit zu kürzeren und längeren Aufenthalten.

Litauen, Russland, Polen
Auf dem Pommerschen Jakobsweg Dünenzauber und Backsteinbauten erleben

Von der Kurischen Nehrung führt dieser Pilgerweg auf den Spuren der Jakobspilger gen Westen und durchstreift dabei einzigartige Landschaften sowie drei Länder.

STRECKEN-INFORMATIONEN

Distanz: 362 km
Dauer: mindestens 15 Tage

Etappen (Auswahl):
1. Kretinga – Klaipeda: 24 km
2. Klaipeda – Juodkrante: 22 km
3. Juodkrante – Nidden: 30 km
4. Nidden – Rybatschi: 21 km
5. Rybatschi – Lesnoi: 22 km
6. Lesnoi – Selenogradsk: 11 km
7. Selenogradsk – Kaliningrad: 33 km
8. Kaliningrad – Ladushkin: 28 km
9. Ladushkin – Mamonovo: 21 km
10. Mamonovo – Frombork: 15 km
11. Frombork – Tolkmicko: 18 km
12. Tolkmicko – Elblag: 36 km
13. Elblag – Nowy Dwór Gdansky: 29 km
14. Nowy Dwór Gdansky – Niedzwiedzica: 24 km
15. Niedzwiedzica – Danzig: 28 km

Oft ist der Pilger nicht nur auf der Reise zu sich selbst, sondern erwandert sich auch ein Stückchen Weltgeschichte. Leider ist diese oftmals geprägt von Kriegen und Auseinandersetzungen, Trennungen und Grenzstreitigkeiten. Es sind Themen, die unweigerlich hochkommen, wenn man diesen Jakobsweg beschreitet. Dennoch ist er eine gute Gelegenheit, sich in schönster Landschaft über die Ursprünge und Auswirkungen von Machtstreben und den daraus folgenden Konsequenzen auseinanderzusetzen.

Diese Jakobswegvariante beginnt in Litauen, in einer Gegend, die zu den landschaftlich schönsten an der Ostseeküste zählt. Vielleicht hat sie deswegen in der Vergangenheit so viele Begehrlichkeiten geweckt.
Kretinga, der Ausgangspunkt dieser Tour. Es zählt zu den ältesten Städten des Landes und geht auf eine alte Festung aus dem 13. Jahrhundert zurück. Dort startet der Pilger in der Mariä-Verkündigungs-Kirche, deren zugehöriges Kloster eine ebenso wechselvolle Geschichte wie die gesamte Region aufweist. In der Stadt verlief lange Zeit die Grenze zwischen Deutschland und dem russischen Reich. Nach dem Ersten Weltkrieg fiel ein Teil der Stadt ins neu gegründete Litauen, der andere ans Memelland. Es begann ein Tauziehen um die Region, die mal deutsch wurde, dann russisch war und schließlich seit 1990 wieder ein selbstständiger Staat ist. Diese wechselvolle und oftmals schmerzhafte Geschichte spiegelt auch das Kloster wieder, das im 17. Jahrhundert

errichtet und 100 Jahre später von den russischen Behörden geschlossen wurde, um es als Gefängnis zu nutzen. Im 20. Jahrhundert übernahmen die Franziskaner das Kloster wieder und errichteten dort eine Lourdes-Grotte, die bis heute zu den wichtigsten sakralen Sehenswürdigkeiten der Stadt zählt.

Durch Felder und entlang kleiner Dörfer macht sich der Pilger auf nach Klaipeda, zur ältesten Stadt Litauens. Sie ist zugleich der bedeutendste Ostseehafen des Landes, das zeigt sich auch in der Vielfalt der Menschen. Hafenstädte verströmen immer ein gewisses Flair. In diesem Falle brachte der Hafen auch Reichtum in die Stadt, der sich heute noch in der Altstadt mit ihren vielen Fachwerkhäusern ablesen lässt. Wer nach alten Gotteshäusern sucht, wird enttäuscht, denn auch hier haben Kriege und Streitigkeiten um Grenzen und Gebiete Verwüstungen hinterlassen, sodass keine der einst stolzen alten Kirchen den Zweiten Weltkrieg überstanden hat. Die Gotteshäuser der Stadt, die anschließend gebaut wurden, gleichen eher Fabrikgebäuden als sakralen Stätten, etwa die Kirche Josef der Arbeiter. Nach einem Bummel durch den Hafen und die Altstadt hat es sich der Pilger redlich verdient, die Beine hochzulegen. Das Summen der Stadt noch ein letztes Mal im Ohr, denn mit der nächsten Etappe geht es gen Meer und zu einer der beeindruckendsten Meereslandschaften, die diese Küste zu bieten hat.

Der Eintritt in diese einzigartige Landschaft beginnt für den Pilger mit der Fähre. Sie verbindet das Festland mit der nördlichen Spitze der Kurischen Nehrung. Wer einmal die Topografie aus dem Flugzeug gesehen hat, vergisst sie nicht wieder. Wie ein goldener Bindfaden liegt die schmale Landzunge zwischen dem hellblau glitzernden Kurischen Haff und der dunkelblau schimmernden Ostsee. Kein Wunder also, dass sie zum UNESCO-Weltnaturerbe zählt. Ein wenig erahnen lässt sich dieses Farbspiel auf der Fähre. Das Binnengewässer, also das Haff, wird ebenso wie die Ostsee in den nächsten Tagen der ständige Begleiter des Pilgers sein. Fast 100 Kilometer ist die Halbinsel lang, doch sie ist geteilt. Eine Hälfte gehört Litauen, die andere als Oblast Kaliningrad zu Russland und ist nur mit einem zuvor gestellten Visumsantrag passierbar.

Doch darüber macht sich der Pilger erst später Gedanken. Jetzt gilt es erst einmal, Ostseeluft zu schnuppern und den feinen Sand zu bestaunen. In seiner Feinheit und Farbe erinnert er an Puderzucker. Dass sich an dieser Stelle einst ein dichter Nadelwald befunden hat, mag der Wanderer kaum glauben. Ein großer Kahlschlag im 17. Jahrhundert veränderte die Landschaft und ließ riesige Dünen entstehen, die heute zu den größten in Europa zählen. Die Menschen, die auf der Nehrung

Bis 1920 war Memel (Klaipeda) die nördlichste Stadt Deutschlands und ein Außenposten deutscher Kultur.

Mitteleuropa

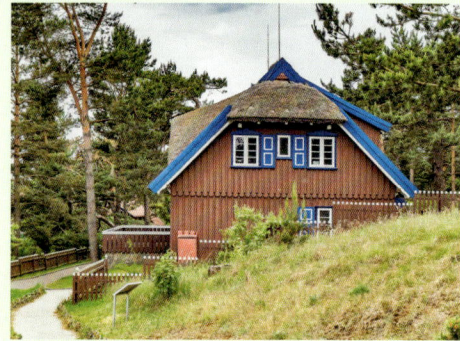  

wohnen, haben Respekt vor diesen riesigen Bergen aus Sand, die auch als die Sahara Ostpreußens bezeichnet werden. In der Vergangenheit sind die Dünen gern auf Wanderschaft gegangen und haben ganze Ortschaften unter sich begraben. Erst seitdem man die Dünen bepflanzt hat, ist dieses Problem behoben.
Der Pilgerweg führt auf der einzigen Straße entlang, die die Kurische Nehrung durchzieht. Sie war auch einst der Postweg. Diese ewig geradeaus laufende Straße scheint durch eine Landschaft aus einer anderen Welt zu ziehen. Auf beiden Seiten Wasser, vereinzelte Bäume am Wegesrand und manchmal ein Campingplatz – das sind die Eindrücke der nächsten Tage. In Litauen darf man noch am Meer entlanggehen, später in Russland ist alles strenger geregelt. Wer morgens früh genug kommt, hat sogar die Möglichkeit, Bernstein zu sammeln. Hier ist der Pilger stets in Versuchung, einen Pausentag mehr einzulegen und am schönen Ostseestrand die Seele baumeln zu lassen und den Gedanken nachzuhängen. Warum eigentlich nicht? Kaum ein Ort eignet sich besser zum Kraft auftanken als die Etappen auf der litauischen Seite.
Nach einer Verschnaufpause in Juodkrante macht sich der Pilger auf nach Nida (deutsch: Nidden), zum wohl berühmtesten Ort der Kurischen Nehrung. Das liegt nicht zuletzt daran, dass auch Thomas Mann die Schönheit dieser Landschaft für sich entdeckt hatte. Sein einstiges Ferienhaus ist inzwischen ein Museum

und der zentrale kulturelle Treffpunkt der Stadt. Die Hohe Düne, auch als Düne von Parnidos bekannt, ist übrigens die zweithöchste Europas. Die Hohe Düne wandert so stark, dass der Ort Nida schon mehrmals in seiner Geschichte verlegt werden musste. Doch das tut seiner Schönheit keinen Abbruch. Echten Abbruch aber gibt es leider an den Dünen, die jedes Jahr an Höhe verlieren, weil Menschen darauf herumklettern oder Wind und Wetter an ihr knabbern. Von der Aussichtsstelle dort kann man sogar Heideflächen erspähen, die den kleinen Ort Nida einbetten.
Kulturell interessant ist nicht nur das ehemalige Sommerhaus von Thomas Mann, sondern auch der Gasthof »Nidos Banga«, der Anfang des 20. Jahrhunderts zum Treff expressionistischer Künstler wie Lovis Corinth, Max Pechstein und Karl Schmidt-Rottluff avancierte. Noch heute erinnert man sich in der Gaststätte gerne an diese Zeit. Mit einem Bernsteinmuseum und einer Promenade zeigt sich Nida als Inbegriff schöner Ostseeferien.
Hinter der russischen Grenze wird deutlich, wie stark der menschliche Einfluss auf die Um-

Thomas Mann, wohl einer der berühmtesten Gäste der Kurischen Nehrung, schrieb über das ausgedehnte Dünengebiet: »Man glaubt, in der Sahara zu sein«. Oben: das Thomas-Mann-Kulturzentrum in Nida. Rechts oben: das Nagliai-Naturschutzgebiet; unten: Nemirseta.

Mitteleuropa

gebung ist. Die Voraussetzungen waren gleich, dennoch wirkt auf russischer Seite alles wilder und weniger touristisch. Die Wälder werden auf einmal dichter, es riecht würzig, der Wind wird ein wenig gebremst. Der Ort, der zu deutscher Zeit Rossitten hieß (heute: Rybatschi), empfängt den Pilger mit wohltuender Stille. Nicht nur die Menschen mögen diese Einsamkeit, sondern vor allem die Vögel, die sich dort ihre Stellen zum Brüten und zur Futterbeschaffung gesucht haben. Bekannt ist vor allem die Vogelwarte von Rybatschi: Sie war die erste ihrer Art der Welt und wurde 1901 gegründet, weil sich an manchen Stellen bis zu zwei Millionen Vögel an einem Ort aufgehalten haben – eine Menge, die bis dahin in Deutschland einmalig war. Auch der Zoologe Konrad Lorenz hat dort einst gewirkt. Heute arbeitet hier eine russische biologische Station.

Einen Blick lohnt auch die orthodoxe Kirche des Ortes. Doch am allerschönsten sind die Ausflüge an den Strand oder ans Haff, bei denen man sich sicher sein kann, Vögel zu sehen. Übrigens gibt es in dieser Gegend nicht nur Reiher und Co., sondern tatsächlich auch Elche, die in den Wäldern leben. Schon so mancher hat sich bei der Begegnung mit dem Großhirsch die Augen gerieben. Haffseitig erinnern Museen an die Heimatkultur der Menschen auf der Nehrung und einige Beobachtungspunkte versprechen schöne Blicke.

Noch einmal auf der Kurischen Nehrung rasten, dann führt die nächste Etappe auf das Festland. Kiefernwälder verströmen auf dieser Etappe ihren typischen Duft, wenn sie der Wanderer durchkreuzt, und immer wieder wendet er den Blick auf die herrlich schillernde Ostsee. An manchen Stellen sind die Dünen so kahl, dass man sich in einer Wüste wähnt. Mit jedem Kilometer spürt der Pilger auch das Näherkommen der Stadt, mehr und mehr wird die Gegend touristisch. Das Einzugsgebiet Kaliningrads kündigt sich an.

Vor allem Zelenogradsk ist als Ferienort beliebt und vereint historische, preußische Architektur

⭐ Kaliningrad

Die einst östliche Stadt des Deutschen Reichs soll auch eine der schönsten gewesen sein. Vielleicht wäre sie es bis heute, wenn nicht Größenwahn und Rassenideologie der Nazis so viel Schrecken hervorgerufen und letztendlich die Rote Armee angestachelt hätten, die Region einzunehmen. Nach Kriegsende 1945 stand für die Siegermächte fest: Königsbergs fast 700-jährige Tradition als deutsche Stadt hat ein Ende, es gehört fortan zu Russland. Was im 13. Jahrhundert mit einer Dependance Lübecker Kaufleute begonnen hatte, war nun eine russische Außenstelle zwischen Polen und Litauen ohne direkte Verbindung ins Land. Die Zeit des Kommunismus hat das Antlitz der Stadt verändert, vor allem Plattenbauten dokumentieren sozialistische Architektur. Dennoch ist einiges der alten Backsteinbauten erhalten geblieben, etwa das Königstor oder das Friedrichsburger Tor.

Der Höhepunkt für die Pilger ist der Dom (kleines Bild). Großes Bild: Fischerdorf.

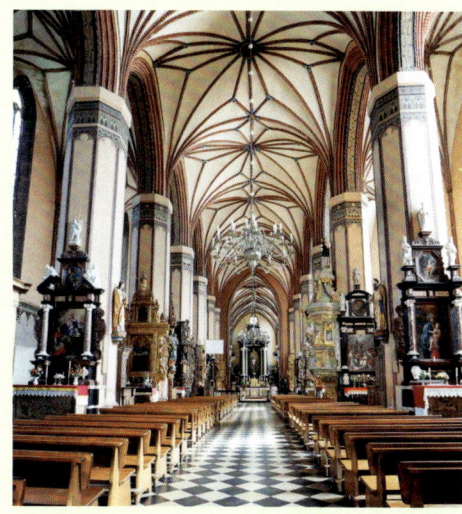

mit moderner Ferienbauweise der Russen. Hier heißt es am besten noch einmal ausruhen, denn die nächste Etappe mit 33 Kilometern zieht sich ganz schön in die Länge; viele kleine Dörfer liegen am Wegrand, bevor sich die Großstadt ankündigt. Die Wegführung bleibt an der Straße, der Verkehr nimmt zu, Züge rattern und die Einfamilienhäuser am Straßenrand werden zunehmend von Mehrfamilienhäusern verdrängt.

Spirituelles Pflichtprogramm ist der Dom von Kaliningrad. Er ist ein Beispiel dafür, wie man die verschiedenen Religionsrichtungen vereinen kann, denn dort werden sowohl evangelische, katholische als auch orthodoxe Messen gefeiert. Die Bibliothek, das Grabmal von Immanuel Kant sowie das Glockenspiel, das zur vollen Stunde Beethovens 5. Sinfonie anspielt, sind die Highlights des Gotteshauses.

Die Route neigt sich nach dem Abstecher in die Stadt wieder der Ostsee zu, und erneut gelangt sie an ein Haff. Es ist, als hätte sich die Landschaft, die der Pilger gerade durchquert hat, einmal gespiegelt. Wieder liegt ein hauchdünner Streifen Land zwischen Haff und Ostsee, es ist in diesem Fall das Frische Haff. Der Pilger aber nimmt jetzt nicht den Weg auf der Landzunge, sondern bleibt am Festland und hat die Möglichkeit, einmal am Ufer des Haffs seine Perspektive zu verändern. Die Landschaft, die er durchkreuzt, ist auch als Samland bekannt und ist geprägt von Weite und Wasser. Allerdings auch von schlechter Infrastruktur, was das Pilgern jetzt ein wenig abenteuerlich macht. Wer Sicherheit sucht, überbrückt diese Strecke am besten, denn er muss sowieso später in den Zug steigen. In Mamonovo muss der Pilger spätestens umsteigen, denn es gibt keine andere Möglichkeit, die Grenze zu Fuß zu überqueren, deswegen heißt es jetzt einen Teil der Strecke mit dem Zug fahren und nach Braniewo fahren.

Die Stadt ist sehenswert, denn sie weist viele Zeugnisse nordischer Backsteingotik auf, zu denen neben der Katharinenkirche auch das Burgtor, die Stadtmauer und die Türme zählen. Nach dem kurzen Stopp geht es durch eine Landschaft, die von Kanälen und Wiesen geprägt ist, gen Rózaniez. Hier kann der Blick erstmals wieder übers Haff schweifen.

In Frombork angekommen, überrascht den historisch unvorbereiteten Pilger eine Stadt mit großer Geschichte, deren Zentrum wieder einmal ein sakrales Gebäude markiert, in diesem Fall der Dom. Kein Geringerer als Nikolaus Kopernikus hat dort die letzten 23 Jahre vor seinem Tod verbracht. Der Astronom und Arzt wirkte als Domherr in der Kathedrale und fand hier zu seiner Theorie des heliozentrischen Weltbildes. Bis heute erinnert in der Stadt vieles an den Gelehrten, u. a. der Marktplatz, der wie ein Planetensystem angelegt ist. Es gibt auch ein Kopernikus-Museum und ein Planetarium im Radziejowski-Turm samt Foucaultschem Pendel. Nach einem Bummel durch die Innenstadt wird der Pilger wieder zurückkehren auf den malerischen Kathedralenhügel. Er ist ein stiller Zeuge des 16. Jahrhunderts, als die Menschen aus dem Baltikum diesen Weg nahmen, um nach Santiago de Compostela zu reisen. Sehenswert ist vor allem die Annenkapelle mit ihren Fresken.

Weiter führt die Strecke durch Wälder, Höhen und Wiesen und ein Stück auf dem Kopernikusweg. Bis die Pilger über die Orte Elblag, Nowy Dwór Gdansky und Niedzwiedzica kommen und sich mit der Kultur der Menoniten beschäftigen, bevor sie den Zielort Danzig erreichen und in der Marienkirche noch einmal die geleistete Pilgerstrecke reflektieren.

Um den Dom von Frombork (Frauenburg) wurde im 15. Jahrhundert eine Wehrmauer gezogen (oben: Innenraum).

Mitteleuropa

Danzig

Pommerns Hauptstadt strahlt den Reichtum und Zauber der polnischen Hansestädte aus, etwa mit den hübschen Altstadthäusern rund um die Mariengasse und mit den bunten und reich geschmückten Bürgerhäusern der Frauengasse. Die Stadt ist in Altstadt und Rechtstadt aufgeteilt. Beide Teile waren einst von einer Stadtmauer getrennt und hatten ihr eigenes Rathaus. Allein wegen seiner 13 Stadttore ist Danzig einen Besuch wert. Doch die Stadt punktet mit noch viel mehr historischen Gebäuden, etwa dem Rechtstädtischen Rathaus oder der Langgasse mit dem berühmten Goldenen Tor. Das Milchkannentor und die Speicherinsel dürfen bei einem Rundgang ebenfalls nicht fehlen. Doch was wäre Danzig ohne seinen katholischen Glauben? Die Kathedralbasilika der Himmelfahrt der Allerheiligsten Jungfrau Maria ist die wohl größte Kirche der Backsteingotik überhaupt und mit ihrer reichen Innenausstattung auf jeden Fall einen Blick wert. Auch der Dom zu Oliva mit seiner außergewöhnlichen Form ist ein Gotteshaus, das den Besuch lohnt.

Oben: Neptunbrunnen; rechts: Stadtansicht (oben); Frauentor (Mitte); Blick von der Bleihofinsel auf das Krantor (unten).

Mitteleuropa

 RUND UMS PILGERN

Anforderung: Die Strecke ist moderat, manche Etappen sind lang; man kann sie aber nach Belieben verkürzen.

Unterkunft und Verpflegung: Im litauischen und polnischen Teil gibt es keine Probleme, eine Unterkunft oder Proviant zu bekommen. Lediglich die Grenzregionen können mit ihrer dünnen Infrastruktur dafür sorgen, dass der Pilger doch länger gehen muss, als er wollte. Deswegen am besten vorher einen Schlafplatz reservieren oder sich nach der Verfügbarkeit von Unterkünften erkundigen. Vor allem am Wochenende kann es zu Engpässen kommen.

Beste Reisezeit: Der frühe Sommer eignet sich hervorragend für diese Strecke. Dann sind die touristischen Angebote geöffnet und es ist noch nicht so voll wie zu Ferienzeiten. Also am besten im Mai/Juni wandern.

Nicht verpassen: Politische Vorbereitung ist ebenso wichtig, etwa das Beantragen eines Visums für das Durchqueren des russischen Teils. Verpasst man Letzteres, heißt es an der Grenze wieder kehrt machen.

Das Seebad Palanga in Litauen verwöhnt die Pilger mit frischer Meeresluft.

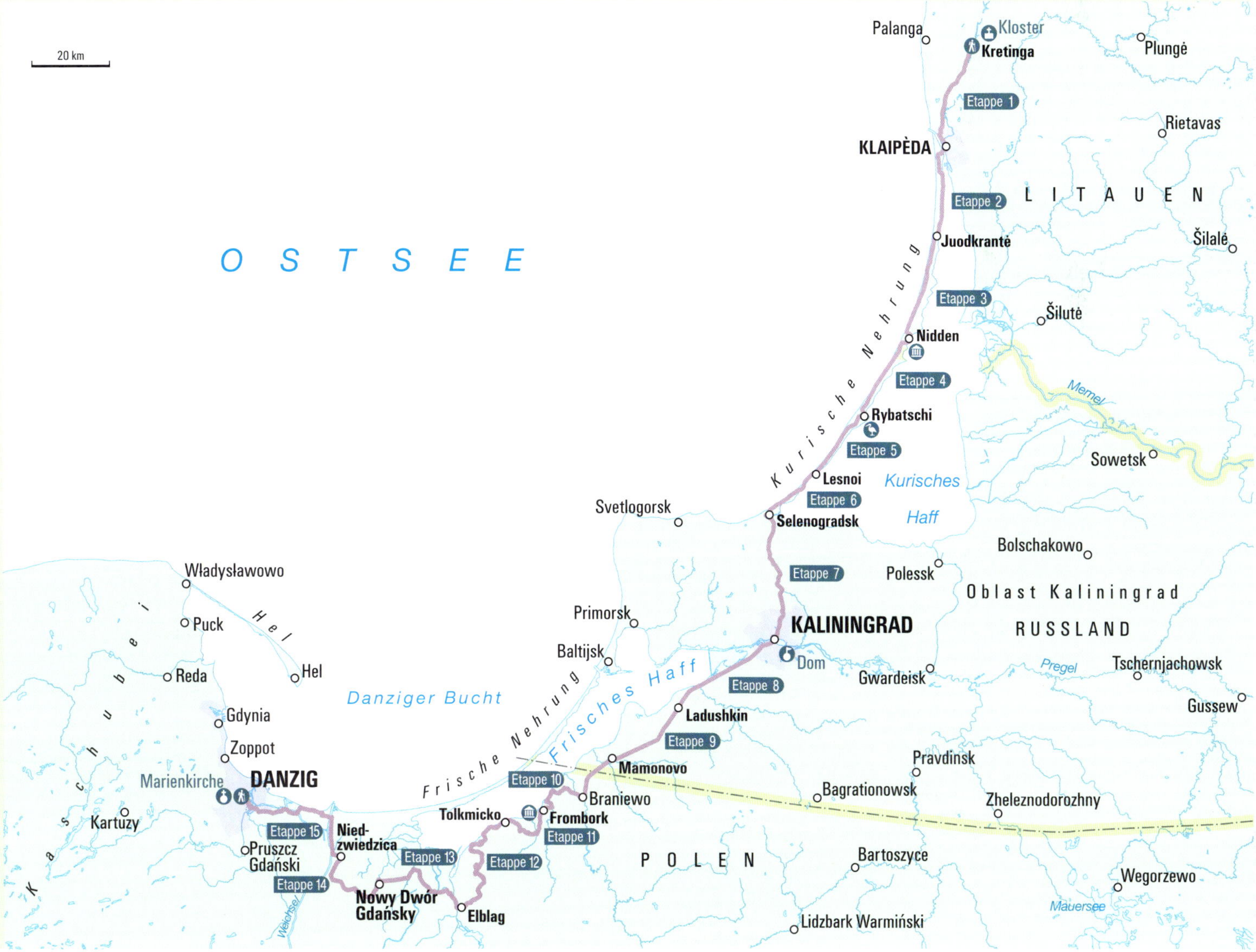

Polen, Deutschland
Via Regia – Auf dem ökumenischen Pilgerweg durch Sachsen

Schon im Mittelalter kreuzten sich wichtige Handels- und Pilgerwege in Leipzig. Einer davon war die Via Regia. Als Ost-West-Verbindung war sie eine wichtige Tangente zwischen Russland, den Ländern am Atlantik und der Nordsee. Nicht nur Handelsgüter folgten dem Verlauf, sondern auch Pilger. Einige machten sich auf diesem Wege über die Via Regia auf nach Santiago de Compostela. Daraus ist heute ein ökumenischer Pilgerweg entstanden.

STRECKEN-INFORMATIONEN

Distanz: 226 km
Dauer: 9–11 Tage

Etappen:
1. Zgorzelec/Görlitz – Buchholz: 29 km
2. Buchholz – Bautzen: 25 km
3. Bautzen – St. Marienstern: 20 km
4. St. Marienstern – Königsbrück: 26 km
5. Königsbrück – Schönfeld: 14 km
6. Schönfeld – Grossenhain: 15 km
7. Grossenhain – Strehla: 27 km
8. Strehla – Börln: 23 km
9. Börln – Wurzen: 19 km
10. Wurzen – Leipzig: 28 km

Unsere Route beginnt in Görlitz. Wer längere Pilgerstrecken bevorzugt, kann auch die gesamte Tour von Görlitz nach Vachta (466 Kilometer) zurücklegen. Wir haben uns die Strecke zwischen Görlitz und Leipzig herausgepickt. Wer sie verlängern möchte, kann dieses mit einer Variante des Lutherweges nach Erfurt und später Eisenach tun.

Die östlichste Stadt Deutschlands ragt wie eine Nase auf der Landkarte in polnische Gefilde hinein und zeigt auf tschechische Ausläufer. Wer in Görlitz mit seiner Pilgerreise beginnt, sitzt mitunter länger im Zug als zuvor vermutet, denn das letzte Stück der Strecke zieht sich endlos hin. Doch die Anreise lohnt sich, denn Görlitz bezaubert auf den ersten Blick mit seiner hübsch erhaltenen Altstadt. Leider interessiert diese junge Menschen eher weniger, viele wandern bevorzugt in den Westen ab. So hat sich die Einwohnerzahl in Görlitz seit der Wende fast halbiert und bereitet nicht nur den Politikern Sorge. Für den Pilger lohnt es sich, die Stadt einmal genauer anzuschauen und Zeit einzuplanen, denn die erste Strecke ist

Mitteleuropa

gleich ziemlich fordernd. Also auf zum Untermarkt und sich entlang der hübschen, bunten Häuserfassaden treiben lassen! Pilger mit Kunstsinn suchen die Nikolaikirche auf und erfreuen sich an dem expressionistischen Deckengemälde von Martin Elsaesser (1884 bis 1957). Vielleicht noch ein Besuch am Ufer der Lausitzer Neiße, bevor der Pilgerweg dann startet. Offiziell beginnt er nämlich an der Altstadtbrücke nach Zgorzelec auf polnischer Seite.

Der Weg aus der Stadt heraus ist verkehrsreich, und es schadet nicht, den Bus zu Hilfe zu nehmen, bis das erste Grün zu sehen ist. Spätestens am Tontagebau Ebersbach ist es Zeit, sich auf eigene Füße zu stellen und loszuwandern. Über Liebstein folgt der Wanderer dem Hochsteiner Wald. Die namensgebende Felsformation ragt in Form von schroffen riesigen Gesteinsbrocken in die Landschaft und erinnert an den ehemaligen Granitabbau. Er markiert die Hälfte der Tagesetappe. Durch das Land der Sorben, eine Minderheit mit eigener Kultur, Sprache und sogar einer eigenen Hymne, verkürzen so hübsche Orte wie Döbschütz mit dem sehenswerten Wasserschloss die lang gezogene Etappe.

Zwei Kilometer sind es bis nach Weißenberg – ein Ort, den viele Wanderer auch als Ziel der ersten Etappe wählen. Gleich hinter dem Ortsausgang von Weißenberg lockt das erste Naturhighlight: die Gröditzer Skala, ein hübsches, saftiges Flusstal, durch das sich das Löbauer Wasser in bunten Schleifen windet. Ein Viadukt dient heute als Radweg. Der Pilger wandert an Bergulmen, Eschen und Ahorn vorbei weiter zum Schloss Gröditz und von dort nach Wurschen – ein Ort, der vor allem für sein hübsches Wasserschloss bekannt ist.

Linke Seite: Die Via Regia führt durch die Altstadt von Görlitz. Links oben: Die Peterskirche ist das Wahrzeichen der Stadt. Links, Mitte: Neues Rathaus; links unten: der Postplatz im Frühling.

Bautzen

Eindrucksvoll thront die Hauptstadt der Oberlausitz auf einem Granitplateau oberhalb der Spree. Sie nur auf den berühmten Bautz'ner Senf zu reduzieren, hieße, dem Zentrum der sorbischen Kultur mit seiner 1000-jährigen Geschichte Unrecht zu tun. Im Jahr 928 begann König Heinrich I. im gerade eroberten Slawenland mit dem Bau der Festung Ortenburg. Durch die günstige Lage am Schnittpunkt mehrerer Handelsrouten entwickelte sich schnell eine blühende Handelsstadt, die immer wieder von Raubüberfällen und Grenzkriegen heimgesucht wurde. Trotzdem zeugt noch heute die vieltürmige Altstadt vom Reichtum der Vergangenheit. Daneben macht vor allem die exponierte Lage auf einem Felssporn, der auf drei Seiten von der Spree umflossen wird, den besonderen Reiz der Stadt aus.

Die Alte Wasserkunst (großes Bild) ist ein Blickfang der Altstadt. Der Dom St. Petri (kleines Bild) ist gleichzeitig römisch-katholisch und evangelisch-lutherisch, eine sogenannte Simultankirche.

Wasser ist das Element der Gegend; sie ist durchzogen von Seen und Bächen. Hinter Wurschen biegt der Weg über Kubschütz nach Bautzen ab. Die Stadt gilt als Hauptstadt der Sorben und zeigt sich vor allem am Hauptmarkt farbenfroh. Das Neue Rathaus, die Wasserkunst sowie das Sorbische Museum sind Magneten für die Besucher von Bautzen. Bekannt ist sie aber für etwas eher Beklemmendes: Dort befand sich einst das Stasi-Gefängnis. Heute erinnert eine Gedenkstätte an diese dunkle Zeit. Der Dom St. Petri hingegen hatte schon lange zuvor einende Kräfte: Er ist die erste Simultankirche Deutschlands und wird für evangelische und katholische Gottesdienste gleichermaßen genutzt. Perfekt also für den Pilger, der das Gotteshaus auch ganz einfach als Aussichtsplattform nutzen kann, denn vom Turm aus ergibt sich einer der schönsten Ausblicke über die Stadt.

Die Kleinstadt Bautzen hat der Pilger schon bald hinter sich gelassen und geht frisch gestärkt über Felder oder Wiesen. Einmal muss die Autobahn überquert werden, dann ist schon die Kiesgrube in Sicht, und die Hinweisschilder zeigen gen Niederuhna und Oberuhna. Über Felder und Wiesen steuert der Weg nach Storcha und Nucknitz. Kruzifixe, Skulpturen und Statuen am Wegesrand zeugen von katholischer Tradition, in der sorbische Kultur und Sprache dominieren. Ortsnamen und Beschilderung sind oftmals auf Sorbisch, mit deutscher Übersetzung. Entlang des Flusses Klosterwasser grünt und blüht der Lippepark – eine Fläche, die einst vom nahe liegenden Kloster Marienstern für Heilkräuter und Gartenkunst genutzt wurde.

Das Kloster ist das Ziel der Etappe und setzt einen fulminanten Schlussakkord. Es ist einem Platz eben doch anzumerken, wenn dort Stille und innere Einkehr auf der Tagesordnung stehen anstatt Hektik, Arbeitsdruck und moderne Technik. Seit der Gründung im Jahr 1248 als Zisterzienserinnenabtei ist dieser Ort bis heute durchgängig ein Kloster. Der Alltag wird von

Nonnen bestimmt. Zwölf Schwestern sorgen heute dafür, dass das Kloster neben seinen geistlichen Aufgaben wie Stundengebet, Gottesdienst und Lesungen auch die weltliche Anbindung nicht verliert. Die Backstube des Hauses ist berühmt für Kuchen und Brot. Die Schwestern stellen Fruchtaufstriche, gestrickte Kleidung und einen Likör selbst her und verkaufen sie im Klosterladen. In der Schatzkammer haben die Schwestern wertvolle Kunstgegenstände des Hauses zusammengetragen und präsentieren in einem kleinen musealen Rahmen Marienbildnisse, Jesusdarstellungen und Goldschmiedekunst. Das Kloster hält außerdem bewusst die Tradition als Pilgerherberge aufrecht und vergibt Unterkünfte an Jakobspilger. Diese aber werden erst spät ins Bett kommen, denn in der Anlage gibt es viel zu sehen. Da wäre zunächst der Garten mit dem schönen Klosterteich, in dem sich die rot-weißen Gebäude in ihrer geschwungenen Barockform spiegeln. Kreuzgang und Kapitelsaal sind ebenso Orte der Kontemplation. Prächtig ausgestattet ist die spätgotische Hallenkirche mit ihren Buntglasfenstern, dem reich golden glitzernden Hochaltar von 1751 oder dem Maria-Magdalenen-Altar aus dem 16. Jahrhundert. Eigentlich viel zu schade, um nur eine Nacht hier zu verweilen!

Spätestens seit Bautzen stellt der Pilger sich die Frage: »Wer war eigentlich dieser Krabat?« Die Figur taucht überall auf. Doch zunächst muss er sich mit einer anderen Persönlichkeit befassen: Gotthold Ephraim Lessing wurde in Kamenz geboren, der nächstgrößeren Stadt auf dieser Etappe. Wälder und ein Kaolintagebau liegen auf der Strecke in die Geburtsstadt des Dichters. In Kamenz erinnert ein Museum an das Leben und Werk des Autors der Auf-

Die spätgotische Hallenkirche von Sankt Marienstern in Panschwitz-Kuckau zählt zu den ältesten Teilen des seit 1248 bestehenden Zisterzienserinnenklosters.

klärung. Sein Geburtshaus brannte 1842 nieder, und an seiner Stelle befindet sich nun das Museum. Erhalten geblieben aber ist die Taufkirche Lessings. St. Marien steht am höchsten Punkt der Stadt und wirkt, als wache sie über die Menschen ihrer Gemeinde. Im Inneren sind vor allem die beiden mittelalterlichen Altäre Kunstschätze, die es zu beachten gilt. Beim Rundgang durch die Stadt findet der Wanderer im Roten Turm, dem Rathaus und dem Marktplatz wunderschöne Bauensembles.

Und schließlich stolpert der eine oder andere beim Pilgern wieder über Krabat. Die sorbische Sage, die vor allem durch Ottfried Preußlers Interpretation berühmt geworden ist, hat ihren Ursprung im Land der Sorben. Unter anderem der Kamenzer Schriftsteller Jurij Brězan hat sie niedergeschrieben und somit den Mythos um den Mann mit den Zauberkräften namens Krabat verstärkt. Er ist auch als der »wendische Faust« bekannt. In der Geschichte, in der der junge Krabat bei einem Müller anheuert, der einen Pakt mit dem Satan geschlossen hat, geht es um schwarze Magie und die Verführung durch den Teufel, die nur durch die Liebe besiegt werden kann. Der Stoff des sorbischen Märchens ist in zahlreichen Filmen und Büchern verarbeitet worden.

Nach dem Pflastertreten freuen sich die Pilgerfüße, wenn sie wieder weichen Feldweg anstatt Asphalt unter den Sohlen spüren. In Königsbrück offeriert das Armenhaus Stenz Wanderern eine sehr originelle Unterkunft: Der örtliche Heimatverein hat das Armenhaus originalgetreu wiederhergestellt. In der rot-weiß karierten Bettwäsche lässt es sich gut auf Strohballen oder Pritschen schlafen.

Genau richtig kommt die fünfte Etappe von Königsbrück nach Schönfeld: Mit ihren 14 Kilometern versetzt sie nach den langen Wegen der letzten Tage in fast so etwas wie einen Erholungsmodus. Aus Königsbrück führt der Weg vorbei an einem Steinbruch in einen Wald. Erst kurz vor Tauscha endet der kühle Schatten und der Pilger wandert über Felder. Dabei passiert er kleine Bäche und Dörfer, bis er Schönfeld erreicht. Dort fällt ihm schon bald das Schmuckstück des fachwerkgeprägten Ortsteils auf: Schloss Schönfeld ist auf drei Seiten von Wasser umgeben. Der schlanke, hohe Bau zählt zu den am besten erhaltenen Renaissanceschlössern der Region und bildet einen schönen Abschluss dieses Tages.

Manch erfahrener Wanderer sattelt die nächste Etappe einfach auf die vorhergehende auf und bewältigt sie in einem Rutsch. Dabei vergessen einige, dass Pilgern kein Wettbewerb und Langsamkeit durchaus erwünscht ist. Schließlich geht es darum, zur Ruhe zu kommen. Beim Gehen reicht der Blick zunächst nicht weit, dann wieder führt die Strecke durch einen Wald, später dann über Felder und entlang von Kiesteichen nach Großenhain. Die Stadt gehört zu den ältesten in Sachsen, wurde aber bei einem Brand 1744 fast komplett zerstört. Die Marienkirche, das Rathaus und die Lateinschule zählen zu den Aushängeschildern des Ortes.

Wiesen und Felder charakterisieren den Weg. Schatten ist auf dieser langen Strecke fast überall Fehlanzeige, vor allem im Sommer ist

Der Rote Turm in Kamenz (oben) ist ein Wehr- und Wachturm des einstigen Pulsnitzer Stadttores. Rechte Seite: Schloss Schönfeld (oben) und die St.-Georgen-Kirche Zabeltitz (unten).

Leipzig: Nikolaikirche

Obgleich der älteste und größte Kirchenbau Leipzigs, ist die Nikolaikirche weniger als Baudenkmal denn als Stätte, an der Geschichte geschrieben wurde, von Bedeutung. Hier, wo Johann Sebastian Bach im Jahr 1724 seine »Johannespassion« uraufgeführt hatte, wurden seit 1981 öffentliche Friedensgebete abgehalten, die in der DDR für den geistigen Freiraum und eine Atmosphäre des Aufbruchs sorgten, die letztlich zur friedlichen Revolution führten. »In dieser Kirche beteten die Helden unserer Tage. Sie streuten damit eine Saat, die im Oktober 1989 überall im Land aufging«, ist auf einer Gedenktafel in der Kirche zu lesen. St. Nikolai wurde 1165 als romanische Basilika gegründet und im 16. Jahrhundert zu einer spätgotischen Hallenkirche umgebaut. Heute dominiert der lichte Raumeindruck mit dem delikaten Farbdreiklang zwischen Weiß, Hellgrün und Rosa.

Die Emporen, aber auch die lichte Weite verleihen St. Nikolai fast die Anmutung eines Theaters mit unterschiedlichen Rängen. Die dominanten kannelierten Säulen sind typisch für den Klassizismus des 18. Jahrhunderts.

der Pilger für eine Kopfbedeckung dankbar. Ab Zeithain erreicht der Weg die Elbe, an der es bis zum Übergang nach Strehla entlanggeht. Am anderen Ufer zeigen sich schon bald die weißen Häuser von Strehla. Jetzt heißt es, auf die Fähre warten und übersetzen.

In Richtung Leckwitz verlässt der Pilger die Elbstadt und macht sich auf die letzten Etappen seines Weges, der sich gerade und zielstrebig westwärts durch die Landschaft zieht. Wenige Dörfer, viele Felder und ab und zu mal ein kleiner Wald heißen den Wanderer willkommen. Erst in Dahlen, kurz vor dem Ziel, zeigt sich wieder etwas Zivilisation. Die Kirche Unser Lieben Frauen mit ihrem Kreuzrippengewölbe und den bunten Fenstern bietet sich für eine kurze Andacht an, bevor es auf den Endspurt nach Börln geht. In dem kleinen Ort beherrscht das spätbarocke Schloss das Dorfbild.

Leicht bergab lässt die neunte Etappe den Pilger beschwingter gehen als sonst. Entlang eines Steinbruches und sich wogender Getreidefelder geht es zunächst nach Wurzen. Was dem Namen nach zunächst unauffällig klingt, erweist sich als hübsche Kleinstadt mit vielen Baudenkmälern. Für Pilger interessant mag der Mariendom sein, dessen Doppeltürme das Stadtbild zeichnen. Aber auch die evangelische Stadtkirche St. Wenceslai und die katholische Herz-Jesu-Kirche prägen die Ansicht von Wurzen. Dass dennoch immer für das leibliche Wohl gesorgt werden muss, daran erinnert der monumentale Bau der Krietschmühle, einer ehemaligen Lebensmittelfabrik, die zu DDR-Zeiten die Bürger mit Erdnussflips und Cornflakes versorgte. Im Gegensatz dazu wirkt Schloss Wurzen fast filigran mit seiner blendend weißen Front. Zugbrücke und Wassergraben scheinen einem Bilderbuch entsprungen und beeindruckten schon Joachim Ringelnatz, der in dieser Stadt geboren wurde. Sein Wohnhaus wurde zu einem sehr sehenswerten Museum verwandelt, in dem man Leben und Werk des Dichters bewundern kann.

Auf dem Weg nach Leipzig nimmt der Straßenverkehr zu. So verläuft der Pilgerweg ein wenig abseits der ursprünglichen Via Regia, auf der heute breite Autostraßen gebaut sind. Die Ankunft in der Stadt erweist sich als laut, führt entlang viel befahrener Straßen, sodass es keine Schande ist, ab Engelsdorf mit der S-Bahn ins Zentrum zu fahren.

Und dann deutet alles auf das Ende der Tour hin. Aber es ist wie kaum ein anderes, denn dieses Ende ist fulminant-kulturell. Leipzig erfordert mehr als nur einen Stopp; es lohnt sich, dort mehr als einen Tag einzuplanen, um wenigstens die wichtigsten Sehenswürdigkeiten zu besichtigen. Dazu zählt das Völkerschlachtdenkmal außerhalb der Stadt, aber auch das Reichsgericht, die Alte Börse, das Alte Rathaus sowie einige Handelshöfe mit ihren charakteristischen Passagen. Neben diesen für weltliche Zwecke errichteten Gebäuden ist die Stadt reich bestückt mit prächtigen Sakralbauten. Allen voran zieht die Nikolaikirche Besucher an. Die gotische Hallenkirche geht zurück auf das Jahr 1165 und war einer der wichtigsten Ursprünge der politischen Wende der DDR. Bereits Anfang der 1980er-Jahre fanden dort Montagsgebete als Widerstand gegen die DDR-Regierung statt, aus denen sich später die Montagsdemonstrationen mit teilweise mehr als 100 000 Menschen entwickelten. Aber auch die Russische Gedächtniskirche mit ihrem goldenen Zwiebeldach und die Thomaskirche als letzte Ruhestätte des Komponisten Johann Sebastian Bach zählen zum Pflichtprogramm. Am schönsten ist es, den Leipzig-Besuch musikalisch ausklingen zu lassen. Eine Aufführung des Gewandhausorchesters ist nicht immer gewährleistet, aber es gibt eine gute Alternative: Der Thomanerchor ist, spätestens seit ihn Johann Sebastian Bach geleitet hat, ein wohlklingendes Aushängeschild von Leipzig.

Oben: Leipzig mit dem Bundesverwaltungsgericht und dem Neuen Rathaus im sanften Licht der Dämmerung.

ℹ RUND UMS PILGERN

Anreise und Rückreise: Von Dresden nach Görlitz nimmt man am entweder den Fernbus oder man fährt in direkter Verbindung mit der Länderbahn. Auch von Cottbus aus ist Görlitz nur etwas mehr als eine Stunde Zugfahrt entfernt. Das Endziel Leipzig ist mit der Deutschen Bahn bestens in alle Richtungen angeschlossen, außerhalb der Stadt liegt zudem der Flughafen Leipzig/Halle.

Anforderung: Die Tagesetappen sind unterschiedlich lang, teilweise muss man jedoch an die sieben Stunden Laufzeit einplanen. Das fordert mental und körperlich viel Durchhaltevermögen. Doch wer sich darauf einlässt, wird auch nach jedem noch so anstrengenden Anstieg mit einem grandiosen Blick über die Hügellandschaft belohnt.

Unterkunft und Verpflegung: Bereits in Görlitz hat man einige Pilgerherbergen zur Auswahl. Und diese Situation scheint wegweisend für die restliche Strecke, denn in jedem Etappenziel bietet sich eine meist ehrenamtlich geführte christliche Unterkunft, organisiert von Kirchengemeinden oder Begegnungsstätten. Eine Unterkunft der besonderen Art: Im Ortsteil Stenz in Königsbrück kann man die Nacht in einem originalgetreu restaurierten Armenhaus verbringen; statt unter der Bettdecke steckt man hier unter dem Strohsack.

Beste Reisezeit: Wer den Austausch mit anderen Pilgern schätzt, sollte im Sommer die Via Regia auf sich nehmen. Zu allen anderen Jahreszeiten kommt es nicht selten vor, dass man als Einzige(r) auf Pilgerreise ist. Im Winter sollte man allerdings auf Schnee vorbereitet sein. Geringer Niederschlag ist im April zu erwarten.

Über die alte Handels- und Militärstraße Via Regia pilgerten seit dem Mittelalter viele Menschen nach Santiago de Compostela. Pilger gehen heute also auf einer historisch bedeutsamen Strecke, die manchmal durch Wälder führt.

Deutschland
Lutherweg – Auf den Spuren des großen Reformators

Martin Luther war reisefreudig und hat in vielen Städten gewirkt, gebetet und gearbeitet. Sein bekanntester Aufenthaltsort aber ist die Wartburg bei Eisenach – das Ziel dieser Pilgerreise. Der Lutherweg, der sich wie ein Netz über die Landschaft zieht und immer wieder Verzweigungen und andere Alternativen bietet, lässt sich auf dem hier vorgestellten Abschnitt gut in acht Etappen bewältigen.

STRECKEN-INFORMATIONEN

Distanz: 170 km
Dauer: mindestens 9 Tage

Etappen:
1. Erfurt – Arnstadt: 21 km
2. Arnstadt – Mühlberg: 14 km
3. Mühlberg – Gotha: 21 km
4. Gotha – Friedrichroda: 27 km
5. Friedrichroda – Tambach-Dietharz: 19 km
6. Tambach-Dietharz – Schmalkalden: 19 km
7. Schmalkalden – Steinbach: 20 km
8. Steinbach – Eisenach: 28 km

Der Start des Pilgerwegs ist Erfurt. Eine der größten Revolutionen der Kirchengeschichte hat hier ihre Wurzeln. Obwohl Eisenach immer als die erste Stadt genannt wird, die mit Martin Luther in Verbindung gebracht wird, war letztendlich Erfurt maßgeblich an seiner Karriere beteiligt. Luther hatte an der Erfurter Universität Grammatik, Rhetorik, Geometrie, Musik und Astronomie studiert und war auf dem Weg zu seinen Eltern, als ihn ein Gewitter überraschte. Er schwor, Mönch zu werden, sollte der Blitz ihn verschonen, und trat schon bald als Novize ins Augustinerkloster ein. So bleibt das Kloster auch die erste Anlaufstelle auf dem heutigen Pilgerweg. Es lohnt sich, Erfurt nicht im Schnelldurchlauf abzuhaken, sondern etwas länger zu bleiben. Rund um das Kloster haben sich evangelische Pilgerherbergen angesiedelt. Ganz nahe liegt der Fluss: Die Gera verwöhnt plätschernd mit frischen Momenten mitten in der trockenen Stadtluft. Das bekannteste Wahrzeichen Erfurts ist die Krämerbrücke, eine mit Fachwerkhäusern überbaute Brücke, die der Stadt ein ganz besonderes Flair verleiht. Aber auch der Dom und die Severinikirche sind herrliche Orte, um die Stadt kennenzulernen. Vor allem morgens, wenn die Sonne durch die bunten Domfenster fällt, verwandelt sie den Sakralbau in einen geheiligten Raum. Manchmal aber sind es die kleinen Plätze, die eine Stadt besonders machen. Nur wenige Gehminuten vom Dom entfernt befindet sich die Predigerkirche. Dort hat Meister Eckhart gewirkt; eingelassene Sprüche erinnern an den großen Denker des Mittelalters.

Viel zu schnell, so scheint es, ist die Zeit in dieser atmosphärisch dichten Stadt zu Ende gegangen. Aber es warten noch weitere Höhepunkte während der kommenden Tage.

Über Bischleben und Möbisburg geht es auf nach Molsdorf. Dort verwöhnt ein Wohnschloss mit der Architektur des 18. Jahrhunderts die Augen, bevor der Weg weiter über Eischleben und Rudisleben ins Etappenziel Arnstadt führt. Arnstadt gilt nicht nur als das Eingangstor zum Thüringer Wald, sondern zählt zudem zu den

Mitteleuropa

ältesten Städten Thüringens. Martin Luther war auch dort tätig und besuchte das damalige Arnstädter Augustinerkloster. Doch heute ist es gar nicht einmal der Reformator, der so viele Menschen anlockt, sondern die Musik der Stadt: Mit Festivals und Konzerten erinnert Arnstadt daran, dass Johann Sebastian Bach hier seine erste Stelle als Organist antrat. Johann Sebastian war der berühmteste Spross der Musikerfamilie; bis heute erinnern viele Orgeln der Stadt an Mitglieder der Familie Bach. Die heutige Bachkirche zum Beispiel überzeugt feine Musikerohren mit ihren beiden Orgeln. Nach solchem Hörgenuss wandern Pilger gern noch entlang der bunten Fachwerkfassaden der Stadt, bevor sie sich auf den Weiterweg machen. Die Strecke dieser Etappe ist vergleichsweise kurz und führt gen Nordosten. Durch das weite, flache Thüringer Becken geleitet der Wanderweg zu kleinen Dörfern. In Holzhausen macht das erste Deutsche Bratwurstmuseum auf die kulinarische Spezialität aufmerksam, für die Thüringen über die Grenzen hinaus bekannt ist. Von Ferne zeigt sich schon die Veste Wachsenburg, deren Anfänge bis ins Jahr 930 zurückreichen. Das mittelalterliche Ensemble auf dem gleichnamigen

In Erfurt schmückt auch ein Denkmal des Reformators Martin Luther die Innenstadt. Oben: In diesem Augustinerkloster wurde Luther zum Mönch.

Mitteleuropa

Berg ist ein beliebtes Ausflugsziel. Zu Recht, denn die kleinen Häuser und Türme fügen sich zu einem Ensemble zusammen, von dem kleine Kinder in ihren Ritterbüchern träumen. Sie gehört zu dem Ort Drei Gleichen, der so heißt, weil ihn drei Burgen auf drei Hügeln umgeben. Auch die Mühlburg am Zielort Mühlberg gehört dazu. Durch den idyllischen Ort schlendern, eine stärkende Mahlzeit einnehmen, und dann heißt es: Füße hochlegen und ausruhen! Entlang der Ausläufer des Thüringer Waldes zeigt sich die Strecke zwischen Mühlberg und Gotha. Gipsgestein prägt die Region. Wer genau hinsieht, bemerkt überall Spuren des Abbaus. Die Landschaft ist an vielen Stellen wie ein offenes Buch der Erdgeschichte. Unterhalb der Wachsenburg ist noch der alte Alabasterbruch zu erkennen, und am Blumenberg kann man nachempfinden, wie der Gips aus den Felsen gewonnen wurde. Der Weg führt direkt durch den Nationalen GeoPark Thüringen Inselsberg – Drei Gleichen und ist nicht nur für Geologen interessant.

Weiter über das hügelige Land folgt der Pilger dem mit einem großen »L« markierten Weg nach Gotha, eine Stadt, die vor allem für das Schloss Friedenstein und den Englischen Garten berühmt ist. Die Leitfigur des Pilgerweges, Martin Luther, wirkte auch in Gotha. Die Stadt erinnert noch heute gern an den Reformator, der im Augustinerkloster residierte und hier sein erstes Testament diktiert haben soll. Im Zentrum bildet das Rathaus mit seiner markanten, lachsroten Fassade den besten Orien-

Mitteleuropa

tierungspunkt für den Rundgang. Das Herzogliche Museum, die Stadtkirche und das durch die Stadt plätschernde System der Wasserkunst zählen zu den Dingen, die der Wanderer gesehen haben muss, bevor der Tag endet. Früh aufstehen lohnt sich an diesem langen Pilgertag: nicht nur wegen der Länge der Strecke, sondern auch wegen der wunderbaren Naturerlebnisse. Entlang des Schlossparks von Gotha kann es gut sein, dass mit der Morgenkühle auch Nebel aufsteigt und Schloss und Großen Parkteich wie in Watte hüllt. Oder später, wenn hinter Sundhausen die Reihe der Felder beginnt und vielleicht Falke oder Bussard ihre Runden drehen.

Ziemlich in der Mitte der Strecke wird es einmal laut: Der Lutherweg kreuzt die Autobahn. Doch der umgebende Wald filtert schnell die Fahrgeräusche.

Entlang der Cumbacher Teiche peilt der Weg zielsicher Waltershausen an, eine Gemeinde, die wahrscheinlich so bedeutungslos wäre wie viele andere auch, hätte sie nicht den Großen Inselsberg in direkter Nachbarschaft. Der Berg, der es mit seinen 916 Metern nicht ganz unter die Eintausender geschafft hat, ist ein trubeliges Ausflugsziel mit Skipiste und Actionpark, offenbart aber von seiner Höhe aus auch fantastische Blicke über das Thüringer Becken. Pilger, die jetzt schon ihre Füße mehr als deutlich spüren, können sich den Schlenker zum Großen Inselsberg auch sparen und die fast gerade geformte Kuppe auch von Ferne bewundern, um dann weiter zum Zielort Friedrichroda zu wandern.

Die Etappe zwischen Friedrichroda und Tambach-Dietharz zählt zu den grünsten des ganzen Weges. Bevor der Thüringer Wald betreten wird, erregt eine kulturelle Besonderheit die Neugier des Wanderers: Schloss Reinhardsbrunn bei Friedrichroda war einst ein Kloster. Das stattliche Gebäude verfiel nach der Plünderung im Bauernkrieg. So wurde Anfang des 17. Jahrhunderts auf den Resten des alten Gemäuers ein neugotisches Schloss errichtet.

Vom Schloss aus geht es ein Stück bergauf zur Marienglashöhle – ein Zeugnis des Thüringer Bergbaus. Am Rande des Thüringer Waldes mit teilweise spektakulären Blicken macht der Pilger sich auf nach Tambach-Dietharz. Jetzt scheint es vor Wanderern nur so zu wimmeln, denn der berühmte Thüringer Rennsteig ist nicht weit. In Tambach-Dietharz sollen sich übrigens die Nierensteine von Martin Luther gelöst haben. Ob dies an dem Heilwasser aus dem heute nach ihm benannten Lutherbrunnen lag, lässt sich nicht nachweisen. Aber die Sage von der Wunderheilung kommt dem idyllischen Ort gut, der mit dem Falkenstein-Felsen, einem Bergsee, Talsperren und den schönen Häusern ein beliebter Ferienort ist.

»Und plötzlich weißt du: Es ist Zeit, etwas Neues zu beginnen« – diese Worte von Meister Eckhart hat vielleicht der ein oder andere im Kopf, wenn er sich auf die nächste Etappe nach Schmalkalden begibt. Der Theologe wurde in Tambach-Dietharz geboren. Doch dort steht er im Schatten von Martin Luther, auf dessen Wirken deutlicher aufmerksam gemacht wird. Der Reformator reiste 1537 auf dieser

Burg Mühlburg (linke Seite oben) ist die südwestlichste Burg der Drei Gleichen. Links: Blick vom Großen Inselsberg auf die Bergrücken des Thüringer Waldes (oben); Merkurtempel und Großer Parkteich im Gothaer Schlosspark (Mitte); Marktplatz von Gotha (unten). Oben: der Rennsteig im Thüringer Wald.

Strecke, als er sich zur Tagung des Schmalkaldischen Bundes aufmachte. Mitten durch den Thüringer Wald führt die Wanderung. Es ist einer der schönsten Abschnitte. Über duftenden, federnden Waldboden, an würzigen Moosen am Wegesrand und Farne, die sich im Wind wiegen, vorbei geht es auf Schmalkalden zu. Dort zeigt sich das Lutherhaus in mittelalterlicher Optik: Die Balken rostrot, die Fensterrahmen graugrün, leuchtet es den Besucher aus der Reihe der Fachwerkhäuser an.

Wer sich eher für Sakrales interessiert, sucht die Stadtkirche St. Georg auf, die schon von außen beeindruckt, im Inneren predigte bereits der Reformator. Immer wieder entzücken die umstehenden Fachwerkhäuser der bestens erhaltenen Altstadt den Betrachter, doch irgendwann heißt es sich losreißen. Vielleicht noch einen Schlenker zum Schloss Wilhelmsburg, dann aber ab in die Pilgerherberge!

Die Etappe nach Steinbach führt durch wenig besiedeltes Gebiet, also heißt es in Schmalkalden vor dem Loslaufen die Vorräte prüfen! Der Rand des Thüringer Waldes verwöhnt den Wanderer nicht nur mit wunderbar würziger Luft, sondern auch mit schönen Blicken. Obwohl der Lutherweg nicht direkt daran vorbeiführt, lohnt sich an dieser Stelle ein kleiner, nicht vorgesehener Abstecher. Denn der Höhepunkt dieser Etappe ist der Trusetaler Wasserfall, der sich mit drei Kaskaden 59 Meter in die Tiefe stürzt. Er ist den Abstecher wirklich wert. Wer es nicht so genau nimmt mit dem Verlauf des Lutherweges, kürzt nun fünf Kilometer ab, lässt Brotterode außen vor und macht sich direkt auf nach Steinbach.

Fordernd wird es auf der Schlussetappe bis ins berühmte Eisenach. Durch den Thüringer Wald schlängelt sich der Weg und vereint sich teilweise mit dem Rennsteig. Die Steigungen fordern dem Wanderer einiges ab, und am Ende wird es auch nicht besser, denn der Anstieg auf die Wartburg bringt so manchen ganz schön aus der Puste. Dennoch ist er zum Finale ein wirklicher Höhepunkt. Der Abstieg ist zum Glück nicht so schlimm wie der Aufstieg. Unten in Eisenach wartet nicht nur ein Eis als Belohnung, sondern Sehenswürdigkeiten wie die Georgenkirche und die Altstadt.

Oben links: Blick von Schloss Wilhelmsburg auf die Stadtkirche St. Georg in Schmalkalden; rechts: Wanderer auf dem Inselsberg. Kleines Bild links: Schloss Wilhelmsburg.

⭐ Wartburg

Den Lutherweg zwischen Erfurt und Eisenach gelaufen zu sein, ohne am Ende die Wartburg zu besichtigen, scheint kaum vorstellbar, gehört sie doch zu den Orten in Deutschland, die am stärksten mit dem Reformator in Verbindung gebracht werden. Über die Zugbrücke betritt der Pilger die Burg, wird überrascht vom Schwarm weißer Tauben, die als Friedensbotschafter in der Burg leben. Wer sich nun auf den Weg macht, das berühmte Schreibzimmer mit dem Tintenfleck an der Wand zu sehen, erlebt Überraschendes: Die goldenen Mosaiken im Elisabethsaal sind eine Pracht, die lange im Gedächtnis bleiben. Und auch die Kunstsammlung verdient Beachtung. Hier sind berühmte Gemälde von Lucas Cranach ausgestellt, darunter die bekannten Portraits von Martin und Katharina Luther. Weitere Dauerausstellungen machen die Zeit Martin Luthers und auch die noch viel ältere Geschichte der Wartburg erlebbar.

Wie kaum eine andere Burg ist die Wartburg mit der deutschen Geschichte verbunden (großes Bild). Besucher können heute unter anderem den Sängersaal (links) und den Festsaal (rechts) besichtigen. Die Burganlage wurde in der zweiten Hälfte des 19. Jahrhunderts restauriert und begeistert die Besucher.

⭐ Schloss Friedenstein

Die größte frühbarocke Schlossanlage Deutschlands aus dem 17. Jahrhundert befindet sich in Gotha. Ernst der Fromme war ihr Bauherr, und anders als manch anderer Prestigebau erlebte er sein Werk in Vollendung. 1643–1656 entstand das Schloss über der Gothaer Altstadt. Bis heute wurde es jedoch mehrmals umgebaut. Auch die Inneneinrichtung wurde immer wieder an den Trend der jeweiligen Zeit angepasst, sodass ein Rundgang durch die Räumlichkeiten wie eine Zeitreise durch die Epochen von Barock bis Historizismus anmutet. Allen gemein ist jedoch der Prunk. Ganz anders sieht es im untersten Stockwerk aus, die unterirdischen Kasematten vermitteln ein eher bedrückendes Gefühl und erinnern daran, dass das Schloss nicht nur als Wohn- und Vorzeigebau genutzt wurde, sondern auch als Befestigung diente.

Der beherrschende Bau in der Residenzstadt Gotha ist das Schloss Friedenstein. Die imposante Anlage birgt zahlreiche Kunstschätze und ist ein Besuchermagnet. Oben links: Innenhof; rechts: der Thronsaal.

RUND UMS PILGERN

Anreise und Rückreise: Als wichtiger Knotenpunkt im deutschen Bahnnetz ist die Anreise nach Erfurt mit dem Zug ideal. Die drei Strecken München – Berlin, Frankfurt am Main – Dresden und Kassel – Chemnitz machen Halt in Erfurt, wodurch von allen Himmelsrichtungen eine Verbindung möglich ist. Die Rückreise tritt man von Eisenach aus an. Auch diese Stadt ist mit ihrem Hauptbahnhof an das regionale Bahnnetz sowie an ICE-Strecken in mehrere Richtungen gut angeschlossen.

Beste Reisezeit: Auch wenn der Weg ganzjährig zu begehen ist und jede Jahreszeit ihren eignen Reiz hat, so ist der Herbst ganz besonders zu empfehlen. Denn dann finden an vielen Orten besondere Feierlichkeiten statt zu Ehren des Reformators Martin Luther. Am 10. November wird beim Martinsfest in zahlreichen Städten entlang des Weges nicht nur an den heiligen Martin gedacht, sondern auch an Martin Luther, der an diesem Tag geboren wurde. Der Herbst hält also viele Eindrücke bereit, die das besinnliche Wandern auf dem Lutherweg nochmals fundieren.

Anforderung: Die Pfade, die der Lutherweg nimmt, waren bereits vor seiner Eröffnung bekannte und beliebte Wander- und Pilgerwege. Mit einem grünen »L« auf weißem Grund großzügig beschildert, ist der Weg auch mit einem weniger guten Orientierungssinn ohne Probleme zu schaffen. Und selbst wenn man einmal vom vorgegebenen Weg abweicht, kann man ganz in dem Sinne eines klassischen Pilgernden über die tiefere Bedeutung eines Umwegs sinnieren.

Verpflegung und Unterkunft: Da der Weg noch vergleichsweise jung ist, sind klassische Pilgerherbergen noch nicht an allen Etappenzielen Standard. Gerade in kleineren Orten sind Pilger auch in privat geführten Ferienzimmern gern gesehene Gäste. Ebenso bieten das Diakonissenhaus in Eisenach, das Augustinerkloster in Gotha und das Evangelische Lebenszentrum in Friedrichroda Pilgern eine Unterkunft. Meistens bekommt man ein gutes Frühstück zum Start in den Wandertag, und auch auf den Etappen selbst gibt es ausreichende Möglichkeiten zum Einkehren.

Nicht verpassen: Damit sich die modernen Pilger des 21. Jahrhunderts auch wirklich nicht verlaufen, können sie sich die Luther-App »Luther to go« auf ihr Smartphone laden. All diejenigen, die sich während der Pilgerreise nicht von ihrem digitalen Begleiter trennen können, die versorgt diese Applikation zumindest mit nützlichen und praktischen Infos und Wissenswertem zum Lutherweg.

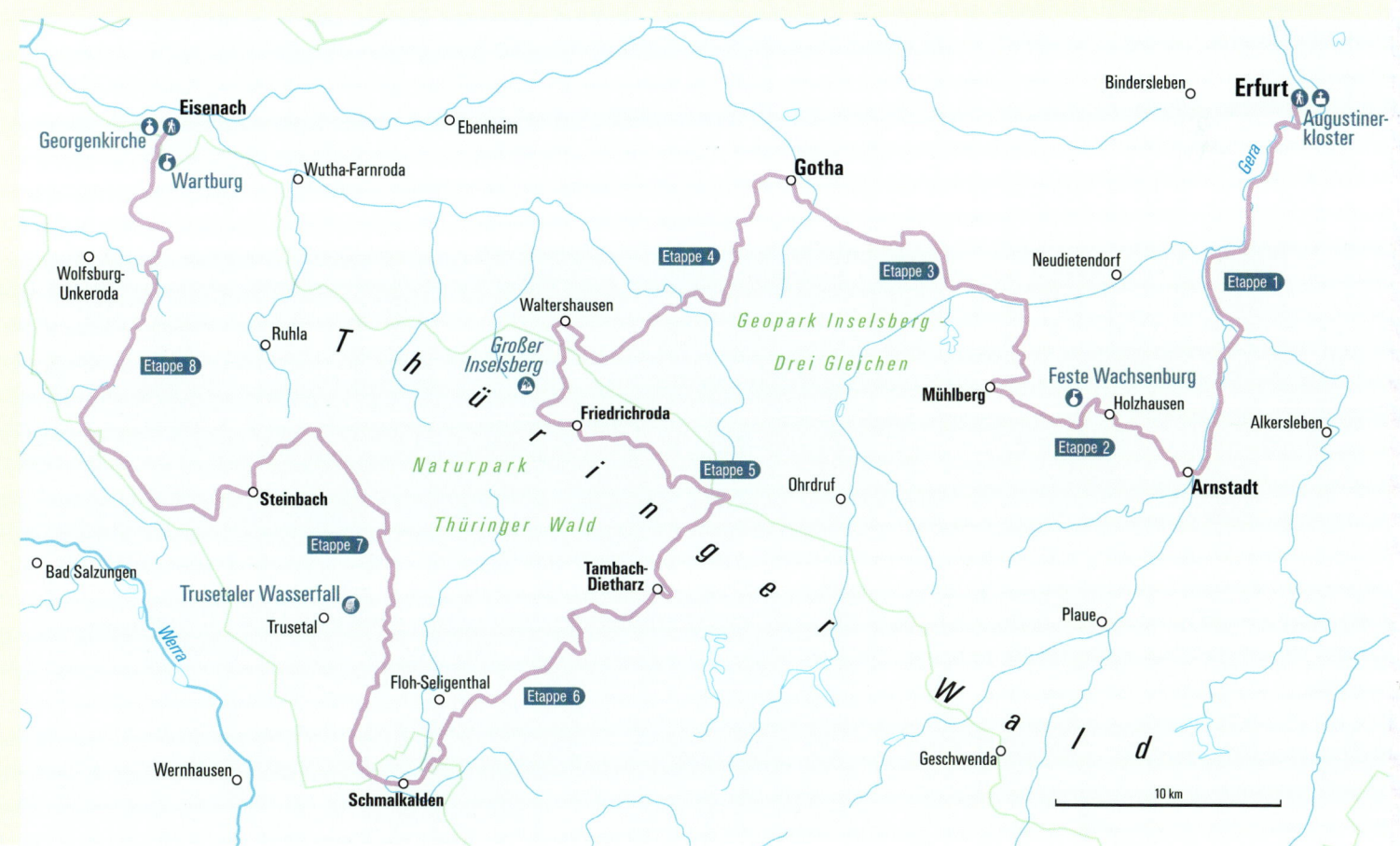

Deutschland, Luxemburg
Via Coloniensis – Der Jakobsweg durch die Eifel

Wie bedeutungsvoll: Alte Baugeschichte trifft auf diesem Jakobsweg auf moderne Grenzenlosigkeit. Vom Kölner Dom laufen die Pilger über die Eifel und die Höhenrücken des Saargaus bis nach Schengen, zum Symbolort eines Europas ohne Grenzen.

STRECKEN-INFORMATIONEN

Distanz: 281,5 km
Dauer: mindestens 12 Pilgertage; zwei Pausentage wären sinnvoll
Höhenprofil: 4036 Meter im Aufstieg, 3959 im Abstieg

Etappen (Auswahl):
1. Köln – Brühl: 16 km
2. Brühl – Euskirchen: 26 km
3. Euskirchen – Bad Münstereifel: 15 km
4. Bad Münstereifel – Blankenheim: 21 km
5. Blankenheim – Kronenburg: 22 km
6. Kronenburg – Prüm: 24,5 km
7. Prüm – Waxweiler: 24 km
8. Waxweiler – Mettendorf: 26,5 km
9. Mettendorf – Echternach: 23 km
10. Echternach – Trier: 33,5 km
11. Trier – Merzkirchen: 30 km
12. Merzkirchen – Schengen: 20 km

Wie passend, wenn die innere Einkehr bei einem Pilgerweg durch landschaftliche Schönheit unterstützt wird! Beim Jakobsweg von Köln nach Trier ist dies zweifelsohne der Fall. Die Tour, die zu den »Wegen der Jakobspilger im Rheinland« zählt, beginnt wahlweise in Köln oder Bonn. Wir haben uns hier für die Kölner Variante entschieden. Ganz einfach weil in Köln der weltberühmte Dom steht und weil die Kontraste intensiver sind, wenn man aus einer quirligen Großstadt heraus in sattgrüne Natur läuft. Die Pilger lassen das Konsumdenken und das Gewirr der Einkaufsstraßen hinter sich und gehen auf ruhigen Wegen immer weiter Richtung Luxemburg.

So mancher, der in Wanderoutfit am Kölner Dom steht, hat sich allerdings mehr vorgenommen, als nach Schengen zu gehen. Zum einen führt der Weg vorbei am deutsch-luxemburgischen Grenzort noch ein Stück weiter ins französische Metz. Zum anderen sind es von Köln aus auf dem kürzesten Weg exakt 2371 Kilometer bis nach Santiago de Compostela. Es wäre ein durchaus reizvoller Gedanke, den Alltag einfach für eine längere Zeit hinter sich zu lassen und den Jakobsweg ganz bis zum Ende zu gehen. Diesmal aber müssen uns die zwölf Etappen bis nach Schengen genügen.

Der Kölner Dom ist ein Knotenpunkt zahlreicher Pilgerwege, die sich durch das Rheinland ziehen. Von daher gilt der Jakobsweg von Köln nach Schengen oder Metz auch als Verbindungsweg zu den französischen Strecken. Sind die Pilger erst einmal in Metz angekommen,

können sie über Le Puy-en-Velay auch auf die französischen und spanischen Wege gelangen. Die Strecke führt zunächst durch die Eifelregion; etliche Burgen und historische Städte säumen den Weg. Viele naturbelassene Wanderwege leiten den Pilger fernab von Autolärm und Zivilisation durch so attraktive Gegenden wie die Schönecker Schweiz oder über das Ferschweiler Plateau. Die Wanderer passieren auch Urlaubsregionen wie die Städtchen an der Mosel mit ihren Weinbergen und überqueren zahlreiche Flüsse. Wer allerdings meint, auf einen locker zu gehenden Wanderweg zu treffen, wird eines Besseren belehrt werden. Die Wege sind zwar gut ausgebaut, aber durchaus anspruchsvoll. Die Auf- und Abstiege – vor allem in der Eifel und an der Mosel – sind mitunter kräftezehrend; dazu kommen die nicht immer kurzen Wegstrecken. Wie so oft im Leben kommt vor dem Vergnügen die Arbeit. Der Start am Kölner Dom ist dagegen völlig eben und problemlos. Dafür leitet der Weg die Wanderer mitten durch die verkehrsumtoste Großstadt, was mitunter leidvoller ist als so manche Steigung. Die beiden romanischen Kirchen St. Georg und St. Pantaleon, an denen die Pilger vorbeikommen, sind einen Besuch wert. Immerhin zählen sie zu den insgesamt zwölf großen romanischen Gotteshäusern, die nach den schweren Schäden im Verlauf des Zweiten Weltkrieges restauriert wurden.

Auf alten Römerstraßen, die heute erneut Hauptverkehrsstraßen sind, geht es hinaus aus der Stadt. Die Pilger treffen auf den Römerkanal-Wanderweg. Er führt entlang der bereits im 1. Jahrhundert n. Chr. von den Römern erbauten Eifelwasserleitung. Es ist faszinierend, dass die Römer bereits damals die Quellen bei Kallmuth und Dreimühlen erschlossen und in insgesamt vier Strängen zusammengefasst haben. Der Kanal verläuft über 116 Kilometer von Nettersheim über Kall, Rheinbach, Brühl und Hürth nach Köln-Sülz. Eine beachtliche Leistung!

Für die Pilger geht es nun vorbei an den Wasserschlössern in Kendenich und Efferenz in Richtung Brühl. Dort angekommen, haben die Wanderer die ersten 16 Kilometer bereits hinter sich. Wer noch Energie hat, der sollte den beiden Brühler Schlössern Augustusburg und Falkenlust ein wenig Zeit widmen. Beide gehören seit 1984 zum UNESCO-Welterbe der Menschheit. Vor allem der Schlosspark von Augustusburg ist einer der am besten erhaltenen barocken Gärten in ganz Europa. Die Schlösser, die von zahlreichen herausragenden Künstlern geschaffen wurden, gelten als Meisterwerke des Rokoko. Eine der Hauptschöpfungen des deutschen Barock verantwortet Balthasar Neumann. Er entwarf das Prunktreppenhaus von Schloss Augustusburg.

Schloss Augustusburg zählt zum Welterbe der UNESCO. Für die Gestaltung des barocken Gartens war der Franzose Dominique Girard verantwortlich.

Kölner Dom

Der Kölner Dom (Weltkulturerbe der UNESCO) gehört zu den größten Kirchen im gotischen Baustil. Das Gotteshaus wurde nach dem Vorbild französischer Kathedralen entworfen. Umgänge und Raummaße wurden jedoch auf die große Zahl der Pilger ausgerichtet, die die Reliquien der Heiligen Drei Könige aufsuchen. Die Pläne für die monumentale Westfassade stammen von 1310. Seine heutige Gestalt erhielt der Dom zwischen 1842 und 1880. Einschließlich Umgangschor und Kapellenkranz misst der Innenraum der fünfschiffigen Basilika 6000 Quadratmeter. Mit dem Dreikönigsschrein von Nikolaus von Verdun beherbergt der Kölner Dom ein Meisterwerk der rheinischen Goldschmiedekunst. Der Chorumgang birgt das berühmte Dombild von Stephan Lochner (1440) und das romanische Gerokreuz aus dem 10. Jahrhundert. Der Dom besitzt eine der reichsten Schatzkammern Deutschlands.

Der Kölner Dom ist eine der größten gotischen Kathedralen der Welt. Oben: Portal der Südfassade mit den Bronzetüren von Mataré; rechts: Blick von der Hohenzollernbrücke.

Tags darauf steht die 26 Kilometer lange Etappe nach Euskirchen an. Einst war das Vorgebirge, durch das die ersten Kilometer verlaufen, die sogenannte Vorratskammer des Rheinlandes. Aber auch heute sind dort noch große Gemüseanbauflächen zu sehen.

In Walberberg passieren die Pilger das Dominikanerkloster. Es wurde am 25. November 2007 von den Klosterbrüdern aufgegeben und beherbergt heute ein mondänes Schlosshotel. Die Bibliothek, die rund 160 000 Bände umfasste, ist heute als Dauerleihgabe in der Erzbischöflichen Dom- und Diözesanbibliothek in Köln untergebracht. Immerhin steht ihr Bestand dort für die öffentliche Ausleihe zur Verfügung. Nach dem Kloster steigen die Wanderer zunächst über den Ville-Rücken. Der Höhenzug in der Niederrheinischen Bucht sollte aber kein großes Hindernis darstellen; er ist maximal 205 Meter hoch. An dem im Wegverlauf nicht fernen Freizeitpark »Phantasialand« dürften die Pilger nur wenig Interesse haben. Weit reizvoller ist das Flüsschen Erft, dem die Wanderer später gut die Hälfte des Weges folgen. Es gibt aber auch weiter nördlich gelegene Varianten des Pilgerpfades. Das Tagesziel Euskirchen. Dieses ist ein 56 000-Einwohner-Städtchen mit einer alten, teils noch erhaltenen Stadtmauer und drei Wehrtürmen. Die Fußgängerzone befindet sich innerhalb des mittelalterlichen Stadtmauerringes und lädt zum Bummeln oder zumindest zu einem Kaffee im Freien ein.

Eine relativ kurze Strecke ist für den folgenden Tag vorgesehen: Gerade einmal 15 Kilometer sind nach Bad Münstereifel zu gehen. Auf der relativ flachen Etappe erreichen die Pilger den Rand der Eifel und über ein breites, grünes Tal den Ort Bad Münstereifel, der schon vom Namen her den weiteren Weg in Richtung Eifel weist. Das Alleinstellungsmerkmal der Stadt ist die nahezu komplett erhaltene Stadtmauer mit ihren Bogenpfeilern, die auch den Ruf der Stadt als mittelalterliches Kleinod begründet. Die aus baulicher Sicht charakteristische, ehemalige Stiftskirche St. Chrysanthus und Daria ist für Architekturliebhaber einen Besuch wert. Am darauffolgenden Tag laufen die Pilger immer tiefer in die Eifel hinein. Wälder und weite Ebenen wechseln sich ab, ehe die abgelegene Ahekapelle einen wichtigen Markierungspunkt darstellt. Forscher vermuten, dass sie auf den Resten einer römischen Villa steht. Interessant ist auch die Freiluftkirche »La Capelle«, die im Zusammenhang mit dem Weltjugendtag 2005 hinter der Ahekapelle entstanden ist. Auf der alten Römerstraße laufend, taucht das Fachwerkstädtchen Blankenheim auf. Auch diese Gemeinde profitiert von einem historischen Altstadtkern.

Gute 22 Kilometer sind es am nächsten Pilgertag bis Kronenburg. Der immer einsamer werdende Weg verläuft über Höhenrücken und entlang von Bächen. Kronenburg besitzt ein seit rund 400 Jahren gut erhaltenes Ortsbild und liegt im deutsch-belgischen Grenzgebiet der Eifel. Es ist nicht schlimm, dass es hier ein wenig ruhiger zugeht, denn die Füße müssen sich erholen – oder einstimmen auf die folgenden, langen Etappen.

Immerhin 24,5 Kilometer über den Höhenzug der Schneeeifel sind es auf der nächsten Strecke bis nach Prüm. Wer lange Spaziergänge durch Fichtenwälder liebt, wird auf seine Kosten kommen. Am Tagesziel lohnt sich ein Besuch der St.-Salvator-Basilika, die auf eine lange Geschichte zurückblicken kann. Die

In Bad Münstereifel, dem »Tor zur Eifel«, stehen zahlreiche historische Gebäude (oben links). Pilger sollten in Prüm die St.-Salvator-Basilika besichtigen (oben).

Mitteleuropa

Gläubigen sind allerdings vor allem an den »Sandalen Christi« interessiert. Dabei handelt es sich um die Überreste von Pantoffeln, die aus dem 5. bis 8. Jahrhundert stammen. Im Stoff sind Partikel der Sandalen Christi eingearbeitet. Heute sind sie auf der Nordseite des Chores an Feiertagen zu sehen.

Bizarre Kalksteinfelsen, Abbruchkanten, Steilhänge, Schluchttäler und Hochplateaus erwarten die Pilger auf der nächsten Etappe in der Schönecker Schweiz. Sie ist eine landschaftlich sehr reizvolle Region, die auch ein Rückzugsgebiet für 60 Falterarten ist. Bei Lascheid ist die Aussicht auf den westlichen Teil der Eifel bei gutem Wetter traumhaft.

Das Etappenziel Waxweiler ist der Übernachtungsort vor der nun gut 26 Kilometer langen Strecke nach Mettendorf. Diese Passage ist landschaftlich vor allem deshalb bemerkenswert, da sie teils auf einer Höhe von 500 Metern liegt. Die Panoramaaussichten bieten unvergessliche Momente.

Tags darauf geht es nach Echternach. 23 Kilometer stehen auf dem Tagesplan, und die beginnen, wie der vorherige Abschnitt endete: im Tal der Enz. Das Feschweiler Plateau, das die Pilger bald erreichen, ist eine weite Hochebene aus Sandstein. Etliche jungsteinzeitliche Stätten sind hier zu finden. Es ist eine bemerkenswerte Etappe, die an alten Kreuzen im Wald und einer einstigen Keltenburg vorbeiführt, und vor Bollendorf auch noch mit außergewöhnlichen Felsformationen besticht. In dem Ort, der im Tal der Sauer liegt, wechseln die Pilger auf die andere Flussseite und befinden sich nun in Luxemburg. Nach einer langen Strecke entlang des Grenzflusses ist eine Übernachtung in Echternach vorgesehen.

Die nun bereits zehnte Etappe wird die physisch härteste. Immerhin sind es bis nach Trier satte 33 Kilometer. Das ist durchaus eine Distanz, für die man eine gewisse Ausdauer benötigt. Der Weg führt romantisch durch Weinberge und steigt später an auf einen Höhenzug. Das Ziel aber ist zunächst die Mosel, die bei

Mitteleuropa

Biewer erreicht wird. Wer so weit gekommen ist, darf sich freuen. Biewer ist ein Ortsteil von Trier. Es dauert nur noch eine gute Stunde, ehe die Pilger die heißgelaufenen Wanderstiefel ausziehen können und sich vielleicht ein kaltes Fußbad gönnen. Wer bisher noch keinen Ruhetag eingeplant hatte, sollte eventuell an diesem Tag daran denken. Immerhin hat Trier einiges zu bieten – und die letzten beiden Wandertage bedürfen durchaus einer gewissen Fitness.

Das bekannteste Baudenkmal der von den Römern gegründeten Stadt ist ihr Steintor, die Porta Nigra. Doch es ist noch mehr erhalten aus vergangenen Zeiten: Eine Steinbrücke über die Mosel, einige Überbleibsel römischer Badehäuser und das nahe des Stadtzentrums liegende Amphitheater zeugen von einer bewegten Vergangenheit – und wohl auch von einem gewissen Wohlstand.

Mit dem Dom besitzt Trier auch die älteste Bischofskirche Deutschlands. Sie steht auf den Grundmauern eines einstigen römischen Viertels und wurde zwischen 310 und 320 als Basilika errichtet. Später wurde das Gotteshaus mit vier weiteren Basiliken, einem Baptisterium und einigen Nebengebäuden ausgestattet. Teile des historischen Gebäudes wurden unter dem Dom konserviert. Die von dort stammenden Fresken sind im Dommuseum ausgestellt. Nach dem Aufenthalt in Trier steht die vorletzte Etappe an: Von der Porta Nigra aus erstreckt sich der Weg am Ufer der Mosel entlang bis hinter Konz. Hier wird die Saar überquert und der Weg erreicht einen Höhenrücken, dessen Wälder an heißen Tagen ein wenig Kühle bringen. Über Tawern mit seinen römischen Fundstätten führt diese lange Wanderung, bis schließlich das Tagesziel Merzkirchen auftaucht. Der Ort ist klein, hat aber immerhin mit der Dorfkirche St. Martin ein durchaus stattliches Gotteshaus aufzuweisen.

Eine relativ kurze, 20 Kilometer betragende Strecke versüßt am letzten Tag den Abschied von der Via Coloniensis. Ein langer Marsch über eine Hochebene endet schließlich an der Mosel. Schengen selbst ist nur mäßig attraktiv. Was hier zählt, ist die Geschichte und das Zusammenwachsen eines Europa ohne Grenzen. Ein schöner Gedanke zum Ende der langen Wanderung auf dieser Pilgerstrecke.

Die Liebfrauenkirche (links oben), die Domkirche St. Peter (links) und die Porta Nigra (oben) zählen zu den bedeutenden Sehenswürdigkeiten von Trier.

⭐ Schengener Abkommen

Es ist ein Meilenstein: Das Schengener Abkommen regelt seit 1985 die Abschaffung der Kontrollen an den Binnengrenzen der Europäischen Union. Die Namensherkunft ist plausibel: Die Vereinbarungen wurden am 14. Juni 1985 in Schengen unterzeichnet. Erstmals in der Geschichte Europas war es fortan möglich, zwischen den meisten Ländern reisen zu können, ohne kontrolliert zu werden. Die Grenzgebäude oder -häuschen wurden mittlerweile weitgehend abgerissen. An vielen Stellen ist auf der Autobahn nur noch anhand der Grenzschilder zu sehen, dass man sich in einem anderen Staat befindet. Die Mitglieder des Abkommens, die sogenannten Schengen-Staaten, sind weitgehend Länder der EU, allerdings gibt es Sonderregelungen und Ausnahmen. Nur in der Flüchtlingskrise ab 2015 und während der Corona-Pandemie wurde der unkontrollierte Wechsel zwischen den EU-Ländern bisher ausgesetzt.

Auf der »Princess Marie-Astrid« wurde das Schengener Abkommen beschlossen.

Mitteleuropa

RUND UMS PILGERN

Beste Reisezeit: Ab Juni ist das Wetter meist stabil und die Temperaturen sind angenehm zum Wandern.

Unterkunft und Verpflegung: Während in Köln Unterkünfte und Verpflegung kein Problem sind, kann es in kleineren Orten schwieriger werden, sich mit Proviant zu versorgen. Es lohnt sich, in der jeweiligen Unterkunft nachzufragen, wo auf der nächsten Etappe Zimmer frei sind und wo es Gaststätten gibt.

Nicht verpassen: In Trier sollte man länger bleiben. Die Stadt ist so geschichtsträchtig und interessant, dass sich zwei Übernachtungen lohnen.

Oben: Mosaiken wie dieses sind im Rheinischen Landesmuseum Trier zu sehen.

Mitteleuropa

Deutschland
Münchner Jakobsweg – Von München zum Bodensee

Was ist traumhafter, als direkt aus der Weltstadt München hinauszuwandern, um Tage später, nach elf Etappen, in Lindau anzukommen, dem bayerischen Tor zum Bodensee? Auf beachtlichen 290 Kilometern durchwandern die Pilger eine Landschaft, wie sie schöner kaum sein könnte: an den sattgrünen Hängen des Isartales entlang und später auf den 1000 Meter hohen Peißenberg, um die ganze Pracht der bayerischen Landschaft bewundern zu können. Dann zur berühmten Wieskirche und nach Kempten über einen Gratweg. Den Schluss bildet der Aufstieg auf den Pfänder. Die Belohnung ist ein Panoramablick auf den Bodensee und das Ziel Lindau.

STRECKEN-INFORMATIONEN

Distanz: 290 km
Dauer: 2 Wochen

Etappen:
1. München – Kloster Schäftlarn: 20 km
2. Kloster Schäftlarn – Kloster Andechs: 30 km
3. Kloster Andechs – Utting: 11 km
4. Utting – Wessobrunn: 22 km
5. Wessobrunn – Rottenbuch: 25 km
6. Rottenbuch – Lechbruck: 20 km
7. Lechbruck – Marktoberdorf: 25 km
8. Marktoberdorf – Kempten: 30 km
9. Kempten – Weitnau: 20 km
10. Weitnau – Weiler im Allgäu: 25 km
11. Weiler im Allgäu – Lindau: 23 km

Schon der Start ist beeindruckend: Die Pilger beginnen ihren Weg in der Jakobskirche inmitten der Bayerischen Landeshauptstadt. Dort, in einem der ältesten Klöster Münchens, finden im Sommer immer wieder Aussendungsfeiern statt. Danach erhalten die Gläubigen ihre Pilgerausweise. Es lohnt sich also, den Start terminlich exakt zu planen. Danach führt der Weg in Richtung Deutsches Museum über die Isar und dann am Ostufer hinunter in die Isarauen. Plötzlich bleibt der Verkehrslärm zurück, die Wanderer tauchen schon nach wenigen Minuten ein in die Natur und lassen die Großstadt hinter sich. Es ist faszinierend, dass die Metropole München für die Wanderer eigentlich schon am Deutschen Museum endet. Es sind nur noch Radfahrer, Spaziergänger mit Kindern und Hunden, Skater oder Sonnenbadende zu sehen. Plötzliche Tiergeräusche sind übrigens keine frühen Anzeichen von Dehydrierung, sondern stammen von den Freigehegen des Tierparkes Hellabrunn, an dessen westlichen Zäunen die Wanderer vorbeigehen. Die renaturierten Flusslandschaften der Isar sind traumhaft schön und laden zum Baden ein. Wer früh genug losgeht an diesem Tag, hat auch die Gelegenheit dazu, denn die Strecke von 20 Kilometern ist zwar lang, verlangt aber ohnehin eine Pause. Am Grünwalder Forst und auf der anderen Isarseite durch das Landschaftsschutzgebiet des Forstenrieder Parks, immer entlang des Flusses, führt der Weg bis zum Isarstauwehr. Es gibt hier zwei ausgeschilderte Möglichkeiten, weiter nach Schäftlarn zu wandern. Dort angekommen, empfiehlt sich ein Besuch des Klosterstüberls mit angeschlossenem Biergarten. Ein herrlich ruhiger Ort, an dem die Pilger auch übernachten können.

Es gilt, morgens früh aufzustehen, denn die bevorstehenden 30 Kilometer Wegstrecke sind vor allem an heißen Tagen nicht zu unterschätzen. Daher sollten die Pilger überlegen, ob sie das Kloster und die Klosterkirche entweder

Mitteleuropa

noch am Abend oder erst vor der zweiten Etappe besichtigen wollen.

Es wäre ein stimmungsvoller Auftakt, den zweiten Abschnitt mit einem Besuch der Kirche oder eines Gottesdienstes zu beginnen. Schon alleine deshalb, weil die Innengestaltung der spätbarocken St.-Dionys-Kirche als ein Juwel des Rokoko gilt. Die Mal- und Stuckarbeiten stammen von Johann Baptist Zimmermann. Der beeindruckend große Klosterbau Schäftlarns wurde 1707 errichtet und enthält heute ein Gymnasium mit Tagesheim und Internat. Mädchen und Jungen können in der privaten Schule aufgenommen werden. Eine der Haupteinnahmequellen des Klosters ist neben der Forstwirtschaft und der Imkerei auch eine Schnapsbrennerei. Alle Produkte stehen im Klosterladen zum Verkauf.

Von der Kirche aus geht es für die Pilger zunächst den Isarhang hinauf in Richtung Ebenhausen. Durch kühle Wälder und die Orte Neufahrn und Harkirchen führt der Weg immer weiter zum Starnberger See. In Kempfenhausen treffen die Pilger auf das Seeufer. Ein Wanderweg führt links zum Schloss Berg, in dem König Ludwig II. in den letzten Tagen vor seinem nach wie vor rätselhaften Tod eingesperrt war. Am Ufer, dort wo der Märchenkönig ertrank, erinnern ein Holzkreuz und eine kleine Kapelle an den Monarchen.

Rechts am Uferweg erreichen die Wanderer bald Starnberg, queren die Bahnstrecke und halten sich am Bahnhof rechts. Es geht ein gutes Stück entlang der Söckinger Straße, links in die Maisinger-Schlucht-Straße und dann wieder hinaus ins Grüne. Entlang des Maisinger Baches pilgern die Gläubigen nach Maising und dann zum Maisinger See. Es liegt auch jetzt noch ein aufgrund seiner Länge anstrengendes Stück Weg vor den Pilgern, ehe der

Ein Blickfang am Isarufer ist die Maximilianskirche (links oben). Die Abtei Schäftlarn (Mitte) beeindruckt durch die spätbarocke Klosterkirche (links unten).

Mitteleuropa

★ Pfaffenwinkel

Nirgendwo haben die Bayern ihrem Glauben so Ausdruck verliehen wie in der Gegend um Weilheim und Schongau. Der hohen Dichte an Klöstern und Kirchen wegen nennt man dieses Gebiet den »Pfaffenwinkel«. Jedes der Klöster hat einen guten Namen in der Kunst- und Geistesgeschichte: Andechs, Benediktbeuern, Bernried, Dießen, Ettal, Polling, Rottenbuch, Steingaden, Wessobrunn. Die Stifte der Benediktiner, Augustinerchorherren und Prämonstratenser waren nicht nur religiöse Stätten, sondern zugleich überregionale Schwerpunkte für Kunst und Wissenschaft. Sie wirkten als Bildungsträger, Arbeitgeber und sozialer Rückhalt der Bevölkerung. Weiter im Süden schließt sich das Werdenfelser Land an, wo das Alpenmassiv die Landschaft prägt – auch eine Art, dem Himmel ganz nahe zu sein …

In der Pfarrkirche Mariä Geburt in Rottenbuch ist dieses ausladende Deckenfresko von Matthäus Günther im Stil des Rokoko zu sehen.

Mitteleuropa

Ammersee und das Kloster Andechs erreicht sind. Nun gilt es, sich zu entscheiden: Kloster und Besichtigung – oder Brauerei und Biergarten. Vielleicht ist eine Mischung aus beidem sinnvoll, denn das Benediktinerkloster ist nicht nur für sein süffiges Bier, sondern auch für seine prächtige Klosterkirche bekannt. Wie schon im Kloster Schäftlarn wurde auch hier der bekannte Maler und Stuckateur Johann Baptist Zimmermann mit der Ausgestaltung betraut. Die Barockkirche wurde zwischen 1423 und 1427 erbaut, hat eine Länge von über 30 Metern und ist mehr als 15 Meter breit. Innen wirkt sie freundlich und hell, vor allem, da die einstigen Künstler sich darauf verstanden, die Lichtfülle zum Hochaltar hin zu steigern. Die Ursprünge des Klosters stammen aus dem 10. Jahrhundert. Zum Wallfahrtsort wurde Andechs, als Graf Rasso, der Ahnherr der Grafen von Dießen-Andechs im 10. Jahrhundert wertvolle »Herren-Reliquien« von einer Pilgerreise ins Heilige Land nach Bayern brachte. 1128 verpflichtete Graf Berthold II. schließlich seine Untertanen zur jährlichen Verehrung der Reliquien. Später galten sie lange als verschwunden, dementsprechend verebbten auch die Pilgerströme. Sie setzten erst nach der Wiederentdeckung der Reliquien 1388 erneut ein. Noch heute pilgern im Jahresverlauf rund 40 000 Menschen nach Andechs. Die Benediktiner betreuen die vielen Wallfahrer seit 1455, haben aber noch eine ganz andere Aufgabe: Der Stiftungsauftrag König Ludwig I. lautete, die Einkünfte des Klosters zur Versorgung der Abtei Sankt Bonifaz in München und Andechs zu verwenden. Heute tragen Führungen in der Wallfahrtskirche und dem Klostergebäuden ebenso zum Wohlstand des Klosters bei wie das berühmte Andechser Bier, das im hauseigenen Bräustüberl und im Biergarten ausgeschenkt wird.

Gut möglich, dass so mancher Pilger nach dem Besuch von Andechs der Wanderung mit ein wenig Kopfschmerzen entgegensieht. Es könnte sich daher anbieten, die Variante mit dem Boot quer über den See zu wählen. In diesem Fall sind es (inklusive Bootsfahrt) anstatt der 25 Kilometer nach Utting nur elf

Im Inneren von Kloster Andechs (links) beeindruckt der barocke Doppelhochaltar (oben) mit dem Choraltar der Mönche im oberen Bereich und dem Wallfahrtsaltar unten.

Mitteleuropa

Kilometer, die auf dem Plan stehen. Wer ungeahnt fit ist, hat ebenfalls zwei Möglichkeiten, den Pilgerweg zu gestalten: zum einen über das nördliche Ufer und damit über Schondorf, zum anderen ab Herrsching südlich und nach Dießen. Letztere Route wiederum ist auch deutlich kürzer. In Schondorf wäre allerdings der Besuch der Jakobskirche und der Pfarrkirche St. Anne mit ihrer historischen Zugorgel eine kurze Unterbrechung wert.

Der Blick über den See in Richtung Alpen auf Etappe Vier ist sagenhaft. Viele Erholungsuchende und Naturfreunde haben den Ammersee längst für sich entdeckt und genießen ihn vor allem am Wochenende. Naturschutzgebiete verhindern, dass die Landschaft nachhaltig zerstört wird. Direkt am Ufer des Ammersees entlang führt der Weg nach Dießen. Selbst vom See aus gut zu sehen ist das Dießener Marienmünster, das ein Carl-Orff-Museum beherbergt. Ein Mahnmal jüngerer Geschichte ist die Mariensäule, die nicht weit vom Münster entfernt ist: Aus Unkenntnis oder Übermut zerstörten alliierte Truppen im Zweiten Weltkrieg das Denkmal beim Einmarsch. Erst 1981 wurde es komplett restauriert und wiederaufgestellt. Quer durch den Ort führt der Weg, der nun den Ammersee verlässt und die Pilger in Richtung Wessobrunn weiterleitet. Vor allem Wälder begleiten die Wanderer an diesem Tag. Es handelt sich um ein beeindruckendes, gut 248 Hektar großes Naturschutzgebiet. Das »Dettenhofer Filz und Hälsle«, danach das »Erlwiesfilz«, die »Bremstauden« und »Am Eschenbächel« vermitteln den Pilgern sehr gut die Wege und vor allem die Atmosphäre, in der die Menschen in früheren Jahrhunderten unterwegs waren. Es ist eine schöne Etappe, um abzuschalten und die Ruhe des Waldes zu genießen.

Dennoch tut es gut, am Ende des Tages vor Wessobrunn wieder über lichte Wiesenlandschaften zu laufen. Wessobrunn scheint klein, hat für Jakobspilger aber eine große Bedeutung. Schließlich wurde hier das »Wessobrunner Gebet« niedergeschrieben. In der deutschen Literatur ist es das älteste christliche Gedicht und wurde in der Handschrift des »Codex latinus monacensis« gefunden. Es stammt wohl aus dem frühen 9. Jahrhundert. Ein Stein mit einer Inschrift auf dem Lindenplatz vor der Zufahrt des Klosters Wessobrunn erinnert daran. Prunkvolle Stuckarbeiten prägen die heute noch erhaltenen Klosterteile. Das ist kein Zufall. Einst war die »Wessobrunner Schule« weit bekannt. Die Benediktiner bildeten Ende des 17. Jahrhunderts hier Kunsthandwerker aus und ließen sie wohl auch vor Ort ihre Arbeiten ausführen. Wer mag, kann

Der Ammersee (oben) lädt die Pilger zu einer Pause am Ufer ein. Zur inneren Einkehr kann man auch das Marienmünster Dießen (rechts oben) besuchen.

Mitteleuropa

⭐
Kloster Wessobrunn

Die Gründung des Klosters Wessobrunn geht auf eine Legende zurück, derzufolge der bayerische Herzog Tassilo III. im Traum eine Quelle sah, deren Wasser in alle vier Himmelsrichtungen strömte. Der Herzog ließ nach dieser Quelle suchen und gab, nachdem man tatsächlich fündig geworden war, über der Stelle den Bau eines Klosters in Auftrag. Im Jahr 788 wurde die Anlage zum Reichskloster der Karolinger ernannt. Nach Zerstörung, Niedergang und Wiederaufbau wurde das Kloster 1803 im Zuge der Säkularisierung aufgehoben. Erst zu Beginn des 20. Jahrhunderts wurde die Anlage wiederaufgebaut und den Benediktinerinnen aus Tutzing übergeben. Einige der Klostertrakte sowie der Glockenturm der romanischen Kirche sind bis heute erhalten. Weltbekannt ist das Kloster für seine prachtvollen Stuckaturen, die von dem Wessobrunner Künstler Johann Schmuzer gefertigt wurden. Dieser ist neben Caspar Feichtmayr der Begründer der »Wessobrunner Schule«.

Die Klosterkirche St. Johann Baptist stammt aus dem 18. Jahrhundert und ist reich mit barocken Stuckaturen ausgeschmückt (links unten).

⭐ Wieskirche

Im Jahr 1730 stellten die Mönche des Prämonstratenserklosters Steingaden für die Karfreitagsprozession ein Christusbildnis her, das später auf einem Bauernhof beim zum Kloster gehörenden Weiler Wies unter den Bittgebeten der Bauernfamilie plötzlich Tränen vergoss. Bald zogen Pilgerströme nach Wies, und so erteilte der Abt des Klosters den Auftrag zum Bau der vielleicht schönsten Rokokokirche Deutschlands. Man übertrug das Projekt dem Architekten Dominikus Zimmermann und seinem Bruder Johann Baptist, der den Innenraum ausmalte. Der Laienraum und der sich anschließende Chor wirken vor allem durch die gelungene Verbindung von Architektur und Dekoration, die eine gewaltige Licht- und Raumwirkung entfaltet. Von außergewöhnlicher Schönheit sind die Deckenfresken, die den zweigeschossigen Hochaltar mit dem Gnadenbild rahmen.

Die Wallfahrtskirche zum Gegeißelten Heiland, besser als Wieskirche bekannt, gehört zum Weltkulturerbe der UNESCO. Die Kuppeldecke schmückt ein Trompe-l'Œil-Gemälde von Johann Baptist Zimmermann.

sich nach dem Besuch an der Klostermauer in den Schatten der Geschichte setzen. Es wäre spannend, was die Tassilolinde zu erzählen hätte. Immerhin steht sie schon seit gut 1000 Jahren an dieser Stelle.

Am fünften Tag führt der Weg zunächst wieder durch Wälder. Später können lange, ungeschützte Passagen vorbei an Feldern und Wiesen die Kondition fordern. Wer es noch ein bisschen anstrengender will, erklimmt den Hohen Peißenberg. Seine knapp 1000 Meter Höhe sind zwar eine Herausforderung, doch die Aussicht auf die umliegenden Berge, die Seen und die Landschaften ist phänomenal. Die einst hier errichteten Burgen gehören zwar längst der Vergangenheit an, aber immerhin steht die Wallfahrtskirche mit angeschlossenem Museum noch. Nach ein wenig Rast starten die Pilger zum Abstieg und dem restlichen Wegstück nach Rottenbuch.

Nachdem die gestrige Etappe mit 25 Kilometern doch etwas lang war, stehen heute fünf Kilometer weniger auf dem Plan. Daher bleibt noch Zeit, den Welfenbrunnen, vielleicht das Kloster Rottenbuch oder auch die Klosterkirche zu besuchen. Letztere beeindruckt durch sehenswerte Malereien und Fresken. Auch an diesem Tag ist der Weg vor allem durch Felder, Wiesen und Wälder geprägt. Mitunter muss ein Stück Straße in Kauf genommen werden. Doch das ist vergessen, wenn die berühmte Wieskirche vor den Wanderern auftaucht. Die im Inneren prächtig verzierte Kirche wurde 1983 zum Weltkulturerbe der UNESCO erklärt und dient heute unter anderem für Konzerte mit Kirchenmusik. Das im Rokoko entstandene Gotteshaus ist eine absolute Touristenattraktion. Mehr als eine Million Besucher werden jährlich gezählt!

Auch im Welfenmünster in Steingaden, das auf dem weiteren Wegverlauf dieses Tages liegt, ist mit vielen Besuchern zu rechnen. So ist es angenehm, wieder auf die stillen Pilgerpfade zurückzukehren und das nun schon recht nahe Lechbruck anzusteuern.

Der Münchner Jakobsweg streift bei Etappe Nummer Sieben den bekannten Prälatenweg. Er verbindet auf gut 140 Kilometern etliche sehenswerte Kirchen und Klöster. Die erste bedeutende Kirche an diesem Tag ist die Auerbergkirche. Gut 1055 Meter hoch liegt sie auf der Kuppe des gleichnamigen Berges. Von hier aus ist der Blick auf die umgebende Landschaft von bleibender Erinnerung. Das Ziel dieses Tages, Marktoberdorf, erreichen die Wanderer, wenn sie den Weidensee passieren und in Bertoldshofen vielleicht eine Rast an der barocken Pfarrkirche St. Michael einlegen. Nur noch vier Kilometer sind es von hier aus bis zum Tagesziel.

Der achte Pilgertag ist gut dafür geeignet, um endgültig zur Ruhe zu kommen. Es gibt nur wenig zu besichtigen auf diesen 30 Kilometern. Das Ziel ist einfach, die Natur und die Umgebung zu genießen. Feld- und Wiesenwege wechseln sich mit Passagen durch Wälder oder am Waldrand ab. Nur der Kemptener Wald, der quer durchschritten wird, bietet längeren Schutz vor der Sonne. Imposant sind die mehr als 4000 Findlinge. Die größten Exemplare, wie der Dengelstein, sind über acht Meter hoch. Nach einem langen Tag erreichen die Pilger Kempten. Die 70 000-Einwohner-Stadt ist modern, bietet aber dennoch eine große Anzahl an historischen Gebäuden und Kirchen. Für einen Ruhetag ist sie also bestens geeignet.

Das erste Tagesziel der neunten Etappe ist der Mariaberg. Der Jakobsweg führt hinauf auf 844 Meter Höhe und vorbei an der Kapelle Mariä Heimsuchung. Interessant ist der Streckenverlauf nach Osterhofen. Über einen Gratweg und idyllische Almwiesen kommt die Sonneckhütte in Sicht. Die Vorfreude auf gemütliche Gasthäuser gibt noch ein wenig Schwung für den

Oben: Die Pfarrkirche Mariä Geburt in Rottenbuch besitzt einen üppig im Stil des Barock ausgestatteten Innenraum.

Weg hinunter ins Tal und in den Luftkurort Weitnau. Die Pilger verlassen auf dieser vorletzten Etappe Weitnau in Richtung Süden und kommen an der Skiliftstation Argental vorbei. Je nach Lust laufen die Wanderer auf kleinen Sträßchen weiter oder im kühlen Wald.

Ein schöner Zwischenstopp ist die gotische St.-Stefan-Kapelle in Genhofen. Der bekannte Kapellenweg fordert noch einmal die Kondition, ehe es auf einer einstigen Römerstraße nach Weiler im Allgäu geht.

In Weiler könnte man sich auch länger aufhalten. Einige Museen, wie das Brau- und Brunnenmuseum, wären einen Besuch wert, oder auch die »Pflanzenkundliche Schausammlung«. Doch die Pilgerreise geht dem Ende zu; umso mehr drängt es die Gläubigen, auch die letzte Etappe anzugehen.

Ein fantastisches Naturschauspiel ist die Hausbachklamm in Weiler, aber dann führen die Wege zielstrebig in Richtung Pfänder. Der 1064 Meter hohe Berg bietet vor allem an klaren

Tagen eine beeindruckende Aussicht auf die Alpenkette, den Bodensee und damit auch auf das Finale dieser Pilgerreise. Für die einen endet sie in Lindau, andere wählen Bregenz. Letztlich aber ist das Ziel egal; am Ende geht es darum, die vergangenen Tage in innerer Ruhe und Frieden verbracht zu haben und gestärkt aus dieser Pilgerreise in den Alltag zurückzukehren.

Sowohl die Metropole des Allgäus, Kempten (kleine Bilder oben), als auch die Insel- und Gartenstadt Lindau (großes Bild) erstrahlen in historischem Glanz. Die beiden Städte liegen auf den letzten Etappen des Pilgerwegs. In Lindau können die Pilger am Bodensee das Ende der Reise einläuten und die vergangenen Tage Revue passieren lassen.

RUND UMS PILGERN

Anreise und Rückreise: München als Startpunkt ist problemlos mit dem Zug, Fernbus oder Flugzeug zu erreichen. Am Bodensee angekommen, wählt man meist Lindau oder Bregenz als Zielort. Beide liegen direkt auf der Zugstrecke München–Zürich.

Anforderung: Der Münchner Jakobsweg ist für Pilgerneulinge ebenso geeignet wie für Erfahrene. Zwar hat man die Alpen besonders in der zweiten Hälfte des Weges immer fest im Blick, doch allzu starke Steigungen braucht man nicht fürchten. Wessen Kondition etwas schwächer ist, der sollte sich einfach etwas mehr Zeit nehmen und mehrere Ruhetage einplanen. Das ist ja auch das Schöne am Pilgern: Es geht nie darum, als Schnellster das Ziel zu erreichen.

Unterkunft und Verpflegung: Der Münchner Jakobsweg erlangt immer mehr Bekanntheit, und so verwundert es nicht, dass auch die anliegenden Orte den Pilgern immer aufgeschlossener werden und gerne mit einer Unterkunft aufwarten. Somit gibt es an allen Etappenzielen private Unterkünfte sowie Jugendherbergen, z. B. in Pullach. Das Kloster Andechs bietet einen Schlafplatz nur bei voriger Anmeldung (telefonisch oder schriftlich). Das Kloster Schäftlarn hingegen nimmt keine Pilger bei sich auf; dafür liegt hier aber in unmittelbarer Nähe der Landgasthof »Klosterbräu Stüberl«.

Beste Reisezeit: Je nach Vorliebe ist der Münchner Jakobsweg das gesamte Jahr über attraktiv. Jede Jahreszeit hat ihre Vor- und Nachteile. Pilger sollten sich vorab über Klima und Wetter informieren.

Oben: Der Münchner Jakobsweg führt teils durch bewaldetes Gebiet.

Deutschland, Österreich
Wolfgangweg – Auf den Spuren des heiligen Wolfgang

Einprägsame Landschaftserlebnisse zwischen der Oberpfalz und dem Salzkammergut erwarten den Pilger auf diesem Weg. Eine bedeutende Zwischenstation ist dabei der bayerische Marienwallfahrtsort Altötting.

STRECKEN-INFORMATIONEN

Distanz: ca. 275 km
Dauer: mindestens 12 Tage

Etappen:
- ❶ Regensburg – Thalmassing: 19 km
- ❷ Thalmassing – Mallersdorf: 23 km
- ❸ Mallersdorf – Essenbach: 31 km
- ❹ Essenbach – Landshut: 15 km
- ❺ Landshut – Vilsbiburg: 26 km
- ❻ Vilsbiburg – Neumarkt-St. Veit: 22 km
- ❼ Neumarkt-St. Veit – Altötting: 28 km
- ❽ Altötting – Burghausen: 17 km
- ❾ Burghausen – Mattighofen: 31 km
- ❿ Mattighofen – Irrsdorf: 24 km
- ⓫ Irrsdorf – Mondsee: 16 km
- ⓬ Mondsee – St. Wolfgang: 21 km

Wie schön, wenn ein Pilgerweg mit einer Legende beginnt! Noch besser, wenn sie nicht übermäßig ernst daherkommt, sondern mit so vielen Ausschmückungen und Nebengeschichten, dass sie ein ganzes Buch füllen könnte. Warum auch sollte die Heiterkeit außen vor bleiben, wenn es um den Glauben geht? Wer möchte schließlich traurig, verbissen und ernsthaft über das Leben grübelnd loslaufen? Wie viel leichter fühlt es sich an, zunächst zu schmunzelnd und erheitert loszugehen und auf dem Weg ganz langsam zu innerer Ruhe zu kommen. Der Wolfgangweg von Regensburg an den Wolfgangsee ist das beste Beispiel dafür.

Der heilige Wolfgang allerdings hatte für Ruhe und Besinnlichkeit schlichtweg keine Zeit. Er floh im Jahr 976 zur Zeit eines Aufstandes aus der Stadt Regensburg und zog sich ins Gebirge zurück. Am Falkenstein lebte er als Einsiedler. Fast genau diese Stelle ist auch das Ziel dieses Pilgerweges – der Start ist konsequenterweise in Regensburg. Wirklich zur Ruhe kam der Mönch in seinem Exil aber trotzdem nicht. Der Legende nach tat sich schon bald der Himmel über ihm auf und befahl dem Geistlichen, eine Kirche zu bauen. Der genaue Ort allerdings war unklar. Kein Problem für Wolfgang. Da selbst Einsiedler ein gewisses Handwerkszeug benötigen, um zu überleben oder sich ein Dach über dem Kopf zu zimmern, nahm er seine Axt und warf sie in hohem Bogen begab. Dort, wo sie aufkam, sollte die neue Kirche entstehen. Ein wenig umständlich war für den späteren Heiligen allerdings, dass sie gleich vier Kilometer weit geflogen sein soll. Was das Auffinden nicht eben einfacher gestaltete.

Doch es kommt noch besser: Am Tag des Beginns der Bauarbeiten, verschlief der Bischof ganz gewaltig. Als er darauf in sich ging und einsah, dass er alleine wohl nicht weit kommen würde mit seinem Kirchenbau, wurde er zum Pragmatiker. Kurzerhand schloss er einen Pakt

mit dem Teufel: Wenn dieser ihm bei den Bauarbeiten half, gehörte der erste Pilger, der an der Wallfahrtskirche ankäme, dem Teufel. Ein wenig listig war Wolfgang dabei aber schon. Als die Kirche fertig war, fing der Bischof einen wilden Wolf, verkleidete ihn als Pilger und schickte ihn zur neu errichteten Wallfahrtskirche. Der Teufel stürzte sich auf den vermeintlichen Pilger, war aber außer sich vor Wut, als er den Trick Wolfgangs erkannte. Er riss den Wolf in Fetzen und schwor, fortan keine Kirchen mehr zu bauen – was angesichts der herrlichen Wallfahrtskirche St. Wolfgang fast ein bisschen schade ist.

Mit dieser amüsanten Geschichte im Kopf starten die Pilger zu ihrer ersten Etappe in Regensburg. Die Westkrypta der Kirche St. Emmeram ist der Ausgangspunkt dieser Pilgerreise. Genau dort befindet sich das Grab des heiligen Wolfgang. Der im Jahr 1051 heiliggesprochene Bischof starb zwar am 31. Oktober 994 in Pupping, seine Gebeine wurden aber anlässlich der Heiligsprechung nach Regensburg überführt. Nur noch einmal wurde Wolfgang umgebettet, denn seit 1877 ruhen die Gebeine hier in dem extra dafür angefertigten vergoldeten Wolfgangsschrein.

Nach einem kurzen Innehalten und ein paar Gedanken zu den bevorstehenden zwölf Tagen verlassen die Pilger die Stadt in Richtung Süden. Nach der Überquerung der Autobahn beginnt in den Vororten Ober- und Unterisling der ländlichere und damit auch gemütlichere

In Regensburg (kleines Bild) beginnt die Wallfahrt. Den Rundgang der Gnadenkapelle in Altötting schmücken zahlreiche Votivtafeln und -bilder (großes Bild).

Mitteleuropa

⭐ Regensburg

Wenige Städte in Deutschland können auf eine so lange und wechselvolle Vergangenheit zurückblicken. Wie München wird Regensburg manchmal als »nördlichste Stadt Italiens« bezeichnet – wegen der vielen alten Geschlechtertürme, die man sonst auf dieser Seite der Alpen so nicht findet, aber auch wegen des entspannten Flairs. Vermutlich ist es nur der schlechten wirtschaftlichen Situation der Nachkriegsjahre zu verdanken, dass die vielen alten Gebäude aus dem Mittelalter und der frühen Neuzeit, als Regensburg eine der reichsten und bedeutendsten Städte Deutschlands war, keinen Modernisierungen zum Opfer fielen. Heute ist die Stadt an der Donau längst zu einer prosperierenden Metropole geworden: Sie ist Universitätsstadt und ein bedeutender Standort der Biotechnologie; zudem kann sie mit über 1500 denkmalgeschützten Gebäuden, darunter großartige Kirchen-, Stifts- und Klosterbauten, einzigartige Zeugnisse einer glanzvollen Vergangenheit vorweisen. Ein Stadtbummel ist demnach ein Muss für alle, die von hier aus auf Pilgerreise gehen!

In der Tändlergasse in der Altstadt befinden sich schöne Antiquitätengeschäfte.

Mitteleuropa

Teil der ersten 19 Kilometer. Auf dem Weg ist das 16 Meter hohe, aus Stahl und Holz gebaute Papstkreuz auf dem Islinger Feld interessant. Am 12. September 2006 feierte der damalige Papst Benedikt hier zusammen mit mehr als 200 000 Menschen die Heilige Messe. Als Erinnerung daran begeht die Diözese Regensburg jedes Jahr am 12. September am Kreuz ein Gebet. Vorbei an Oberhinkofen erreichen die Pilger nach gut viereinhalb Stunden zügiger Gehzeit das Tagesziel Thalmassing. Der 3500-Einwohner-Ort bietet keine kulturellen Höhepunkte, ist aber ein angenehmes Zwischenziel für die Nacht.

Ein paar Kilometer mehr als am Vortag (insgesamt 23) stehen den Pilgern heute bevor. Die zweite Etappe geht in Richtung Süden, vorbei am Schloss Hauss im Ortsteil Neueglofsheim, das allerdings nicht für Besichtigungen geöffnet ist. Es befindet sich seit 2008 in Besitz der Familie Weitzel, die es umfangreich renovieren und modernisieren ließ. Die Pilger erreichen danach die sogenannte Wolfgangseiche. Unter dem angeblich 1250 Jahre alten Baum soll der heilige Wolfgang gepredigt und Wunder gewirkt haben. Ein Naturwunder ist die Eiche auf jeden Fall: Betrug ihr Umfang im Jahr 1905 noch acht Meter – in der Höhe von 1,40 Meter gemessen –, so waren es 2009 bereits 10,36 Meter. Spezialisten gehen aus diesem Grund davon aus, dass die Eiche maximal 600 Jahre alt ist. Aber selbst das ist bemerkenswert!

Die Wallfahrtskirche Höhenberg ist der nächste Anlaufpunkt dieses Pilgertages. In der Kirche des Ortes Pfakofen, die man im Anschluss besuchen kann, ist sogar eine Reliquie Wolfgangs vorhanden.

Schon jetzt deutet sich an, dass die vorgesehenen fünfeinhalb Stunden Wanderzeit heute sicher nicht ausreichen werden. Die ehemalige Benediktinerabtei Kloster Mallersdorf ist das Tagesziel. Zwar besteht das Kloster bereits seit dem Jahr 1109, doch erst 1869 kaufte die auch heute noch dort tätige Ordensgemeinschaft der armen Franziskanerinnen von der

Heiligen Familie die Gebäude. Einen Besuch wert sind die prächtige Rokokokirche und der gewaltige Klosterkomplex.

Die nächsten beiden Etappen sind schon von der Dauer her sehr unterschiedlich: Bis Essenbach stehen den Pilgern 31 Kilometer bevor, ehe es Tags darauf nur gut 15 Kilometer bis nach Landshut sind. Dieser zweite, kürzere Tag ist dann aber auch notwendig angesichts der bis dahin zurückgelegten Wegstrecke. Zwei Wolfgangskirchen passieren die Gläubigen am dritten Wandertag in Gerabach und Unterunsbach. Auf der Strecke bis Landshut dagegen ist die Andreasklause mit ihren gotischen Freskenmalereien unbedingt sehenswert.

Entlang des Isarstausees kommt bald Landshut in Sicht. Die mit 71 000 Einwohnern größte Stadt dieser Wanderung wäre auch einen längeren Aufenthalt wert. Gut möglich, dass so mancher Pilger den Besuch mit einer Besichtigung der mittelalterlichen Burg Trausnitz verbindet und einen Pausentag einlegt. Zu empfehlen wäre das, denn Pausentage sind auf einer so langen Wanderung wie dieser unbedingt nötig, um der Muskulatur die Gelegenheit zur Regeneration einzuräumen. Etliche

Links oben: Ein etwa 700 Meter langer Straßenzug bildet die Flaniermeile der Landshuter Altstadt. Oben: Die Kirche St. Ignatius steht am Fuß des Trausnitzhanges in der Landshuter Neustadt. Linke Seite und links unten: in der Kirche des Klosters Mallersdorf.

Mitteleuropa

Baudenkmäler aus der Gotik und Renaissance sind in Landshut zu bewundern, und die Altstadt erhielt bereits eine Nominierung für ein Weltkulturerbe als einer der am besten erhaltenen historischen Stadtkerne Deutschlands. So fällt es manchem vielleicht schwer, sich von Landshut zu trennen und weiterzugehen in Richtung Süden. Doch es sind über Vilsbiburg und Neumarkt St. Veit nur noch drei Tagesetappen, ehe die Gläubigen den Wallfahrtsort Altötting erreichen.

Seine religiöse Bedeutung erlangte Altötting schon im frühen Mittelalter. Die zentrale Lage war einer der Gründe, warum neben dem Wolfgangweg auch der Benediktweg, der Jakobsweg oder der St.-Rupert-Pilgerweg in den Ort führen. Im Jahresverlauf ist vor allem von Mai bis Ende Oktober vieles in Altötting den Themen Pilgern und Glauben gewidmet. Lichterprozessionen, Wallfahrten, Konzerte und Gottesdienste locken die Gläubigen hierher. Die wichtigsten Tage im Jahr für die Ankunft der

vielen Fußpilgergruppen sind an Pfingsten und an Mariä Himmelfahrt (15. August) sowie zur Fronleichnamsprozession (Anfang Juni). Für kunsthistorisch Interessierte ist die Dioramenschau im Marienwerk ein Muss, aber auch das Wallfahrermuseum, die Schatzkammer oder die Führungen dort, die u. a. die Herzurnenbestattung der bayerischen Könige zum Thema haben.

Auch die nächste Etappe ist bauhistorisch bedeutend, wenn auch nicht aus klerikaler Sicht.

Nach dem Verlassen Altöttings führt der Weg in gut vier Stunden nach Burghausen. Auf der Strecke vereint sich der Wolfgang- mit dem Benediktweg und endet nach der Stadtgrenze in der Altstadt. Unübersehbar ist das Wahrzeichen Burghausens: die namensgebende Burg, die mit 1051 Metern die längste Burganlage Europas ist. Auch das »Guinness-Buch der Rekorde« bestätigt diese Einschätzung. Das mittelalterliche Befestigungswerk ist nahezu komplett erhalten. Es ist faszinierend, in der Anlage spazieren zu gehen und die herrlich sattgrüne Umgebung zu bewundern. Teile des Gebäudes wurden zum staatlichen Burgmuseum im Fürstenbau, dem Palas, umgebaut und sind zu besichtigen. Ein Tipp: Wenn möglich auf die Aussichtsplattform des Palas steigen und den grandiosen Rundblick genießen!

Acht der zwölf Etappen haben die Pilger nun schon geschafft und es steht der Endspurt an – zunächst in Richtung Mattighofen. 31 Kilometer sind eine ambitionierte Strecke, doch die Muskulatur hat sich inzwischen an die Anstrengungen gewöhnt.

Der Weg führt nun über die Grenze nach Österreich. Es ist kurios, nun festzustellen, dass bereits auf der gegenüberliegenden Seite des Flusses die Kuchen und Kaffees auf der Speisekarte andere Namen tragen oder Spezialitäten anpreisen, die es auf der deutschen Uferseite nicht gibt. Doch an einem so langen Tag wie diesem, gilt es, Kilometer zu machen und sich nicht allzu oft aufzuhalten, um nicht zu viel Kraft bis nach Mattighofen zu verbrauchen. Vom Stadtplatz aus führt der Weg tags darauf über Munderfing und von dort aus entlang eines Baches in das Dorf Valentinhaft. Der Legende nach soll der heilige Wolfgang durch das Loch in der Mauer neben dem Kirchturm nach innen gegriffen haben, um die Kirchtüre zu öffnen. Keine Legende, sondern sicher

Links: die Pfarrkirche Mariä Himmelfahrt in Mattighofen. Rechts oben: Blick auf Burghausen mit der Kirche St. Jakob.

Mitteleuropa

⭐ Altötting

Seit dem frühen 16. Jahrhundert ist Altötting einer der sechs bedeutendsten Marienwallfahrtsorte Europas. Die vermutlich um das Jahr 700 entstandene Gnadenkapelle gehört zu den ältesten Zentralbauten Deutschlands. Nachdem im Jahr 1489 der Legende nach ein dreijähriges Kind, das zuvor in den Bach gefallen war, auf dem Altar gerettet wurde, steht das Gnadenbild der »Schwarzen Madonna« im Zentrum der Verehrung. Am südlichen Rand des Kapellplatzes, in unmittelbarer Nähe zur Gnadenkapelle, entstand 1499–1511 die Stiftskirche. Der Neubau war notwendig geworden, weil seit Beginn der Wallfahrt 1489 die Flut der Pilger in Altötting stetig zunahm. Und schließlich ist die Basilika St. Anna mit ihren Maßen von 83 Meter Länge, 28 Meter Breite und 24 Meter Höhe die größte im 20. Jahrhundert erbaute Kirche im deutschsprachigen Raum.

In der Gnadenkapelle (oben) wird die Schwarze Madonna verehrt. Der Kapellplatz (links unten) ist der zentrale Platz in Altötting; hier stehen St. Magdalena (links), die Gnadenkapelle (Bildmitte) und die Stiftspfarrkirche (rechts).

belegt ist, dass sich Wolfgang im Teichstätter Schloss, das der Pilger etwas später passiert, aufgehalten hat. Zu diskutieren wäre dagegen, ob in dem Örtchen Lengau tatsächlich der damals größte Mensch der Welt begraben ist. Die angeblich 2,58 Meter ließen den »Riesen von Lengau« zu einem der größten Menschen der Geschichte werden – selbst in dem Fall, dass Franz Winklmeier vielleicht doch ein paar Zentimeter kleiner war. Im Alter von 27 Jahren starb er am 9. November 1886 an einer Lungentuberkulose. Angebliche Kleidungsstücke Winklmeiers sind im Lengauer Riesenmuseum zu sehen. Kurz danach erreichen die Gläubigen in Irrsdorf den Endpunkt dieser Etappe.

Ein nur 16 Kilometer langer Pilgertag schließt sich als elfte und vorletzte Etappe an. Die Landschaft wird immer schöner und der Schafberg ist ein bestimmender Markierungspunkt. In Oberhofen lohnt sich ein Blick in das Gotteshaus des Ortes: Der gotische Kirchenbau von St. Blasius wurde vom berühmten spätbarocken Klosterbildhauer Meinrad Guggenbichler (1649–1723) gestaltet. Drei Altäre und die Kanzel sind sein Werk. Wer die Kirche außerhalb der Messen besichtigen möchte, muss sich telefonisch anmelden (+43 62 13 82 05). Vorbei am Irrsee, erreichen die Gläubigen den Mondsee und den gleichnamigen Ort, an dem die Etappe endet.

Auf die Reise nach weiteren Legenden führt der letzte Abschnitt: Es geht auf den Falkenstein. Es ist der Berg, auf dem der heilige Wolfgang während seiner Zeit als Einsiedler gelebt haben soll. Auf einer kleinen Waldlichtung steht eine Kirche und nicht weit entfernt einige Kapellen. Der Platz ist so stimmungsvoll, dass er die Pilger einlädt, noch einmal in aller Ruhe in sich zu kehren, bevor sie die abschließenden vier Kilometer bis nach St. Wolfgang in Angriff nehmen. Es ist ein besonderer Moment, über die Schwelle der St.-Wolfgang-Kirche zu schreiten und sich bewusst zu werden, nun die letzten Schritte einer fast 275 Kilometer langen Pilgerreise zu bewältigen. Für die meisten wird der Wolfgangweg wohl keine Pilgerreise sein, die sie zweimal im Leben unternehmen werden. Aber eine, die für immer in Erinnerung bleiben wird.

Vom Mondsee (links) ist es nicht mehr weit bis zum Wolfgangsee (großes Bild). Der gleichnamige Ort mit der St.-Wolfgang-Kirche ist das Ziel der Pilgerreise.

Mitteleuropa

ℹ RUND UMS PILGERN

Beste Jahreszeit: Dieser Pilgerweg kann zumindest im bayerischen Raum zu nahezu jeder Jahreszeit gegangen werden. Da beim Pilgern aber auch die Liebe zur Natur eine Rolle spielt, sind die Sommermonate am attraktivsten.

Anforderungen: Zu Beginn sehr leichter Weg, der vor allem für Untrainierte durch die Länge anstrengend werden kann. Ab Burghausen sind immer wieder einige Höhenmeter zu bewältigen. Allerdings fast immer im relativ moderaten Bereich.

Verpflegung/Unterkunft: Verpflegung und Unterkunft sind auf dem Weg kein Problem. Allerdings ist es immer ratsam, Unterkünfte vor allem in den Ferienzeiten und zur Zeit der großen Wallfahrten (insbesondere rund um Altötting) im Voraus zu reservieren.

Nicht verpassen: In Landshut ein wenig Zeit einplanen und sich durch die historische Altstadt treiben lassen. Hier einen Pausentag einzuplanen, ist durchaus sinnvoll.

Zahlreiche Pilger sind jedes Jahr zwischen Regensburg und Altötting auf dem Wolfgangweg unterwegs.

Ungarn, Österreich
Martinusweg – Auf den Spuren des heiligen Martin

Während der Jakobsweg vor allem zur Grabstätte des Apostels Jakob führt, können Pilger auf dem Martinusweg tatsächlich dem Lebensweg des Heiligen ein wenig folgen. Der Pilgerweg verbindet Ungarn mit Frankreich, die ersten Etappen sind sehr erlebnisreich.

STRECKEN-INFORMATIONEN

Distanz: 496 km
Dauer: mindestens 20 Tage

Etappen (Auswahl):
1. Szombathely – Köszeg: 27 km
2. Köszeg – Zsira: 20 km
3. Zsira – Kópháza: 28 km
4. Kópháza – Markt St. Martin: 25 km
5. Markt St. Martin – Mattersburg: 23 km
6. Mattersburg – Donnerskirchen: 36 km
7. Donnerskirchen – Gramatneusiedl: 27 km
8. Gramatneusiedl – Wien: 24 km
9. Wien – Klosterneuburg: 26 km
10. Klosterneuburg – Stockerau: 15 km
11. Stockerau – Kirchberg am Wagram: 29 km
12. Kirchberg am Wagram – Krems an der Donau: 30 km
13. Krems an der Donau – Maria Langegg: 21 km
14. Maria Langegg – Leiben: 36 km
15. Leiben – Ybbs an der Donau: 23 km
16. Ybbs an der Donau – Zeillern: 33 km
17. Zeillern – St. Pantaleon: 33 km
18. St. Pantaleon – Enns 11 km
19. Enns – Linz: 29 km

Bescheiden muss er gewesen sein und voller Mitgefühl: Der heilige Martin, der zu den wichtigsten Heiligenfiguren der katholischen Kirche zählt, ist bis heute noch in unserem Alltag präsent. So ist es in vielen Regionen Deutschlands Brauch, zum Martinstag am 11. November eine Gans zuzubereiten, ebenso wie an jenem Tag Kinder mit bunten Laternen durch die Straßen ziehen oder Martinswecken in den Ofen kommen. Die Geschichte, dass er seinen Mantel geteilt hat, um einem Bettler zu helfen, wird im November gerne in Kindergärten und Schulen rezitiert.

So klar seine Geschichte überliefert ist, so unklar ist vieles auf dem Lebensweg des heiligen Martin, angefangen mit seinem genauen Geburtsort. Obwohl das ungarische Szombathely als Geburtsort des Heiligen gilt und auch gleichzeitig den Startpunkt des Martinuswegs markiert, beansprucht auch die Erzabtei Pannonhalma das Prädikat als Geburtsort Martins. Wie können es zwei Orte sein, die mehr als 100 Kilometer auseinander liegen? Der Grund geht in die Römerzeit zurück: Szombathely hieß damals Savaria. Einen Ort mit demselben Namen gab es auch in der Nähe der Benediktinerabtei, die natürlich auch beansprucht, der Geburtsort des berühmten Heiligen zu sein.

Mitteleuropa

Unser Pilgerweg startet in Szombathely – der im Westen Ungarns gelegenen Stadt, die zugleich die älteste des Landes ist. Sie lag früher verkehrsgünstig auf der Route nach Rom, der Bernsteinstraße, und erlangte schon bald nach ihrer Gründung eine Blüte. Ein wichtiges Zeugnis aus der römischen Zeit ist das Iseum, ein alter Tempel, der der Göttin Isis geweiht ist. Er stammt aus dem 1. Jahrhundert n. Chr. und wurde 2008 rekonstruiert. Ein angeschlossenes Museum informiert heute über die Bedeutung des Isiskults zur Zeit der Römer. Gefunden wurde der Tempel erst 1955. Noch heute forschen Archäologen in dem Gebiet nach Fundstücken aus der Römerzeit. Ganz in der Nähe finden sich weitere Sehenswürdigkeiten, deren Geschichte aber nicht so weit in die Vergangenheit reicht. Unweit vom Tempel befindet sich die städtische Kunsthalle sowie eine alte Synagoge. Auch die Kathedrale lohnt den Blick mit ihrem prächtig ausgestatteten Inneren. Doch der Pilger wird sich einen Ort mit Sicherheit nicht entgehen lassen: die St.-Martins-Kirche. Denn dort beginnt offiziell der Pilgerweg nach Passau. Die Martinskirche markiert zugleich den wichtigsten spirituellen Ort in der ungarischen Stadt. Es ist die einzige und möglicherweise auch älteste durchgehend als religiöser Ort genutzte Kirche des ungarischen Beckens. Immerhin wird sie schon seit dem 4. Jahrhundert als heilige Stätte verehrt. Ein Besucherzentrum informiert über das Leben und Wirken des heiligen Martin, bevor sich der Pilger auf den Weg macht.

Hier stellen wir ein Teilstück der Strecke vor. Theoretisch ist es auch möglich, die 1500 Kilometer ins französische Tours zurückzulegen, dann aber freilich in mehreren Pilgerreisen. Weiß-gelb-weiß ist die Farbkombination, die der Pilger als Wegmarkierung im Auge behal-

Die Kathedrale Mariä Heimsuchung (oben; unten: der Innenraum) und der Bischofspalast (Mitte) sind Zeugnisse des Klassizismus und Barock.

Mitteleuropa

Blaufränkisch

Blaufränkisch ist eine Kreuzung aus Blauer Zimmettraube und Weißem Heunisch und eignet sich sehr gut für den Barriqueausbau. Angebaut wird die Rebsorte vor allem im Mittelburgenland. In Österreich taucht die Sorte erstmalig im 18. Jahrhundert auf. In Deutschland kennt man sie unter dem Namen Lemberger oder Limberger, in Ungarn unter Kékfrankos. Bereits als junger Wein ist der Blaufränkisch sehr fruchtig und ausgewogen, teils aber auch richtig wild. Mit der Zeit werden die Weine runder und geschmeidiger und bekommen eine samtige Note. Dunkle Beeren und Kirschtöne prägen das Aroma, hinzu kommt eine teils kräftige Säure. Mit längerer Lagerzeit werden die zuvor im Vordergrund stehenden Tannine besser eingebunden. Wer im Burgenland unterwegs ist, sollte diesen edlen Tropfen also unbedingt einmal verkosten.

Die Früchte des Blaufränkisch sind rundlich und blauschwarz. Der daraus resultierende Wein schmeckt nach Waldbeeren und Kirschen.

ten sollte auf den nächsten Etappen, denn die sie kennzeichnet den Weg. Er erstreckt sich durch die ungarische Ebene, führt über Wiesen und Felder an uralten Bäumen entlang zum nächsten Etappenort. Wer mag, unternimmt Abstecher zu den am Wegrand liegenden Martinskirchen. Das Land ist leicht hügelig. Schon die Römer schätzten die Gegend als Weinbaugebiet – eine Tradition, die sich bis heute erhalten hat. In Gencsapáti mit seiner Burg beginnen die östlichen Ausläufer der Alpen und das Terrain wird steiler und fordernder für den Wanderer. Kleine Orte säumen den Weg, der sich durch die hügelige Landschaft und über Getreidefelder schlängelt. In Ólmod lohnt ein Stopp in der Martinskirche zur Andacht, am Zielort Köszeg erfreut das Barockschloss den Pilger mit seinem Anblick. Köszeg mit seinem mittelalterlichen Stadtkern und der Burg bietet dem Pilger mehr als nur einen einfachen Übernachtungsort. Eine Erkundungstour lohnt sich unbedingt!

Am nächsten Tag geht es entlang von Fischteichen zur nächsten Martinskirche in Und. Der kleine Ort, der so heißt wie ein Bindewort zwischen zwei Sätzen, wartet nicht nur mit einer schönen Martinskirche auf, sondern auch mit viel Geschichte: Dieser Zipfel des Landes ist nicht nur von der Mischung österreich-ungarischer Kulturen geprägt, sondern hat auch kroatischen Einfluss. Dort leben die Burgenlandkroaten, die im 16. Jahrhundert während der Türkenfeldzüge geflüchtet waren. So hat sich diese Kulturinsel bis heute bewahrt und offenbart sich in mehrsprachigen Schildern und Speisekarten. Wer auf dem Weg einkehrt, sollte unbedingt die Weinspezialität der Gegend probieren: den typischen Blaufränkisch.

Der Pilgerweg kreuzt den »Weg des eisernen Vorhangs«, der an die ehemalige Grenze zwischen Ost und West erinnert. In dem ehemaligen Niemandsland hat sich die Natur vieles zurückerobert und wartet mit einer besonderen Flora auf. Am Zielort in Kópháza wartet wieder eine Martinskirche auf den Pilger.

Noch ein kleines Stück geht es durch die hügelige Landschaft und eher bergan, dann ist der Pilger schon in Österreich. Hatte sich der Wanderer an die dünn besiedelte Landschaft Ungarns gewöhnt, spaziert er nun von einer Siedlung zur nächsten, beginnend in Deutschkreuz, dem Grenzort zu Österreich und damit dem Tor ins Mittelburgenland. Dort erzählt das vierflügelige Schloss aus dem 16. Jahrhundert vom Wohlstand, den der Weinbau den Menschen bescherte. Über Girm und Unterpetersdorf mit seiner klassizistischen Kirche geht es gen Horitschon. Dort legen Weinliebhaber eine Pause ein und machen einen Abstecher auf den Rotweinlehrpfad. Die dortige Aussichtsplattform offenbart einen wundervollen Blick über die vom Weinbau geprägte Landschaft. Genießer kehren anschließend noch in der Vinothek des Ortes ein.

Immer mehr nähert sich der Pilger dem Zentrum des Weinbaus. Neckenmarkt ist die am reichsten prämierte Rotweingemeinde Österreichs. In der örtlichen Vinothek lassen sich viele dieser köstlichen Tropfen mit den feinen Nelken- oder Hagebuttennoten verkosten. Sehenswert ist zudem das »Haschendorfer Kultgerät« – eine Scheibe aus der Bronzezeit, deren Nutzen sich bis heute niemand erklären kann. Sie ist im Museum von Sopron in Ungarn ausgestellt.

Von Neckenmarkt geht der Pilger weiter nach Ritzing und kehrt in der Rosalienkapelle aus dem 18. Jahrhundert ein, bevor er Lackenbach erreicht. Der Ort ist für das Wasserschloss der Familie Esterházy bekannt. Über Weppersdorf schlängelt sich der Weg nach Markt St. Martin. Die Kleinstadt wartet mit einigen Burgruinen auf, die ihr ein mittelalterliches Antlitz verleihen. Über Tschurndorf, Kalkgruben und Sieggraben erstreckt sich der Weg weiter nach Mattersburg mit seinem berühmten Bahnviadukt.

In Köszeg sind die mittelalterliche Altstadt (oben) und die neugotische Herz-Jesu-Kirche (unten) sehenswert.

Mitteleuropa

Am nächsten Tag geht es durch das Leithagebirge nach Anthau, wo eine Lourdeskapelle und die vielen Bildstöcke, die nun zu sehen sind, die Besonderheiten am Wegesrand darstellen. Immer wieder liegen auch Martinskirchen auf dem Weg. Spätestens in Eisenstadt sollten kulturinteressierte Pilger eine Pause einlegen, denn die Stadt am Südhang des Leithagebirges wartet mit einer interessanten Geschichte und Architektur auf. Allen voran die einstige Fürstenresidenz Schloss Esterházy und das Haydn-Haus. Der Komponist Joseph Haydn lebte lange Zeit hier, alljährlich finden im September auch die Haydn-Festspiele statt. Zudem ist das Mausoleum des Komponisten in der Hauptstadt des Burgenlandes zu finden. Nebenan, auf dem Kalvarienberg, befindet sich die Bergkirche, die neben dem Martins-Dom und dem Franziskanerkloster zu den wichtigen sakralen Gebäuden der Stadt gehört. Der Zielort der Etappe, Donnerskirchen, ist für seine Weine, aber auch für seine Kirschblüte bekannt, die im Frühjahr die Landschaft mit schneeweißen Farbtupfer schmückt.

Auf dem Weg nach Mannersdorf kommt der Wanderer an Schlössern und einsamen Kapellen vorbei, bevor er den letzten Stopp vor der österreichischen Hauptstadt erreicht. Spätestens jetzt hat der Pilger einen oder gar zwei Pausentage verdient.

Es wird empfohlen, Wien mit den öffentlichen Verkehrsmitteln zu erkunden und sich dann erst in wieder Nussdorf per pedes auf die Pilgerroute zu begeben, oder sich gar gleich bis nach Klosterneuburg fahren zu lassen. Wer es mag, durch Städte zu wandeln, dem sei der Weg empfohlen, der den Pilger mitten durch die Innenstadt bis zum Ufer der Donau lenkt. Der Fluss wird von nun an ein ständiger Begleiter des Pilgers sein.

Doch bevor der sich dem Wasser widmen kann, steht zunächst ein spiritueller Ort auf dem Programm: Das Stift Klosterneuburg thront mit der doppeltürmigen Kirche erhaben über dem Ort, umgeben von Weinbergen. Der Kreuzgang sowie der barocke Kaisertrakt erzählen Geschichten von Habsburgern, die an dieser Stelle residiert haben. Vor allem der Marmorsaal ist ausgestattet mit wertvollen Fresken. Größter Schatz der Anlage ist wohl der Verduner Altar mit seinen 51 Goldtafeln. Das angeschlossene Stiftsmuseum (1774) zählt zu den ältesten Museen der Welt. Abgesehen davon ist das Kloster zugleich das älteste Weingut Österreichs.

Die Strecke nach Stockerau ist geprägt von Grün, und der Wanderer erhascht immer wieder schöne Blicke auf die Donau. Am Zielort, der auch Lenaustadt genannt wird, da der Schriftsteller Nikolaus Lenau dort wirkte, erinnert ein Theater an den Literaten. In der Kirche erzählt ein Bildnis die grausame Geschichte eines Pilgers, der sich vor 1000 Jahren von Irland nach Jerusalem aufmachte und in Österreich als Spion gehängt wurde. Spätestens in Hausleiten wird der Pilger sich mit dem besonderen jungen Wein, dem Heurigen, beschäftigen, denn dort reihen sich die kleinen Winzerhäuser an den Kellergassen und laden zur

Das Innere der Stiftskirche Klosterneuburg (kleines Bild oben) ist im Barock gehalten. In Wien zählen das Kunsthistorische Museum (oben), der Heldenplatz und die Hofburg (Mitte) sowie die Innenstadt (unten: Graben mit Pestsäule) zu den Sehenswürdigkeiten.

⭐ Wien

Wiens historisches Zentrum spiegelt drei Epochen wider: Mittelalter, Barock und Gründerzeit. Die österreichische Hauptstadt »an der schönen, blauen Donau« konkurrierte einst mit London und Paris. Davon zeugt heute noch die groß dimensionierte Stadtanlage mit imposanten Bauwerken und Plätzen. Als Residenzstadt der Habsburger und als Hauptstadt der österreichisch-ungarischen Doppelmonarchie war die Donaumetropole über Jahrhunderte hinweg ein politisches, geistiges und kulturelles Zentrum. Das spiegelt sich auch in den Baudenkmälern und Kunstschätzen. Erwähnt seien an dieser Stelle unter vielen anderen der berühmte Stephansdom. Symbolisch für die euphorischen Jahrzehnte nach der zweiten Türkenbelagerung (1683), als Wien zur glanzvollen Metropole mutierte, steht die 1713 anlässlich einer überstandenen Pestepidemie gebaute Karlskirche. An dritter Stelle sei noch die Hofburg genannt. Diese bildete über viele Jahrhunderte den machtpolitischen Nabel der Habsburgermonarchie und diente als Hauptresidenz der kaiserlichen Familie.

Oben: das Hauptschiff im Stephansdom mit Blick auf den Altar.

⭐ Linz

Traditionell ein Zentrum von Handel und Schwerindustrie, hat sich die mehr als 200 000 Einwohner zählende Landeshauptstadt von Oberösterreich binnen nur einer Generation zu einem Hotspot für Hightech und postmoderne Kunst gemausert. Brucknerhaus, Design- und Ars Electronica-Center, Nordico Stadt- und LENTOS Kunstmuseum heißen die Marksteine dieses Imagewandels. Im Kern ist Linz, auf dessen Boden bereits die Römer ein Kastell namens Lentia unterhielten, freilich architektonisch nach wie vor barock geprägt. Und das Landhaus sowie jenes Schloss an der Donau, in dem Ende des 15. Jahrhunderts kurze Zeit sogar ein Babenberger Kaiser residierte, stehen rein äußerlich seit der Renaissancezeit weitgehend unverändert da. Einen Gipfelpunkt in der Entwicklung des Barockstils bildet das nahe, nach Plänen Carlones und Prandtauers gestaltete Stift St. Florian.

Der »Neue Dom«, auch Mariä-Empfängnis-Dom genannt, wirkt wie ein typischer Bau der französischen Kathedralgotik. Erst bei genauerem Hinsehen wird klar, dass es sich um eine neogotische Schöpfung handelt.

Verkostung ein, ebenso im benachbarten Stetteldorf.

Von Kirchberg am Wagram geht es weiter über Fels am Wagram nach Krems an der Donau. Die Altstadt von Krems zählt zum UNESCO-Weltkulturerbe. Die Pfarristenkirche gilt als kleine Schwester des Wiener Stephansdoms. Pulverturm, Steinertor und Bauten wie das Gögglhaus geben Hinweise, dass Krems bereits im Mittelalter eine reiche Stadt war, ebenso wie das benachbarte Stein mit seiner prächtigen Innenstadt.

Doch den Pilger zieht es weiter in den Wallfahrtsort Maria Langegg. Im frühen 17. Jahrhundert hatte dort ein Mann aus Salzburg um Heilung für sein schwer krankes Kind gebetet. Als das Kind genesen war, ließ er dort eine Kirche bauen. Die Wunderheilung sprach sich schnell herum, die Wallfahrtskirche zog mehr und mehr Pilger an. Mit ihrer barocken Pracht lohnt sie auf jeden Fall einen Besuch.

Im weiteren Verlauf der Strecke wird der Wanderer beim Schloss von Artstetten an Zwiebeltürme erinnert und bei Maria Taferln an heidnische Opferstätten. Ybbs an der Donau macht

mit dem Donaukraftwerk eher einen industriellen Eindruck. Doch das täuscht: Ybbs verfügt über eine sehr schöne Altstadt.

Über Wallsee geht der Pilger auf den letzten Etappen durch Auenwälder. Er kommt immer wieder an den Fluss, der den Wanderer schließlich bis nach Linz begleitet. Am Schluss der Etappe empfängt er die Silhouette der Stadt, die er über die Nibelungenbrücke erreicht. Obwohl sakrale Gebäude wie die Pöstlingbergkirche oder der Maria-Empfängnis-Dom locken, wird es den Pilger zur Martinskirche ziehen, die schon im 8. Jahrhundert urkundlich erwähnt wurde. Mit ihrer schlichten, romanischen Bauweise und den Fresken ist sie ein perfekter Ort, um noch einmal mit sich selbst in Stille zu gehen, bevor einen die Alltagswelt wieder zurückfordert.

Wer noch nicht genug hat vom Pilgern, der kann den Martinusweg noch um die Strecke nach Passau erweitern.

Das Ars Electronica Center (großes Bild) bildet einen Kontrast zu den Kirchengebäuden in Linz wie dem Alten Dom (links) oder der Martinskirche (rechts).

Mitteleuropa

RUND UMS PILGERN

Anforderung: Die Strecke ist moderat, wenngleich sie auch einige Steigungen aufweist. Diese sind gut zu schaffen. Die Etappen in Österreich lassen sich auch gut teilen, falls sie zu lang sind.

Unterkunft und Verpflegung: In Ungarn ist die Gegend eher dünn besiedelt und nicht so gut touristisch erschlossen wie nach dem Übertritt an der österreichischen Grenze. In Österreich ist die Verpflegung kein Problem, viele kleine Gastwirtschaften säumen den Wegesrand; sie sind allerdings oftmals erst ab Mai geöffnet.

Beste Reisezeit: Im Frühjahr ist die Natur in schönster Blüte, die Wege sind noch nicht überlaufen und der Wanderer kommt bei den Etappen nicht ins Schwitzen.

Nicht verpassen: Heurigen trinken. Der Wein wird – passend zum Pilgerweg – am Martinstag geweiht und als junger Wein ausgeschenkt.

Über Krems an der Donau wachen die Türme der ehemaligen Frauenbergkirche, der Pfarrkirche Hl. Nikolaus und der ehemaligen Minoritenkirche (von links nach rechts gesehen).

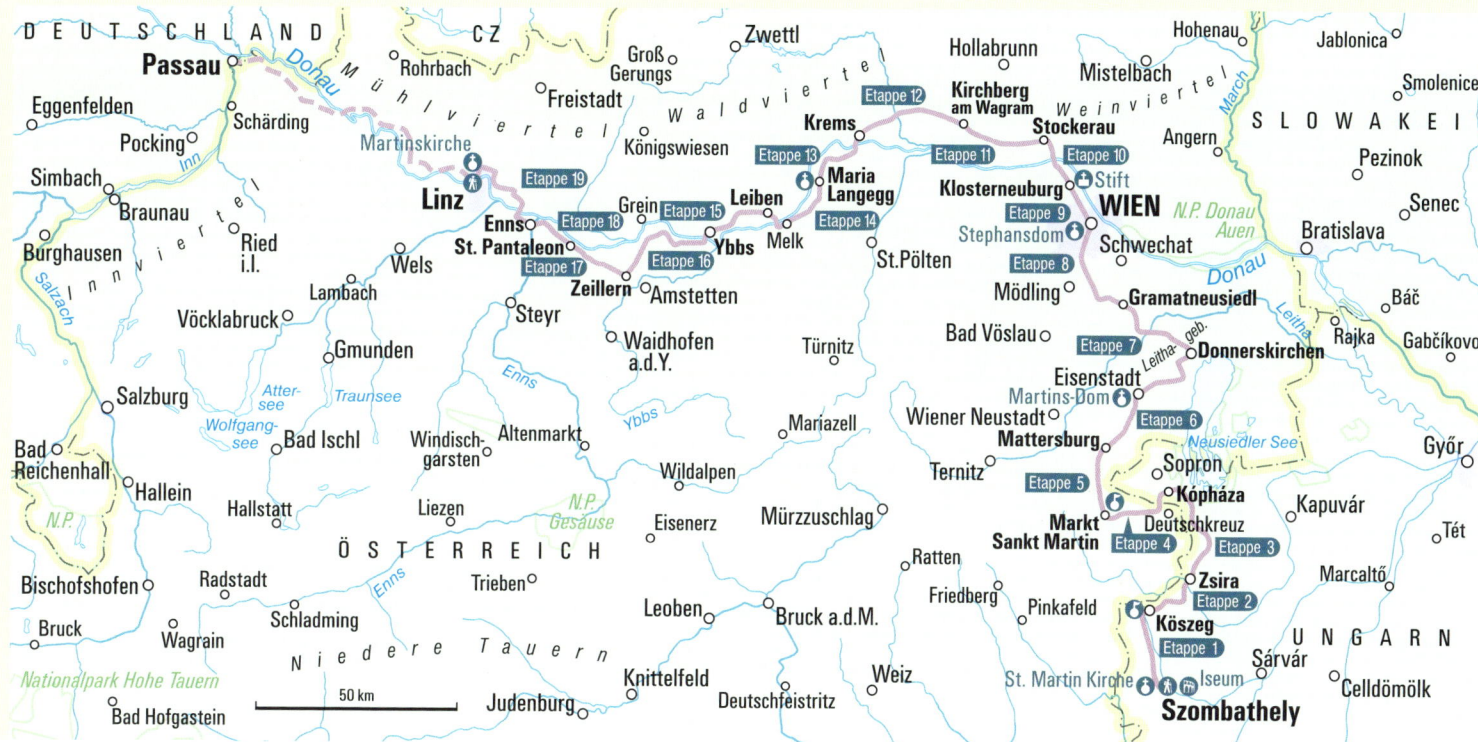

Mitteleuropa

Österreich, Slowenien
Auf dem Benediktweg von Kärnten nach Slowenien

Es ist wichtiger denn je, dass Wege auch kulturelle Verbindungen schaffen – zwischen Menschen und Ländern, vor allem aber zur Überwindung von Grenzen. Der relativ junge Benediktweg zwischen Österreich und Slowenien trägt dazu bei.

STRECKEN-INFORMATIONEN

Distanz: 254 km
Dauer: mindestens 11 Tage

Etappen:
1. Spital am Pyhrn – Admont: 18 km
2. Admont – Oberes Triebental: 20 km
3. Oberes Triebental – Seckau: 36 km
4. Seckau – Maria Buch: 24 km
5. Maria Buch – Bad St. Leonhard im Lavanttal: 30 km
6. Bad St. Leonhard im Lavanttal – Wolfsberg: 20 km
7. Wolfsberg – Sankt Paul im Lavanttal: 18 km
8. Sankt Paul im Lavanttal – Šentjanž pri Dravogradu: 26 km
9. Šentjanž pri Dravogradu – Sveti Danijel: 24 km
10. Sveti Danijel – Nazarje: 23 km
11. Nazarje – Gornji Grad: 15 km

Der Benediktweg wurde im Jahr 2009 geschaffen. Der Grund war zum Teil das frisch erwachte Interesse am Pilgern, das in dieser Zeit viele neue Wege entstehen ließ. Aber auch längst vergessene Pfade, wie beispielsweise antike Martinswege, rückten wieder in die Erinnerung und wurden neu beschildert. Beim Benediktweg war der Anlass eine 200-Jahr-Feier. Schließlich feierten die Glaubensbrüder 2009, dass das im Jahr 1787 vom römisch-deutschen Kaiser Josef II. aufgehobene Kloster St. Paul 1809 wieder durch Mönche aus St. Blasien im Schwarzwald besiedelt wurde. Ein Anlass, der gut passte, um neue Wege zu gehen – oder sie ins Leben zu rufen. Das bereits 1091 gegründete Benediktinerkloster hat eine lange und bewegte Geschichte hinter sich. Umbauten, Neubauten und eine weitere Aufhebung der Klosteraktivitäten in der Nazizeit hat das auf einer Felskuppe in 400 Meter Höhe stehende Stift erfolgreich überstanden. Heute ist es ein prächtiger Gebäudekomplex, in dem auch eine Schule untergebracht ist – das private Sifts-Gymnasium St. Paul. Gut 700 Schüler werden hier unterrichtet.

Der Pilgerweg verbindet die drei Bundesländer Oberösterreich, die Steiermark und Kärnten mit Slowenien. Doch das wird noch nicht das Ende sein: Künftig sollen weitere Benediktinerklöster integriert werden. Der Traum ist, den Weg über das italienische Monte Cassino sowie bis nach Schottland zu verlängern. Das Ziel wäre somit das Kloster Pluscarden bei Elgin im Nordosten Schottlands.

Orientierungsschwierigkeiten werden die Pilger auf dem Benediktweg nicht haben. Die Wege sind meist gut markiert, mitunter geht es auch über kleine Straßen oder Radwege in Richtung Süden. Das Logo ist ein dreieckiges Täfelchen mit einem integrierten weiteren Dreieck mit rot-weißen Quadraten. Teilweise sind auf Gebäuden oder Zäunen Aufkleber mit dem Benediktweg-Logo zu finden.

Der Startpunkt des Pilgerweges ist Spital am Pyhrn. Es lohnt sich durchaus, zumindest einen Tag vor der ersten Etappe bereits vor Ort zu sein und sich die Stadt anzusehen. Sie hat nicht nur eine spannende Geschichte – so wurde Anfang 1945 in der Gruft unter der Stiftskirche die 33 000 Kilogramm schwere, komplette Goldreserve der ungarischen Nationalbank eingelagert – sondern auch sehenswerte klerikale Gebäude. Das hiesige Stift ist noch heute ein markanter und beeindruckender Gebäudekomplex, der eine Besichtigung lohnt. Schon das Innere der Pfarrkirche ist prächtig ausgestaltet. Zwischen 1714 und 1730 wirkte hier der Barockarchitekt Johann Michael Prunner. Fresken von Bartolomeo Altomonte sind zu sehen, Stuckarbeiten von Domenico Antonio Carlone, vier Altarbilder von Martin Johann Schmidt und zwei Altarbilder von Michael Angel Unterberger. Als eine der schönsten Schmiedearbeiten ganz Österreichs gilt das Abschlussgitter in der Kirche. Andreas Ferdinand Lindemayr hat es geschaffen. Das Stift ist allerdings heute aufgelöst. Ein Hotel hat an seiner Stelle dort Platz gefunden, und in den barocken Gewölberäumen des Erdgeschosses halten sich meist Bergfreunde auf. Der Grund: Die Ausstellung über die Bergsteigerin »Gerlinde Kaltenbrunner und die Welt der 8000er« lockt schon seit 2015 Besucher an.

Pilgern in Oberösterreich heißt vor allem: Bergpanorama bewundern und die Stille schmucker Kirchen aufsuchen – beides ist möglich in Spital am Pyhrn.

Mitteleuropa

Die Pilgerreise beginnt also an der Stiftskirche. Sie ist bereits auf der ersten Etappe durchaus herausfordernd: Knapp 18 Kilometer dürften zwar auch unerfahrene Wanderer locker bewältigen, die gut 1400 Höhenmeter im Auf- und Abstieg dagegen könnten am nächsten Morgen noch in den Waden stecken.
Nach dem Verlassen von Spital am Pyhrn führt der Weg in Richtung des Rohrauer-Hauses, das auf 1300 Metern liegt. Dann geht es über die Landesgrenze von Oberösterreich und der Steiermark bis zum Kraftwerk Mühlau. Der wildromantische Salzlehrpfad leitet die Gläubigen durch die Auen der Eßling bis zum Tagesziel nach Admont.
Die 5000-Einwohner-Stadt wurde erstmals im Jahr 850 erwähnt. Sie ist damit eine der ältesten Besiedlungen der Steiermark. Sehenswert ist das Benediktinerstift der Stadt. Optisch schlichtweg grandios ist die 1776 gebaute Bibliothek. Der lichtdurchflutete größte klösterliche Bibliothekssaal der Welt wurde einst sogar als »Achtes Weltwunder« bezeichnet. Aber auch die Museen und die Gartenanlage könnten die Pilger zu einem ungeplanten Ruhetag verleiten.

Doch nach erst einem Wandertag geht es am nächsten Tag meist gleich wieder hinaus in die Natur. Eine Strecke über die Kaiserau schließt sich an. Später verläuft sie auf alten Wegen bis zum Kraftwerk Sunkbrücke. Es ist eine teils steile Wanderung, die den Pilgern einiges abverlangt. Ab dem Gasthof »Brodjäger« führt der Weg ins Triebental. Hier lockt das Gasthaus »Braun« mit einer Unterkunft und der wohlverdienten Verpflegung nach diesem Pilgertag.
Die nächste Tagesetappe ist anspruchsvoll und erfordert sehr gute Kondition. Das liegt nicht einmal an den insgesamt 2000 Höhenmetern, sondern an der enormen Länge von 30 Kilo-

Am bekanntesten ist das Benediktinerstift Admont (rechts oben) für seine Bibliothek (rechts, Mitte). Rechts unten: Stifts- und Pfarrkirche des Hl. Blasius.

⭐ Nationalpark Gesäuse

Nur 16 Kilometer ist das Durchbruchstal nahe dem Ennsknie zwischen Admont und Hieflau lang. Doch was das Wasser dieses österreichweit längsten Binnenflusses hier im Lauf der Jahrmillionen in den Kalkstein gefräst hat, zählt zu Österreichs bizarrsten und sehenswertesten Gebirgsszenerien. Zu beiden Seiten steile Felswände, oft über 1500 Meter und mehr senkrecht abfallend; im Hinterland die bis über 2300 Meter hohen Gipfel der Hochtor- und Buchsteingruppe, dazwischen tiefe Schluchten, Gräben, dicht bewaldet, weitgehend unberührt. Kein Wunder, dass man 2002 mehr als 100 Quadratkilometer dieses ökologisch so wertvollen Landstrichs zum Nationalpark erklärte. Und kein Wunder auch, dass sich Wanderer, Bergsteiger, Kletterer, Fischer und Wildwasserfahrer bei schönem Wetter zuhauf aufmachen in dieses prächtige Outdoor-Paradies.

Farbenpracht am Wegesrand kann man dank Berg-Hauswurz (links) und Halbkugeliger Teufelskralle (rechts) immer wieder antreffen, oder man wartet auf den bunten Herbst, hier am Großen Ödstein (großes Bild oben).

metern. Entscheidend für die Überlegung, heute loszugehen, wird aber das Wetter sein. Es könnte katastrophal enden, diese mindestens zehn Stunden lange Wanderung bei instabiler Witterung zu laufen. Als Alternative bietet sich in diesem Fall an, über St. Johann zu gehen. Schon zu Beginn des Weges geht es steil aufs Kettentörl, das auf 1864 Metern liegt, später erreichen die Pilger das Hochtal von Seckau, ehe am Ende die Benediktinerabtei Seckau steht. Das bereits im Jahr 1140 einst für Augustiner gegründete Kloster hat gewaltige Ausmaße. Alleine die Westfront ist 143 Meter breit. In den nicht von den Mönchen genutzten Klostergebäuden ist heute ein humanistisch-neusprachliches Gymnasium für 300 Schüler untergebracht. Außerdem betreiben die Mönche eine Tischlerei, eine Destillerie und einen Shop. Die Innenansicht der Basilika Mariä Himmelfahrt mit ihren beiden Säulenreihen im Hauptgang ist imposant. Insgesamt erstrahlt sie nach einer großen Innenrenovierung in altem und neuem Glanz.

Der vierte Pilgertag verläuft gemächlich. Zunächst führt er zwar auf den Trommelberg, von dem aus der Panoramablick traumhaft ist. Danach laufen die Wanderer aber auf ebenen Pfaden in Richtung der Wallfahrtskirche von Maria Buch. Das heutige Gotteshaus wurde um das Jahr 1455 errichtet und ist von einem Friedhof umgeben. Imposant ist die Konstruktion des Netzrippengewölbes im Inneren des Kirchenbaues.

Auch auf den nächsten Etappen nach Bad St. Leonhard im Lavanttal, Wolfsberg und Sankt Paul im Lavanttal sind im Wegverlauf Kirchen, Burgruinen oder Schlösser zu bewundern. Doch Sankt Paul ist schon deshalb ein markantes Zwischenziel, da von hier die Idee zur Gründung dieses Pilgerweges ausging.

Abgesehen davon haben die Pilger nun bereits sieben der elf Etappen geschafft. Der Pilgerpass, der auf Deutsch und Slowenisch aufgelegt wurde, füllt sich nun bereits mit etlichen Stempeln. Die Mitarbeiter der Pfarrämter oder die Wirte der auf der Strecke liegenden Gasthäuser stempeln die Pässe mit den speziellen Pilgerstempeln ab. Ebenfalls in den Pfarrämtern oder den Tourismusinformationen liegen die Pilgerpässe aus.

Die Gläubigen nähern sich auf der achten Etappe nach Šentjanž pri Dravogradu zügig der Grenze. Es darf nicht unerwähnt bleiben, dass es zwischen Kärnten und Slowenien durchaus problematische Zeiten gab. Immerhin war das komplette heutige Slowenien mit einer kurzen Unterbrechung bis zum Ende des Ersten Weltkrieges 1918 Teil der österreichischen Habsburgermonarchie. Auseinandersetzungen um die Grenzziehung zu Jugoslawien führten 1918 zum Kärntner Abwehrkampf. Doch kulturell, kirchlich und gesellschaftlich gab und gibt es

Ein ruhiges Gebet sprechen oder neue Gedankenanstöße finden können Pilger in den Kirchen von Stift St. Paul (kleine Bilder) und Abtei Seckau (rechts).

Mitteleuropa

⭐ St. Andrä im Lavanttal

Die ehemalige Bischofsstadt St. Andrä, einer der ältesten Orte ganz Kärntens, besticht durch ihre anmutige Lage inmitten sanft gewellter Wiesen und Felder. Ihre Pfarrkirche, ein gotischer, dreischiffiger Bau mit bemerkenswerten figürlichen Grabsteinen, fungierte über sechs Jahrhunderte lang, bis das hiesige Bistum 1859 teils nach Gurk verlegt, teils nach Marburg in der Krain übertragen wurde, als Kathedrale eigenständiger Lavanttaler Bischöfe. Ihre Vorgängerkirche wurde vermutlich schon im 8. Jahrhundert unter Bischof Modestus begründet und 890 in einer Urkunde Kaiser Arnulfs erstmals urkundlich erwähnt. Nähere Beachtung verdient auch die Wallfahrtskirche Maria Loreto mit ihren 60 Meter hohen Doppeltürmen. Im zugehörigen Kloster wirkten, bis sie von den Nationalsozialisten vertrieben wurden, Mönche des Jesuitenordens.

Symmetrie par excellence lässt sich an der Fassade der Wallfahrtskirche Maria Loreto ablesen.

viele Gemeinsamkeiten. So wird noch heute der 1862 gestorbene Bischof Anton Martin Slomšek vor allem in Slowenien hoch verehrt. Der inzwischen selig gesprochene Schriftsteller und Dichter wirkte im Lavanttal und im slowenischen Koroska. Wichtig war ihm, die beiden Sprachen und Kulturen gleich ernst zu nehmen und die Einheit der Christen zu fördern. Dennoch war er ein energischer Vertreter der Freiheitsbewegung der Slowenen.

Von Šentjanž pri Dravogradu sind es gute 24 Kilometer bis Sveti Danijel. Am unteren Flusslauf der Mislinja führt die Strecke zunächst entlang. Später geht es auf einem neuen Radweg auf der einstigen Eisenbahnstrecke, über Slovenj Gradec und auf alten Hohlwegen weiter bis zum wohl verdienten Tagesziel.

Nur noch zwei Etappen stehen den Pilgern nun bevor, 38 Kilometer sind bis zum Ende dieser Reise zu laufen. Die gotische Kirche in Sveti Danijel ist ein guter Startpunkt. Danach geht es auf einem idyllischen Weg weiter in Richtung Süden. Auf dem heutigen Schlussabschnitt begleitet der Fluss Savinja die Pilger bis nach Nazarje.

Zum Pflichtprogramm zählt der Besuch des Franziskanerklosters, in dem auch Übernachtungen möglich sind. Imposant sind neben dem Klosterkomplex selbst auch die Bibliothek aus dem Jahr 1752 und der naturwissenschaftliche Lehrpfad am Klosterhügel. Die wertvollsten Exponate der Büchersammlung sind eine Evangeliumsübersetzung von Primož Trubar aus dem Jahr 1557 und eine Handschrift auf Pergament aus dem 11. und 12. Jahrhundert. Spannend ist in Nazarje auch die Besichtigung der Burg Vrbovec. Die Ursprünge des auch als Altenburg bekannten Baues stammen aus der ersten Hälfte des 12. Jahrhunderts. Heute sind zahlreiche Privatfirmen, die Verwaltung der Gemeinde, das Forstamt und ein Restaurant in dem Gebäude untergebracht.

Die letzte Etappe steht an. Es ist eine Wanderung, die immer wieder die Sicht auf den von zahlreichen Schotterbänken durchzogenen Flusslauf der Savinja ermöglicht. Wenn nach 15 Kilometern aber die weiß strahlende Kathedrale von Gornji Grad auftaucht, geht diese Pilgerreise endgültig zu Ende. Der flache Wegverlauf an diesem Tag ist angenehm. Schließlich sollten die Gläubigen noch einmal die Gelegenheit erhalten, zurückzudenken an die gelaufene Strecke. An die vielen Gedanken, die sie sich gemacht haben und die vielleicht entscheidend sein werden für den weiteren Lebensweg.

Ein herrschaftlicher Bau ist die Burg Vrbovec. Ihr Name lässt sich mit »in den Weiden« übersetzen. Diese säumen das Flussufer unterhalb der Burg.

Mitteleuropa

ℹ RUND UMS PILGERN

Beste Reisezeit: Die optimale Zeit für diese Pilgerreise ist vom späten Frühjahr bis zum frühen Herbst. Die Vegetation ist prächtig und die Temperaturen sind meist angenehm. Entscheidend ist – vor allem auf den Bergetappen – das Wetter. Sollte noch Schnee liegen oder die Witterung wechselhaft sein, ist es unbedingt notwendig, vor dem Losmarschieren mit den Hüttenpächtern oder dem Alpenverein Kontakt aufzunehmen und nachzufragen, ob es möglich ist, die jeweilige Etappe zu gehen.

Anforderung: Die im ersten Moment relativ leicht wirkende Pilgerreise ist bei intensiver Betrachtung recht anspruchsvoll. Vor allem die vielen Höhenmeter und die teils extrem langen Tagesetappen mit bis zu zehn Stunden Gehzeit – ohne Pausen – erfordern eine sehr gute Kondition. Allerdings ist es möglich, manche Passagen auch auf Alternativstrecken zu umgehen oder in zwei Etappen zu unterteilen. Sinnvoll wäre es zudem, Pausentage zur Regeneration einzulegen. Eine gute Berg- und Wanderausrüstung ist ebenso notwendig.

Unterkunft und Verpflegung: Die Übernachtung sollte auf dieser Pilgerreise kein Problem werden. Allerdings ist es wie immer unbedingt notwendig, sich frühzeitig telefonisch oder per Mail zu erkundigen, welche Gasthöfe am geplanten Ankunftstag geöffnet haben, und eventuell zu reservieren. Vor allem Übernachtungen in den Klöstern sind oft sehr reizvoll und unterstreichen den Sinn der Pilgerreise. Die Verpflegung ist in den Klöstern oder Gasthöfen, die am Ende jeder Etappe zu finden sind, unproblematisch.

Nicht verpassen: Gerade auf dieser Wanderung bietet es sich an, sich im Vorfeld mit der wechselhaften und teils leidvollen Geschichte der Region Kärnten und Slowenien zu beschäftigen. Sie gibt Anregung zum Nachdenken.

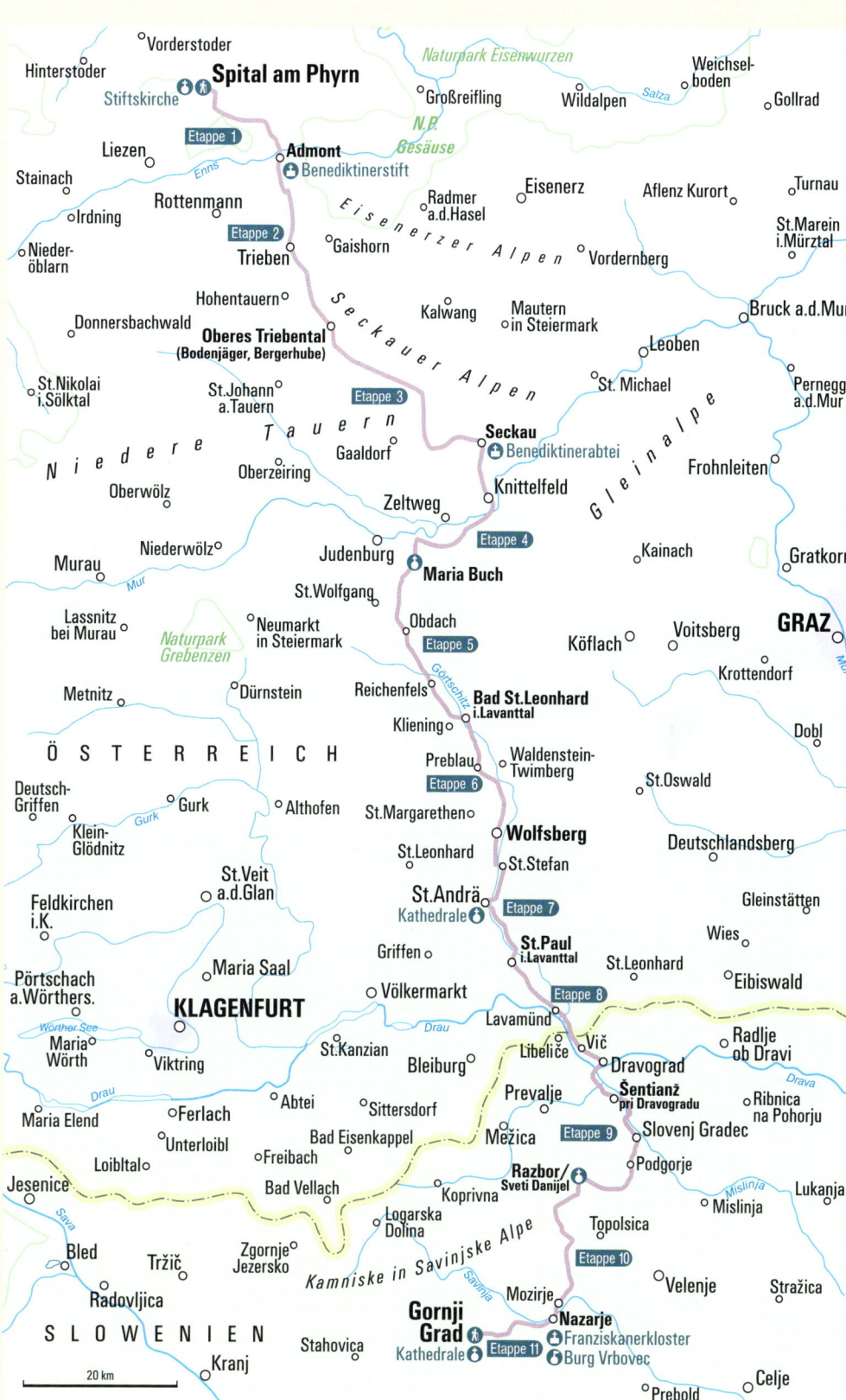

Mitteleuropa

Deutschland, Schweiz
Thurgauer Klosterweg – Vom Rheinfall zu den Klöstern der Eidgenossen

Bereits die Anreise ist ein Erlebnis – mit der Sauschwänzlebahn geht es in die Schweiz. Durch die geringe Etappenanzahl ist der Klosterweg ein perfekter Einstieg ins Pilgern. Doch fordern die Anstiege dem Wanderer doch einiges ab. Für die körperlichen Mühen wird der Pilger am Ende mit viel Natur und idyllischen Orten entschädigt.

STRECKEN-INFORMATIONEN

Distanz: 83 km
Dauer: 4 Tage

Etappen:
1. Blumberg – Schaffhausen: 28 km
2. Schaffhausen – Oberstammheim: 21 km
3. Stammheim – Frauenfeld: 15 km
4. Frauenfeld – Tobel: 17 km

Gerade für Pilgernovizen ist der Thurgauer Klosterweg besonders gut geeignet. Es gibt nur vier Etappen, und ehe man sich so richtig warm gelaufen hat, steht der Wanderer schon am Ziel. Das hat den Nachteil, die Ruhe und Gelassenheit des Pilgerns nur ansatzweise mitzubekommen. Andererseits können Jakobsweg-Neulinge relativ schnell erkennen, ob das ruhige Voranschreiten in der Natur tatsächlich ihren Neigungen entspricht. Leicht macht es der Klosterweg den Pilgern trotzdem nicht, denn bereits die erste Etappe ist schwer. Hinter Schaffhausen führen die Wege, die meist auf Wanderpfaden entlangführen, durch eine attraktive Fluss- und Hügellandschaft bis zur Johanniterkomturei in Tobel.

Die Namensgebung des Weges ist auf die vielen, teils bedeutsamen Kirchen und Klöster zurückzuführen, die der Wanderer an diesen vier Tagen passieren wird. Ein Nachteil ist allerdings, dass der Weg noch nicht ausgeschildert ist. Es ist also dringend notwendig, die passenden Wanderkarten dabei zu haben, um sich nicht zu verlaufen. Zumindest die Wanderwege sind mit einer gelben Markierung versehen. Ein spezielles Thurauer-Klosterweg-Logo dagegen wird wohl erst in der Zukunft entstehen. Wer Lust hat, kann diese Pilgerreise mit einem touristischen Angebot beginnen: Die Sauschwänzlebahn führt von Lauchringen bis Hintschingen und hält ziemlich in der Mitte der Strecke in Blumberg, dem Start der Wanderung. Zum einen wird die eingleisige Trasse als Nahverkehrsmittel, zum anderen als Museumsbahn betrieben. Es variiert, wann die spektakulär anzusehenden Dampflokomotiven der Museumsbahn unterwegs sind. Es ist daher sinnvoll, sich im Internet zu erkundigen. Der Name »Sauschwänzle« wird auf den kurvigen Verlauf des Mittelabschnittes, aber vor allem auf den Kehrtunnel in der Stockhalde zurückgeführt. Die Bahnstrecke wendet sich hier um 180 Grad und wechselt beim Grimmelshofener Tunnel in das Mühlbachtal.

Der Start dieses Pilgerpfades ist an der Pfarrkirche in Blumberg. In Richtung Osten geht es nach Randen und dann zum Randenhof. Die Gläubigen laufen zügig auf die Schweizer Grenze zu, diese nach gut elf Kilometern erreicht wird. Mit 919 Meter ist das auch der höchste Punkt dieses Tages. Die Pilger wandern nun

Mitteleuropa

im regionalen Naturpark Schaffhausen bis zu einem Wegkreuz, an dem sich der Thurgauer Klosterweg und der Schaffhauser-Züricher-Weg voneinander trennen. Nach dieser schon zum Auftakt recht langen Etappe sind die Pilger frühestens nach siebeneinhalb Stunden in Schaffhausen angekommen.

Die Stadt ist vor allem bekannt durch den beeindruckenden Rheinfall. Er zählt zu den drei größten Wasserfällen in Europa. Einst war der Wasserfall, der eigentlich gut zweieinhalb Kilometer rheinabwärts in Neuhausen zu finden ist, für die Schifffahrt und den Warentransport ein großes Problem. Es blieb nichts anderes übrig, als die Schiffe zu entladen und alle Güter auf dem Landweg bis zu einer Stelle unterhalb des Falls zu transportieren. Für Schaffhausen war das allerdings wirtschaftlich hochinteressant: Die Stadt und die anliegenden Gemeinden wurden aufgrund dieses Umstandes zu einem wichtigen Warenumschlagsplatz. Der Rhein war damals bei Schaffhausen so breit und flach, so dass er mit Pferdefuhrwerken überquert werden konnte.

Wollen die Pilger die Wasserfälle sehen, müssen sie ein wenig zusätzliche Zeit einplanen, denn die Fälle liegen nicht auf der Wanderroute. Es würde sich aber ohnehin lohnen, ein wenig in Schaffhausen zu bleiben und nicht gleich weiterzuhetzen. An heißen Tagen ist auch das Freibad Rhybadi einen Besuch wert. In der verkehrsfreien Altstadt sind viele historische Gebäude erhalten. Das Wahrzeichen Schaffhausens ist der Munot. Die Artilleriefestung wurde ab dem Jahr 1564 errichtet und nach 25 Jahren Bauzeit fertiggestellt. Schon damals wurde spekuliert, ob dieser Teil der Stadtbefestigung nicht eher dem repräsentativen Charakter denn einem schützenden Zweck dienen würde. Nach dem Ende der Bauarbeiten war der Munot jedenfalls militärisch

Schnaufend zieht die Sauschwänzlebahn unbeirrbar ihres Wegs durch die Landschaft, wie hier bei Lausheim-Blumegg.

Mitteleuropa

Rheinfall

»Halte dein Herz, o Wanderer, fest in gewaltigen Händen! Mir entstürzte vor Lust zitternd das meinige fast.« So schilderte Eduard Mörike im 19. Jahrhundert seine Empfindungen angesichts des gewaltigen Rheinfalls. Das Tosen der Wassermassen hört man schon von Weitem. Und das ist kein Wunder, ist doch der Rheinfall von Schaffhausen mit 23 Meter Höhe und 150 Meter Breite einer der größten und wasserreichsten Wasserfälle Europas. 70 000 Liter Wasser stürzen hier pro Sekunde in die Tiefe. Ausflugsboote fahren durch die schäumende Gischt bis dicht an den Wasserfall heran und setzen die Passagiere auf einer Felseninsel mit Aussichtsplattform ab. Auch von mehreren Plattformen am Ufer aus hat man einen faszinierenden Blick auf die Wassermassen. Gute Aussichtspunkte sind auch das Schloss Laufen am Zürcher Ufer sowie das Schlösschen Wörth, das auf einer Insel im Rhein liegt.

Erhaben thront Schloss Laufen über dem Rheinfall – doch das rauschende Naturspektakel zieht trotzdem die größere Aufmerksamkeit auf sich.

Mitteleuropa

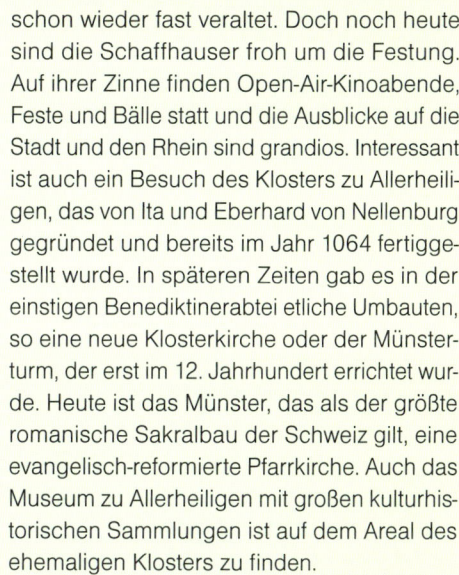

schon wieder fast veraltet. Doch noch heute sind die Schaffhauser froh um die Festung. Auf ihrer Zinne finden Open-Air-Kinoabende, Feste und Bälle statt und die Ausblicke auf die Stadt und den Rhein sind grandios. Interessant ist auch ein Besuch des Klosters zu Allerheiligen, das von Ita und Eberhard von Nellenburg gegründet und bereits im Jahr 1064 fertiggestellt wurde. In späteren Zeiten gab es in der einstigen Benediktinerabtei etliche Umbauten, so eine neue Klosterkirche oder der Münsterturm, der erst im 12. Jahrhundert errichtet wurde. Heute ist das Münster, das als der größte romanische Sakralbau der Schweiz gilt, eine evangelisch-reformierte Pfarrkirche. Auch das Museum zu Allerheiligen mit großen kulturhistorischen Sammlungen ist auf dem Areal des ehemaligen Klosters zu finden.

Allmählich allerdings gilt es, loszulaufen. Immerhin stehen gut fünf Stunden Wanderzeit bis Stammheim auf dem Tagesplan. Am Rhein entlang geht es in östliche Richtung bis Feuerthalen, durch Langwiesen und bis Diessenhofen. Nach gut elf Kilometern verlassen die Pilger hier den Rhein und laufen in Richtung Oberstammheim, zum heutigen Ziel.

Ein schöner Endpunkt für diesen Tag wäre eine kurze Einkehr in der Gallus-Kapelle. Sie ist einer der ältesten Bauten der nördlichen Schweiz. Errichtet wurde die Hauptkirche des Tales wohl im 9. Jahrhundert, im Laufe der Zeit folgten aber immer wieder Umbauten. So lassen die kleinen Rundbogenfenster auf einen romanischen Ursprung schließen, später wurden die gotischen Fenster herausgebrochen und im 17. Jahrhundert ein Chor angebaut. Eine genauere Betrachtung verdienen auch die gotischen Fresken an der Südwand, die erst 1896 wiederentdeckt wurden. (Ein Tipp: Sollten die Türen nicht geöffnet sein, einfach am Mesnerhaus klingeln, und es wird aufgeschlossen.) Mit etwas Glück findet am Abend der Ankunft in der Kirche auch eine Lesung oder ein Konzert statt.

Tags darauf beginnt bereits der dritte und damit vorletzte Tag diese Pilgerreise. Von Oberstammheim führt der Weg in den Hauptort des Thurgaus, nach Frauenfeld. Für potenzielle Spätaufsteher ist diese Etappe perfekt: Immerhin lassen sich die gut 15 Kilometer in

Schaffhausen sollte man nicht zu schnell wieder verlassen. Munot und der historische Kern wollen besichtigt werden.

Mitteleuropa

rund vier Stunden leicht bewältigen; frühes Losmarschieren ist daher nicht notwendig. Allerdings können einige Stopps die Dauer dieses Pilgertages gewaltig verlängern. So lockt bereits nach zwei Kilometern der Nussbaumersee zu einer Pause. Wer jetzt konsequent weiterläuft, wird allerdings noch ein paar Mal auf die Probe gestellt: Drei weitere Seen folgen schon kurz danach. Gut möglich, dass sich jetzt die Frage stellt, ob wahres Pilgern die Konsequenz des Weitergehens bedingt oder den Genuss erlaubt, die herrliche Naturlandschaft auch mit einem Sprung ins kühle Nass zu würdigen. Wie fast immer im Leben dürfte die Antwort am Ende eine Frage der schlüssigeren Argumentation sein.

Der höchste Punkt dieses Wandertages mit 496 Meter Höhe ist kurz vor der Kartause Ittingen erreicht. Die Kartause ist ein ehemaliges Kloster, das um 1150 gegründet wurde. Ohne das nahe Frauenfeld wäre das Kloster allerdings nie zu seiner damaligen Größe aufgestiegen. Das Städtchen war damals habsburgisches Verwaltungszentrum. So richtig glücklich waren die Kartäuser, die 1461 das Kloster übernahmen, hier allerdings nicht. Zum einen blieb die Bevölkerung von den Gottesdiensten gemäß den Regeln des Ordens ausgeschlossen, zum anderen hatten Frauen überhaupt keinen Zutritt zur Kirche. Die Landbevölkerung verhielt sich daraufhin erstaunlich rebellisch für diese Zeit: Die Frauen schlossen sich zum sogenannten Frauenstreik, einem Sitzstreik in der Kirche, zusammen. Das Ergebnis war der Bau einer eigenen Kapelle in dem Örtchen Warth. 1524 schließlich brach der sogenannte Ittinger Sturm über die Kartause herein. Nach der Verhaftung eines Pfarrers verfolgten die wütenden Bauern den Landvogt erfolglos und zerstörten daraufhin zwei Tage lang das Kloster. Alle Gemälde wurden zerstört, die Bücher verbrannt, der Fischteich abgelassen und am Ende noch die Gebäude in Brand gesetzt. Der Prior, der zuvor noch gegen die Bauern gehetzt hatte, und nahezu alle Mönche

verließen darauf Ittingen. Erst 30 Jahre später folgte der Wiederaufbau im Rahmen der Gegenreformation. Als die Behörden der Helvetik im Jahr 1798 die Aufnahme von Novizen verboten, war der endgültige Niedergang besiegelt.

Heute beinhaltet das einstige Kloster eine Gaststätte, ein Hotel, ein Kultur- und Bildungszentrum sowie ein Behindertenwohnheim mit Arbeitsplätzen. Ein Gutsbetrieb mit Käserei, Weinanbau und eigener Brauerei rundet das Gesamtkonzept ab. Prächtig anzusehen ist die barockisierte Klosterkirche. Vor allem das Chorgestühl ist weniger Sitzgelegenheit als ein einziges Kunstwerk der Schnitzerei. Eigentlich ist die Kirche Teil des Museums, wird aber gelegentlich für Gottesdienste genutzt.

Noch gut eine Stunde Wanderzeit steht den Pilgern nun bevor, ehe sie in Frauenfeld ankommen. Nach der Überquerung der Murg führt der Weg durch den Murg-Auenpark. Auch hier würde es sich lohnen, ein wenig mehr Zeit einzuplanen. Das ehemalige Militärgelände wurde umgestaltet und soll jetzt als Park vor allem Familien als Naherholungsgebiet dienen. Am Tagesziel Frauenfeld angekommen, gefällt zunächst die historische Altstadt mit dem Schloss aus dem 13. Jahrhundert. Es beherbergt heute nicht mehr Landvögte oder Schlossherren, sondern das historische Museum. Rund 40 000 Ausstellungsstücke sind in der kulturhistorischen und volkskundlichen Sammlung vorhanden, die im Schloss selbst, dem Kornhaus St. Katharinental und dem alten Zeughaus gezeigt werden. Das Museum soll die Geschichte des Schweizer Kantons Thurgau anschaulich vermitteln.

Vier Türme charakterisieren das Stadtbild von Frauenfeld: der Turm des Schlosses, der Turm der neubarocken katholischen Stadtkirche St. Nikolaus, die nicht nur mit dem 45 Meter hohen Kirchturm, sondern auch mit Jugendstilelementen bezaubern kann, und der achteckige Turm des Rathauses. In den 1930er-Jahren ergänzte der schlichte quadratische Turm der evangelischen Stadtkirche das Ensemble. Eine der wichtigsten Sehenswürdigkeiten in Frauenfeld ist die St. Laurentius-Kirche. Bereits im 9. Jahrhundert errichtet, ist sie das älteste Gotteshaus der Stadt. Das Fenster im Chor gilt als das bedeutende Zeugnis der konstanzisch-dominikanischen Mystik. Die Kirche liegt, umgeben vom Friedhof, sehr schön im Grünen. Von der Stadtmitte aus ist sie in gut 20 Minuten zu Fuß erreichbar.

Der heutige Abschnitt dieses Jakobsweges wird die Pilger noch einmal ein wenig fordern. Gute 750 Höhenmeter fördern die Durchblutung und machen deutlich, dass Pilgern nicht immer nur etwas zu tun hat mit gemächlichem Voranschreiten. Entlang der Bahnhofsstraße verläuft die Wegführung über die Mühletobelstraße hinauf zum Stääliibuck. Den höchsten Punkt dieser Etappe erreichen die Wanderer beim Schloss Sonnenberg, das auf 647 Meter Höhe liegt. Das erstmals im Jahr 1242 erwähnte Gebäude befindet sich im Besitz des österreichischen Multimillionärs Christian Baha. Er lässt es bereits seit Jahren sanieren, daher ist eine Besichtigung nicht möglich.

Nach dem nun folgenden Abstieg begleitet der Bach Lauche die Pilger, bis sie in Richtung der Jakobuskirche Lommis abbiegen. Die seit über 800 Jahren bestehende Kirche mit ihrem markanten Turm ist eine der ältesten des Kantons und lohnt einen Besuch. Vielleicht, um noch einmal kurz innezuhalten, bevor die Gläubigen ihre Endstation erreichen.

Tobel ist gewiss kein touristischer Hotspot und entstand letztlich aufgrund des daran vorbeiführenden Jakobsweges. Interessant ist daher die Komturei Tobel. Sie wurde bereits im Jahr 1226 gegründet. Allerdings nicht des Glaubens wegen, sondern als Gegengewicht zum politisch sehr aktiven Kloster St. Gallen. Heute kümmert sich die Stiftung Komturei Tobel um die Gebäude.

Sehenswert für Pilger, die den Jakobsweg mit dem Besuch eines Gotteshauses abschließen wollen, ist die schön ausgestattete Kirche

St. Johann. Sie ist ein guter Ort, um vor der Rückkehr in den Alltag innere Einkehr zu halten und sich nochmals den ganz persönlichen Sinn dieses Pilgerweges zu vergegenwärtigen.

Linke Seite: die Kapelle St. Gallus von Oberstammheim und die Kartause Ittingen. Kleine Bilder oben: Frauenfeld.

Kreuzlingen

Der südliche Vorort von Konstanz am Bodensee bestand im 19. Jahrhundert lediglich aus drei Bauern- und Winzerdörfern. Erst 1927 schlossen sich diese zusammen, und durch die Industrialisierung wuchs die Stadt zur heutigen Größe heran. Der Ursprung des Namens ist das im 12. Jahrhundert gegründete Augustinerkloster, in dem ein mutmaßlicher Splitter des Kreuzes Jesu aufbewahrt wird. Um 1125 wurde das Kloster Kreuzlingen von Bischof Ulrich I. vor den Konstanzer Stadtmauern gegründet – und zweimal zerstört: zuerst im Schwabenkrieg 1499, dann nochmals 1633 im Dreißigjährigen Krieg. Deshalb entschieden sich die Augustinerchorherren, ihre Abtei ein kleines Stück entfernt wieder aufzubauen, dort, wo die barocke Stiftskirche St. Ulrich und St. Afra trotz des verheerenden Großbrandes von 1963 heute noch steht. Seit der Klosteraufhebung 1848 befindet sich die Pädagogische Maturitätsschule in der Anlage.

Großes Bild: Nicht nur das Chorgitter, aber dieses ganz besonders, ist prunkvoll in der Stiftskirche von Kreuzlingen. Der dahinter liegende Rokokoraum und große Teile des Innenraums wurden nach einem Brand im Jahr 1963 originalgetreu rekonstruiert. **Kleines Bild:** Der Ort liegt idyllisch am Ufer des Bodensees.

Mitteleuropa

ℹ RUND UMS PILGERN

Beste Reisezeit: Dieser Pilgerweg kann, im Gegensatz zu vielen anderen, bereits im April gegangen werden. Bei trockenem Wetter wäre sogar der November noch denkbar. Dann allerdings darf aufgrund der früh einbrechenden Dunkelheit kein später Aufbruch erfolgen.

Anforderungen: Vor allem die erste Etappe gilt als schwer, was auch an den nicht unerheblichen Höhenmetern liegt. Insgesamt sind die Anforderungen weit niedriger als bei den meisten anderen Jakobswegen – schon aufgrund der kurzen Dauer mit nur vier Pilgertagen.

Verpflegung und Unterkunft: Verpflegung und Unterkunft sind in der Schweiz kein Problem. Besonders reizvoll sind Übernachtungen in den auf der Strecke liegenden Klöstern.

Nicht verpassen: Trotz des nicht geringen Zeitaufwandes sollte man die Rheinfälle bei Schaffhausen besuchen. Sie sind tatsächlich beeindruckend. Ein ganzer Aufenthaltstag in Schaffhausen bietet sich daher an. Reizvoll wäre auch eine Übernachtung in der Kartause Ittingen.

Gleich zwei Torbögen und schönes Fachwerk begrüßen die Besucher an der Kartause Ittingen (kleines Bild). Ganz oben: der Rheinfall bei Schaffhausen.

Süd- und Südosteuropa

Pilgert man im Süden Europas, dreht sich alles nur um eine Stadt: Santiago de Compostela – der berühmte Begräbnisort des Apostels, der dem Jakobsweg seinen Namen gab. Von südlicher, östlicher und nördlicher Richtung führen hier die unterschiedlichsten Teile des Pilgerwegenetzes zusammen. Der bekannteste und am häufigsten begangene Weg ist zweifelsohne der Camino Francés, den rund 65 Prozent aller Jakobspilger nehmen. Alternativen sind der Küstenweg Camino del Norte und die Route, die durch Portugal führt, der Caminho Português. Landschaftliche Schönheit und historische Stätten begegnen den Pilgern im südlichen Europa aber auch abseits des Jakobswegs: In Italien folgt man dem Cammino di Santa Giulia von Livorno bis Brescia. Und auf dem Paulusweg durch Griechenland taucht man ein in die Zeit der Antike und des frühen Christentums in Europa.

Markanter Kirchenbau: Die Iglesia San Pedro de la Rúa in Estella stammt aus dem 12. Jahrhundert.

Süd- und Südosteuropa

England, Frankreich, Schweiz, Italien
Via Francigena – Pilgern dies- und jenseits des Ärmelkanals

Die Via Francigena von Canterbury bis Rom steht, obwohl älter, im Schatten des heute weitaus berühmteren Jakobswegs. Der Pilger ist meist allein mit sich und seinen Gedanken. Dabei durchstreift er die unterschiedlichsten Landschaften, die allesamt ihren eigenen Charme verbreiten, und quert vier Länder. Drei Teilstrecken dieses langen Büßerwegs werden hier vorgestellt.

STRECKEN-INFORMATIONEN

CANTERBURY – ARRAS
Distanz: 167 km
Dauer: mindestens 9 Tage

Etappen:
1. Canterbury – Dover: 32 km
2. Dover – Calais (Fähre)
3. Calais – Wissant: 18 km
4. Wissant – Guînes: 15 km
5. Guînes – Wisques: 33 km
6. Wisques – Amettes: 29 km
7. Amettes – Camblain-l'Abbé: 26 km
8. Camblain-l'Abbé – Arras: 14 km

LAUSANNE – AOSTA
Distanz: 160,5 km
Dauer: mindestens 9 Tage

Etappen:
1. Lausanne – Vevey: 21 km
2. Vevey – Aigle: 28 km
3. Aigle – St. Maurice: 18 km
4. St. Maurice – Martigny: 17 km
5. Martigny – Orsières: 20 km
6. Orsières – Bourg-Saint-Pierre: 14 km
7. Bourg-Saint-Pierre – Hospice du Grand-St-Bernard: 13 km
8. Hospice du Grand-St-Bernard – Echevennoz: 15,5 km
9. Echevennoz – Aosta 14 km

SIENA – VITERBO
Distanz: 178 km
Dauer: mindestens 7 Tage

Etappen:
1. Siena – Buonconvento: 34 km
2. Buonconvento – San Quirico d'Orcia: 23 km
3. San Quirico d'Orcia – Radifocani: 34,5 km
4. Radicofani – Acquapendente: 24 km
5. Acquapendente – Bolsena 24 km
6. Bolsena – Montefiascone 19 km
7. Montefiascone – Viterbo: 19,5 km

Viele Menschen des frühen Mittelalters waren wesentlich mobiler, als man es aus heutiger Sicht für möglich hält. Als besonders reiselustig erwies sich der Klerus – galt es doch, das Christentum zu verbreiten oder zu stärken und in Verbindung mit dem Heiligen Vater zu bleiben. Dabei konnten sich die Geistlichen auf ein einigermaßen funktionierendes Wegenetz mit Unterkunftsmöglichkeiten stützen.

Die Fahrt, die Sigerich, genannt »der Ernste«, im Jahr 990 antrat, war deshalb kein waghalsiges Unternehmen, allerdings auch kein einfacher Spaziergang. Sigerich war Abt von St. Augustinus von Canterbury, anschließend Bischof von Ramsbury und wurde schließlich zum Erzbischof von Canterbury ernannt. Für die offizielle Bestätigung musste er Rom aufsuchen. »Der Ernste« ließ dabei die einzelnen Etappen auflisten, die er zurücklegte – 80 an der Zahl. Das Dokument hat sich bis heute erhalten. Der Weg startet in Canterbury, führt nach Dover, über den Kanal nach Calais, durch die Picardie und die Champagne. Der Erzbischof wanderte den Genfersee entlang, durchs Rhônetal, erklomm der Großen St. Bernhard, gelangte durch das Aostatal zum Po, genoss den »Zauber der Toskana« und erreichte

Man sollte sich nicht ohne den vorigen Genuss von Wein auf den Weg machen, empfiehlt dieses Schild sinngemäß.

Süd- und Südosteuropa

⭐ Die Bürger von Calais

Calais kann sich über eine wechselvolle Geschichte nicht beklagen. Berühmt ist die Episode von den »Bürgern von Calais«. Der englische König Edward III. belagerte in den Jahren 1346 und 1347 während des Hundertjährigen Krieges die Stadt. Ein Entsatzangriff scheiterte; die Lage war hoffnungslos. Kurz vor der Kapitulation zogen sechs Bürger von Calais ins feindliche Lager, um Edward um Milde für die Stadt zu bitten. Sie waren barfuß, nur in einfachen Hemden gekleidet und trugen einen Strick um den Hals. Eigentlich wollte Edward sie sofort ermorden, aus Zorn über die lange Belagerungsdauer und den Verlust so vieler seiner Männer. Doch seine Frau, Philippa von Hennegau, bat um Milde. Die »Bürger von Calais« haben mehrere Künstler inspiriert. Georg Kaiser schrieb ein Drama, Rudolf Wanger-Régeny komponierte eine Oper. Am bekanntesten ist die Bronzeplastik von Auguste Rodin. Sie besticht durch ihre impressionistischen Züge, die die Verzweiflung der sechs Männer empathisch ausdrückt.

Von Dover (rechts oben) geht es per Fähre oder Tunnel nach Calais (rechts unten). Rechts Mitte: Cap Gris-Nez.

schließlich die »Ewige Stadt«. Bis zum Beginn des 17. Jahrhunderts eiferten zahlreiche Pilger ihm nach, doch langsam schlief das Interesse an dieser Route ein.

Wir werden daher nicht den gesamten Weg gehen, denn für die 1600 Kilometer müssten wir fast drei Monate veranschlagen. Nachfolgend werden drei Abschnitte genauer unter die Lupe genommen.

CANTERBURY – ARRAS

Beginnen wir am Ausgangsort, der Kathedrale von Canterbury – ein Meisterstück der Romanik und Gotik. Erstmals versuchten sich hier in England die Baumeister an der Gotik. Die Kathedrale weist einige Eigentümlichkeiten auf: beispielsweise ein schmaler werdendes Mittelschiff mit einer zusätzlichen Schräge. Unser Weg beginnt am südlichen Bogengang der Kathedrale. Wir suchen den Stein, der »Kilometer Null« anzeigt. Nun können wir starten. Die 32 Kilometer bis Dover sind gut an einem Tag zu bewältigen. Wer es etwas gemütlicher mag, der übernachtet in Shepherdswell. Wir durchstreifen Kent, den »Garten Englands«. Von den berühmten weißen Kreidefelsen von Dover können wir bei schönem Wetter sogar die Küste Frankreichs sehen. Sie ist nur rund 33 Kilometer entfernt. Wir haben die Qual der Wahl: Den Kanal unter oder über Wasser durchqueren. Dann landen wir in Calais.

Die Stadt Calais liegt an der engsten Stelle des Ärmelkanals und ist der Mittelpunkt der von Touristen gerne besuchten Opalküste. Das Departement Pas-de-Calais, das wir durchwandern, gilt in Frankreich als eines der unkultiviertesten. Aus der Sicht vieler Pariser leben die Nordfranzosen »hinter dem Mond«. Der Film »Willkommen bei den Sch'tis«, der dies thematisiert, spielt hier. Es gibt allerdings einen Spruch: Wenn ein Südfranzose in den Norden zieht, weint er zweimal, einmal bei der Ankunft, das zweite Mal bei der Abreise. Lassen wir uns also vom Charme Nordfrankreichs einfangen. Zur touristischen Attraktivität von Wissant trägt der weite Sandstrand mit seinen Dünen bei. Guînes gehört zum regionalen Naturpark Caps et Marais d'Opale. Hecken säumen den Weg; sie dienen als Feldbegrenzungen und sind wichtig für die Biodiversität. In dem kleinen Ort Wisques ist vor allem die Benediktinerabtei Saint-Paul von Bedeutung. Das Kloster wurde zwar erst 1889 gegründet, das Gotteshaus weist aber gotische Elemente auf.

Über Camblain-l'Abbé erreichen wir Arras – die drittgrößte Stadt im Pas-de-Calais, die berühmt ist für ihre Häuser und die im flämischen Barockstil gesäumten Plätze. Die ehemalige Benediktinerabtei Saint-Vaas geht in ihren Ursprüngen auf das 7. Jahrhundert zurück. Die alte Abteikirche wurde zur Kathedrale umgebaut. Die Abtei selbst dient heute als Kunstmuseum. Sogar ins »Untergeschoss« der Stadt steigen wir hinab, in alte Kalksteinbergwerke, die bis zu zwölf Meter in die Tiefe reichen. Wir verlassen Arras nicht, ohne die Spezialität der Stadt probiert zu haben: kleine Lebkuchen in Herzform. Und wenn wir schon beim Thema Kulinarik sind: Der Maroilles-Käse wird gern als deftige Zwischenmahlzeit serviert. Man genießt ihn mit Bier oder besser noch mit Cidre.

LAUSANNE – AOSTA

Die nächste Strecke ist denen gewidmet, die die Herausforderung suchen und sich eine ausreichende Fitness antrainiert haben: Es geht von Lausanne nach Aosta – über den Großen St. Bernhard. Wir starten in Lausanne-Ouchy, sollten als Pilger aber zuvor die Kathedrale Notre-Dame in Lausanne besucht haben, ein Wunderwerk der Gotik mit ihrer viel bestaunten Fensterrose aus dem frühen 13. Jahrhundert. Sie stellt die damals bekannte Welt dar, einschließlich der Ungeheuer, die am Rand der Erde lauern. Die Menschen sind eingebunden im Kreis der Naturelemente und der Jahreszeiten – ein Weltspiegel.

Wer sportlich affin ist – und davon gehen wir bei Wanderern auf dieser Strecke aus – darf sich das Olympische Museum in Lausanne-Ouchy nicht entgehen lassen. Die Ausstellung widmet sich dem olympischen Gedanken und zeigt auch Gegenstände bekannter Olympiasieger. Sehenswert ist der Skulpturenpark. Die

Unten: Das Innere der Canterbury Cathedral zeugt von architektonischen Meisterleistungen.

Süd- und Südosteuropa

★ Saint-Maurice

Die Abtei St. Maurice der Augustiner-Chorherren entstand als Stätte der Märtyrerverehrung. Gewidmet ist sie dem Heiligen Maurice (auf Latein: Mauritius, auf Deutsch: Moritz), dem Kommandanten der Thebaischen Legion, und seinen Soldaten. Die Einheit sollte zur Christenverfolgung eingesetzt werden, weigerte sich allerdings und wurde daraufhin vernichtet. Mauritius erlitt wie seine Männer den Märtyrertod. Die meisten Reliquien, die dort verehrt wurden, hat Kaiser Otto I. nach Magdeburg bringen lassen – ein schwerer Schlag für die Abtei, die einst das spirituelle Zentrum des burgundischen Reiches bildete. Das Kloster kann auf eine mehr als 1500-jährige ununterbrochene Geschichte zurückblicken. Es beherbergt einen der reichsten Kirchenschätze Europas, darunter eine goldene Wasserkanne, ein Geschenk Karls des Großen. Sie kann ebenso wie der Schrein, der die Reliquien von Mauritius beherbergt, oder das Kopfreliquiar des hl. Candidus im Museum besichtigt werden.

olympische Flamme, die permanent brennt, wurde 1993 von Katharina Witt entzündet. Fast die gesamte Etappe geht es den Genfersee mit wunderbaren Aussichten auf das Gewässer entlang. Steil hinauf steigen wir zu den Terrasses de Lavaux. Der Blick reicht bis zu den Savoyer Alpen. Lavaux bildet das größte zusammenhängende Weinanbaugebiet der Schweiz und umfasst rund 800 Hektar. Nach einer Rast im mittelalterlichen Saint-Saphorin (Lavaux) geht es weiter nach Vevey, zu unserem heutigen Ziel. Schauen wir bei Charly Chaplin vorbei: Die letzten 25 Jahre seines Lebens verbrachte er in Vevey. Ein Denkmal am Seeufer erinnert an den berühmten Komiker. Am nächsten Tag haben wir Aigle ins Auge gefasst. Wir verspüren mehr als nur einen Hauch von Mittelmeer, wenn wir Montreux passieren. Freddy Mercury, der legendäre Sänger von Queen, wohnte in Montreux und spielte dort »Made in Heaven«, sein letztes Album, mit der Band ein. Mercury hat diesen Titel nicht umsonst gewählt. Die Statue des Musikers ist an der Uferpromenade zu finden. Auch dem ins Wasser hinein gebaute Schloss Chillon

Lausanne (oben) am Genfer See wartet mit einer schönen Altstadt auf.

Die Abtei Saint-Maurice gilt als ältestes Kloster des Abendlandes.

Süd- und Südosteuropa

wollen wir einen Besuch abstatten. Hier finden sich Wandmalereien aus dem 14. Jahrhundert, Gewölbe, Paradezimmer, ein sehenswertes Schlafgemach – 400 000 Besucher jährlich! Über Villeneuve und Roche marschieren wir durch Weinberge nach Aigle mit dem Schloss, der aus dem Mittelalter stammenden Kirche Saint-Jacques und dem katholischen Gotteshaus Saint-Maurice et Saint-Nicolas-de-Flue. Auf der nächsten Etappe gelangen wir zur Rhône. Nahe bei Saint-Maurice lockt die Grotte aux Fées. Hier, im mystischen Spiegel des Wassers, sollen sich Träume erfüllen. Hauptsächlich sind wir aber wegen der Abtei St. Maurice, des ältesten Klosters des Abendlandes, hier. Die Rhône ist unser Begleiter auf dem Weg nach Martigny. Schon bald erreichen wir die Kapelle von Vérolliez – ein Ort der Verehrung des heiligen Mauritius (Französisch: Maurice). Laut Überlieferung wurden er und seine Kameraden von der Thebaischen Legion auf der großen Steinplatte hingerichtet, die heute in der Kapelle, einem äußerlich schmucklosen Gebäude, als Altarhimmel dient.

In Martigny wirft der Große St. Bernard schon seine Schatten voraus. Wir können das Bernhardinermuseum besuchen.

Von Martigny nach Orsieres sind es 20 Kilometer, die die Pilger gut bewältigen können. Die 14 Kilometer nach Bourg-Saint-Pierre absolvieren die Wanderer gemächlichen Schritts. Es heißt Kräfte sparen, denn die nächste Etappe führt hinauf zum Hospiz Großer Sankt Bernhard – der Pass liegt 2476 Meter hoch. Wir treten in berühmte Fußstapfen, denn diesen Verbindungsweg zwischen dem Wallis und dem Aostatal nutzen bereits viele von Rang und Namen: Cäsar, Karl der Große, Napoleon. Hier oben werden sie allerdings in den Schatten gestellt von Barry, dem legendären Bernhardiner, der zwischen 1800 und 1814 insgesamt 40 Menschen das Leben gerettet haben soll. Das um 1050 vom heiligen Bernhard gegründete Hospiz wirkt düster, nimmt die Wanderer aber gastfreundlich auf.

Nun geht es 15,5 Kilometer bzw. 1200 Höhenmeter abwärts. Das Aostatal kommt in Sicht. Italien lockt. Im etwas abseits gelegenem Echenvennoz übernachten wir. 14 Kilometer später, in Aosta, endet die Pilgerfahrt. In der Kathedrale mit ihrem Mosaikfußboden aus dem 12. Jahrhundert können die Pilger am Ende des Weges noch ein Dankgebet für die gute Reise sprechen.

SIENA – VITERBO

Wir machen einen Sprung – zeitlich wie räumlich – und steigen in Siena wieder in den Frankenweg ein. Roter Ziegelstein und weißer Marmor schimmern um die Wette in einer der schönsten Altstädte der an Schätzen so reichen Toskana. Piazza del Campo, Palazzo Pubblico, der Dom aus schwarzem und weißem Marmor – nicht nur der Kenner schnalzt mit der Zunge. Einen Tag sollten wir die Sehenswürdigkeiten schon auf uns wirken lassen. Sobald wir starten, nehmen uns Weinberge und Getreidefelder in Empfang. Angesichts der sanften Hügel gewinnt der Allerweltssatz »Die Seele baumeln lassen« auf einmal reale Konturen. Die Landschaft Crete Senesi, die wir durchwandern, ist durch Erosionen geprägt. Wir haben uns für den Anfang eine ganz schön lange Strecke ausgesucht und sind froh, Buonconvento erreicht zu haben. Die Altstadt sieht fast so aus wie vor Jahrhunderten und gerade

Das Hospice du Grand-St-Bernard (oben rechts) ist eine Herberge für Pilger; es wurde im Mittelalter von den Augustiner-Chorherren gegründet. Oben links: In Aosta lohnt sich eine Stadtbesichtigung.

Süd- und Südosteuropa

das Stadttor Porta Senese ist beeindruckend. Auch in San Quirico d'Orcia, dem Endpunkt der nächsten Etappe, scheint die Zeit still gestanden zu sein.
Von San Quirico d'Orcia brechen wir früh auf. Wir folgen der historischen Via Cassia, die schon in der Römerzeit die Hauptstadt mit der Toskana verband. Allerdings sind nicht mehr alle Pflastersteine an ihrem ursprünglichen Ort,

denn die Rohstoffknappheit im Mittelalter führte dazu, dass die Steine vom Weg abtransportiert wurden und zum Bau von Häusern und dergleichen verwendet wurden. Imposant ist die Via Cassia allemal. Teilweise ist der Weg bis zu drei Meter breit, größere Truppen sollten hier schnell marschieren können. Wir überqueren den Orcia, ein kleines Flüsschen in einem weitläufigen Tal. Latium liegt vor uns. Der Paglia markiert die Grenze.

Wir müssen bergauf, nach San Lorenzo Nuova, dem höchsten Punkt dieser Etappe. Für die Strapazen entschädigt wieder einmal der Ausblick. Wir durchstreifen die Landschaft mit ihren Olivenbäumen, den Wäldern und den Feldern. Acquapendente, auf Deutsch: »Hängende Wasser«, trägt den Namen nicht umsonst. Zahlreiche Wasserfälle schäumen die Felsen hinab. Die Natur wirkt urwüchsig. Der fast kreisrunde Bolsena-See mit seinem klaren Wasser ist vulkanischen Ursprungs. Entlang des Ostufers führt der Weg nach Montefiascone. Hoch thront die Stadt auf einem Hügel, mitten in einem ehemals vulkanisch aktiven Gebiet. Sie entstand als Rückzugsort, als Schutz vor den Einfällen der Araber, aber auch der Ungarn. Wehrhaft wirkt die Stadt bis heute. In der Umgebung von Montefiascone finden sich originale Stellen der Via Cassia. In Teilen erhalten hat sich auch die alte Papstburg. Den Ort sollten wir nicht verlassen, ohne die hiesige Spezialität verkostet zu haben, den Wein »Est! Est!! Est!!!« – ein junger fruchtiger Weiß- oder Schaumwein – salute!
Auf dem Weg nach Viterbo haben wir Gelegenheit, die Muskeln zu entspannen. Auf halber Strecke warten die heißen Thermalquellen von Bagnaccio. Solchermaßen erfrischt und entspannt, erreichen wir schließlich Viterbo, die Stadt der Päpste. Hier endet unsere Pilgerreise.
Wer jedoch möchte, der kann bis Rom weiterpilgern. Der Petersdom ist von hier aus weniger als 100 Kilometer entfernt.

Die Kathedrale von Siena erkennt man an ihren gestreiften Säulen (ganz oben). San Quirico d'Orcia wirkt abends äußerst romantisch (oben). In der Toskana ist das Val d'Orcia mit seinen Zypressenhainen, hier bei San Quirico d'Orcia, weltbekannt (rechts oben und Mitte). Im Abendlicht schimmert die Piazza del Campo in Siena (rechts unten).

★
Viterbo: Stadt der Päpste

Die reizvolle Stadt Viterbo in Latium hat stets auch die Päpste fasziniert. Hier hielten sie mehrere Konzile ab. 1257–1281 diente die Stadt acht Päpsten als Residenz. Hier fand das längste Konklave der Geschichte statt: 1005 Tage benötigten die Kardinäle, bis sie sich auf einen neuen Papst einigen konnten – und auch das erst, nachdem sie auf Wasser und Brot gesetzt wurden, um die Wahl zu beschleunigen. Der Palazzo dei Papi di Viterbo, der Palast der Päpste aus dem 13. Jahrhundert, ist heute die Residenz des Bischofs von Viterbo. Jeweils am 3. September bietet die Stadt ein einmaliges Schauspiel: eine Prozession zu Ehren der Heiligen Rosa von Viterbo. Dabei tragen 100 Männer einen fünf Tonnen schweren und 30 Meter hohen Turm, die Macchina di Santa Rosa, durch die Stadt. Aufgebaut wird das prächtige Gebilde jährlich im Juli und August. Alle fünf Jahre gibt es eine neue und anders gestaltete Macchina. Bei dem nächtlichen Schauspiel sind alle Lichter gelöscht. Nur die 800 Kerzen auf der Macchina erhellen dann die Stadt.

Über der »Stadt der Päpste« thront die Kathedrale San Lorenzo.

Süd- und Südosteuropa

 RUND UMS PILGERN

Anforderung: Der Weg ist moderat und kann auch von wenig trainierten Pilgern gut begangen werden. Wer besser im Training ist, könnte überlegen, einige Etappen zusammenzufassen, was aber schade wäre, denn dann geht vielleicht der Sinn des Pilgerns verloren, dessen größte Bedeutung die Entdeckung die Langsamkeit ist. Die Überquerung des Großen St. Bernhard sollte nicht unterschätzt werden. Hier ist Übung in steilem und teils unwegsamem Gelände von Vorteil.

Über den Ärmelkanal: Pilger auf der Via Francigena werden sich früher oder später Gedanken darüber machen müssen, wie sie die beiden Wegstrecken in England und Frankreich verbinden möchten. Von Dover nach Calais führt die mit rund 90 Minuten Fahrzeit schnellste Fährverbindung über den Ärmelkanal. Mehrmals täglich, teils jede Stunde, kann man an Bord gehen und nach Frankreich übersetzen. Dabei kann man die Kreidefelsen von Dover bewundern. Schneller geht es unter Wasser. Mit dem Shuttle durch den Eurotunnel benötigt man nur etwas mehr als eine halbe Stun-

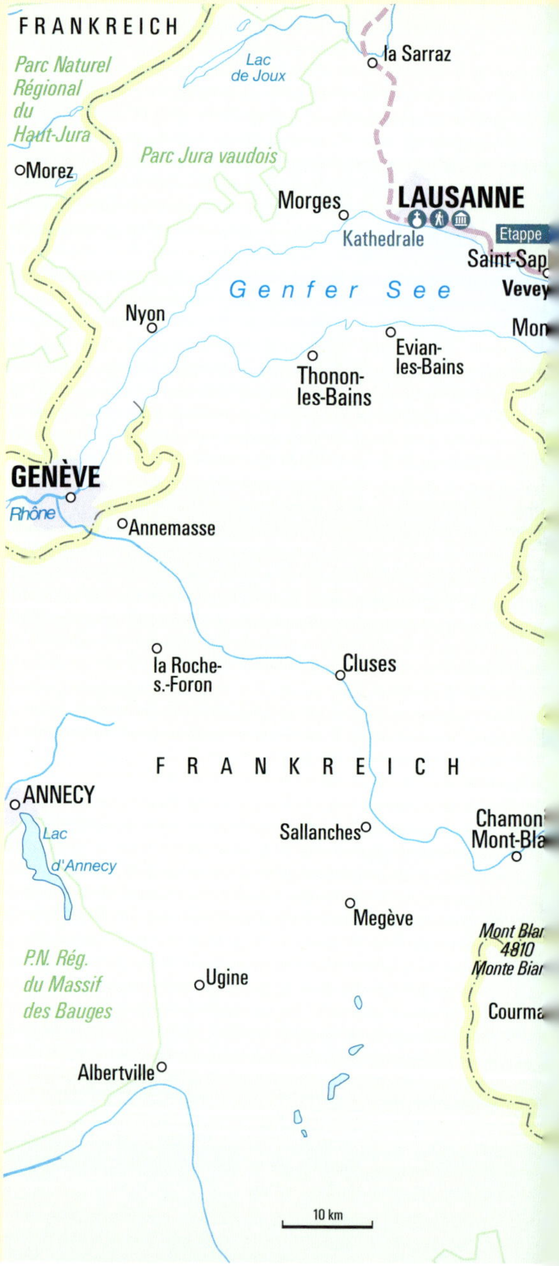

Süd- und Südosteuropa

de – auch ist diese Variante umweltfreundlicher als die Fähre dank der geringeren Emissionswerte.

Gute Wanderschuhe sind beim Pilgern essenziell. Am Ende des Tages sollten sie belüftet und getrocknet werden, damit es am darauffolgenden Tag wieder weitergehen kann.

Süd- und Südosteuropa

Spanien
Camino del Norte – Der wohl einsamste Weg nach Santiago de Compostela

Er ist der Geheimtipp unter den Jakobswegen. Der Camino del Norte führt über ca. 850 Kilometer von Irún an der französischen Grenze bis nach Santiago de Compostela und ist weit weniger überlaufen als der populäre Camino Francés. Dabei hat die Route mindestens genauso vieles zu bieten: atemberaubende Natur, hübsche Städte und immer wieder spektakuläre Ausblicke aufs Meer.

STRECKEN-INFORMATIONEN

Distanz: 850 km
Dauer: mindestens 30 Tage

Etappen:
1. Irún – San Sebastián: 27 km
2. Donostia-San Sebastián – Zarautz: 20 km
3. Zarautz – Deba: 22 km
4. Deba – Zenarruza: 31 km
5. Zenarruza – Gernika-Lumo: 17 km
6. Gernika-Lumo – Bilbao: 31 km
7. Bilbao – Pobeña: 28 km
8. Pobeña – Castro Urdiales: 23 km
9. Castro Urdiales – Laredo: 30,5 km
10. Laredo – Güemes: 28,5 km
11. Güemes – Santander: 20,5 km
12. Santander – Santillana del Mar: 37 km
13. Santillana del Mar – Comillas: 22,5 km
14. Comillas – Unquera: 26,5 km
15. Unquera – Llanes: 28 km
16. Llanes – San Esteban de Leces: 35 km
17. San Esteban de Leces – Sebrayo: 27 km
18. Sebrayo – Gijón: 35 km
19. Gijón – Avilés: 25 km
20. Avilés – Soto de Luiña: 37 km
21. Soto de Luiña – Cadavedo: 21 km
22. Cadavedo – Luarca: 17 km
23. Luarca – La Caridad: 30 km
24. La Caridad – Ribadeo: 21 km
25. Ribadeo – Lourenzá: 28 km
26. Lourenzá – Abadín: 28 km
27. Abadín – Vilalba: 22 km
28. Vilalba – Baamonde: 19 km
29. Baamonde – Sobrado dos Monxes: 40 km
30. Sobrado dos Monxes – Arzúa: 21 km

Direkt hinter der französischen Grenze beginnt im spanischen Irún die erste Etappe des Küstenwegs durch eine abwechslungsreiche Landschaft. Einige Pilger wählen als Startpunkt Hendaye, drei Kilometer entfernt auf französischer Seite gelegen. Nach Westen führt der Jakobsweg aus der Stadt Irún heraus, schon bald empfiehlt sich ein Umweg von insgesamt sechs Kilometern nach Hondarribia. Die mittelalterliche Kleinstadt zählt zu den schönsten Orten Spaniens. Steil und steinig führt der Weg

nun durch lichten Wald, immer wieder ergeben sich schöne Fernblicke über das hügelige Baskenland. Fast 500 Höhenmeter sind bis zum Gipfel des Berges Alleru zu bezwingen. Einige Kilometer weiter überquert eine kleine Fähre im Pendelverkehr die Bucht bei Pasaia, bis San Sebastian sind danach keine größeren Höhenunterschiede mehr zu bewältigen.

Nach der ersten, anstrengenden Etappe des Weges ist der Abschnitt von San Sebastián bis Zarautz kürzer und weniger steil. Anspruchsvoll ist er dennoch. Und beginnt auch gleich wieder mit einem Anstieg: Direkt hinter San Sebastián fährt der Weg hinauf zum Monte Igeldo. Oben belohnt dann aber ein Höhenweg den Wanderer mit schönen Fernblicken. An der Kapelle San Martín und der einige Hundert Meter entfernten Herberge San Martín geht es vorbei. Später wird, wieder fast auf Meeresniveau, im Ort Orio der Fluss Oria überquert. Kurz vor der Mündung in den Atlantik biegt der Weg nach Westen ab und fährt mit einigen kleineren Steigungen durch Wälder und am Strand entlang bis zum Etappenziel Zarautz. Auf der Etappe von Zarautz nach Deba weht Pilgern stets ein frischer Wind um die Nase. Die gut 20 Kilometer lange Strecke verläuft zunächst bis Getaria auf einem Fußweg direkt neben der Küstenstraße. Getaria wird von der Iglesia Parroquial de San Salvador dominiert. Der Weg biegt ins Landesinnere ab, bald beginnt ein steter Anstieg, um dann bis zum nächsten Ort, Zumaia, wieder nahezu Meeresniveau zu erreichen. Zumaia liegt allerdings nicht direkt am Atlantik, sondern am Río Urola. Eine Pause in einem der kleineren Orte wie Elorriaga bietet sich an. Schließlich ist das Etappenziel Deba erreicht, das am gleichnamigen Fluss und an einer weiten Bucht liegt.

Nun kommt die Königsetappe im Baskenland. Für die Strecke bis Zenarruza brechen viele Pilger besonders früh auf, denn der Weg führt ins Landesinnere und fordert die Wanderer mit zahlreichen Steigungen und insgesamt 1100 Höhenmetern. Während der 30 Kilometer langen Wanderung kommt man an einigen Kapellen und Einsiedeleien vorbei. Kurz vor dem Etappenziel, dem Kloster Zenarruza, führt der Weg durch den Ort Bolibar. Das Kloster Zenarruza bewohnen nach einer Renovierung heute wieder Zisterziensermönche. Das Gebäude liegt auf einer Bergkuppe und belohnt für die Mühen der Wanderung mit einem zauberhaften Blick in die Landschaft.

Die Etappe vom Kloster Zenarruza bis Gernika-Lumo ist im Vergleich zur vorherigen deutlich einfacher und auch kürzer. Anfangs steigt der Weg zwar nochmal an, um dann aber, unterbrochen von einigen kleineren Aufstiegen, abwechslungsreich und recht bequem bis zum Atlantik bergab zu führen. Bei Regen verwandeln sich einige der Pfade im Wald allerdings

Idyllisches Baskenland: Donostia (großes Bild), Kloster Zenarruza, Hondarribia und die Kapelle San Martín (kleine Bilder).

Süd- und Südosteuropa

⭐ Bilbao: Guggenheim-Museum

Das Gebäude glänzt silbrig in der Sonne und zählt sicher zu den spektakulärsten Bauten der Welt. Bilbaos mehrfach preisgekröntes Guggenheim-Museum wurde von dem Architekten Frank Owen Gehry entworfen und im Jahr 1997 eingeweiht. Seitdem haben Millionen von Menschen das Museum mit seinen 11 000 Quadratmetern Ausstellungsfläche besucht, um Kunst aus dem 20. und 21. Jahrhundert zu sehen. Dabei ist das Gebäude aus Glas, Kalkstein und Titan fast selbst das spektakulärste Kunstwerk. Das Bauwerk ist eines der sieben Museen der US-amerikanischen Solomon R. Guggenheim Foundation und liegt direkt am Ufer des Flusses Nervión. Seine aufgefaltete, ovale Form wird dem Dekonstruktivismus zugeordnet. Den positiven Einfluss eines architektonischen Meisterwerks auf eine Stadt nennt man seitdem auch »Bilbao-Effekt«.

Abends, wenn sich die Lichter im Fluss spiegeln, kommt Bilbaos vielleicht berühmtestes Gebäude richtig zur Geltung.

in rutschige Pisten. Nach der Kapelle Ermita de Santiago verläuft der Weg nun durch das UNESCO-Biospärenreservat Urdaibai mit Eichen- und Nadelwäldern, Steilküsten und Sumpfgebieten. Ebenfalls UNESCO-geschützt sind die Höhlenmalereien in der Region. Traurige Berühmtheit erlangte hingegen das Etappenziel Gernika-Lumo, das 1937 während des Spanischen Bürgerkriegs viele zivile Opfer zu beklagen hatte.

Die letzte lange Etappe mit vielen Höhenmetern und teilweise schwierigen An- und Abstiegen beendet die Serie der anspruchsvollen Abschnitte des Küsten-Pilgerwegs im Baskenland. Gleich zwei Berge mit teilweise steilen Aufstiegen sind zu überqueren, bis das Etappenziel Bilbao erreicht ist. Mancher Pilger wählt auch wegen der vielen Kilometer lieber schon auf der Strecke eine Unterkunft zur Nacht. Die Großstadt Bilbao entschädigt dann aber für die Anstrengungen mit ihren sehenswerten Kirchen, allen voran die Kathedrale de Santiago, und dem berühmten Guggenheim-Museum, einem der sieben Kunstmuseen der Guggenheim-Stiftung.

Die Etappe von Bilbao nach Pobeña gehört zu den unattraktivsten der gesamten Pilgertour entlang der Küste. Zwar sind die Höhenunterschiede auf dieser Etappe moderat. Über einige kleinere Flüsse und Hügel verläuft der zudem komplett asphaltierte Weg zuerst noch lange Zeit durch die sich weit ins Umland erstreckenden, wenig ansehnlichen Industrie-

Vororte Bilbaos. Wer nicht den längeren und mit deutlich mehr Steigungen versehenen Weg über Barakaldo und Sestao wählt, der wandert über Portugalete, das durchaus sehenswert ist. In Pobeña, einige Kilometer westlich von Bilbaos Hafen gelegen, ist dann auch wieder der Atlantik erreicht. Der schöne Badestrand an der Bucht La Arena lädt in dem kleinen Städtchen nicht nur die vom Asphalt arg strapazierten Füße zur Erholung im Wasser ein. Mutige springen für ein erfrischendes Bad gleich ganz hinein.

Mit einem steilen Treppenaufstieg beginnt die nächste Etappe nach Castro Urdiales, anschließend folgt der Weg über einige Kilometer dem Küstenpfad. In Ontón biegt der Pilgerweg ins Landesinnere ab und macht einen rund sieben Kilometer langen Schlenker, um die gefährliche und unattraktive Nationalstraße nach Castro Urdiales zu vermeiden. Dort zeugen nicht nur römische, sondern sogar prähistorische Relikte und Höhlenmalereien von einer sehr frühen Besiedlung der gesamten Region. Die Etappe von Castro Urdiales nach Laredo gleicht der vorherigen, zumindest was die Streckenführung angeht: Das erste Drittel verläuft auf einem etwas höher gelegenen Weg entlang der Küste mit immer wieder schönen Aussichten auf den Golf von Biskaya. Dann biegt der Weg ins Landesinnere ab, teilweise verläuft die Strecke nun wenig attraktiv neben oder sogar auf dem Seitenstreifen der Nationalstraße. Später geht es durch unruhiges Gelände mit einigen beschwerlichen Anstiegen und über einen Höhenzug. Das Terrain ist hier oft steinig, aber die Landschaft in ihrer Wildheit sehr schön. Nach gut 30 Kilometern erreicht man schließlich Laredo.

Der Atlantik brandet an den Sandstrand und würzige, salzige Meeresluft umweht die Nase. Und dazu das Blau des Himmels! Die Etappe von Laredo bis Güemes wird nicht ohne Grund von den Pilgern des Camino del Norte als Genussetappe sehnsuchtsvoll erwartet, führte der Weg zuvor doch leider viel zu oft durch unschöne Vororte und entlang befahrener Straßen. Hier gibt es stattdessen Natur pur: Kilometerweit geht es direkt am Meer entlang, oft brechen sich die Wellen an menschenleeren Stränden. Nach Santoña setzt eine Fähre über, und erst hinter Noja verlässt der Weg das Meer, um auf seiner zweiten Hälfte durchs grüne, hügelige Hinterland zu führen. Essen sollte man übrigens besser schon unterwegs, Güemes ist schlecht ausgestattet mit Restaurants.

Die Etappe von Güemes nach Santander zählt wie die vorherige zu den Höhepunkten auf dem Küsten-Pilgerweg. Unverständlich, warum manche Pilger die schnurgerade Straße von Galizano nach Somo der Schönheit der Landschaft vorziehen, nur um einige Kilometer abzukürzen. Sie verpassen die wilde Küste mit ihren steilen Abbrüchen und den Weg entlang des sandigen Strands von Somo. Viel mehr als 15 Kilometer sind sowieso nicht zu wandern: Die letzten fünf Kilometer der Etappe bringt eine Fähre die Pilger über die breite Bahia de Santander in die Hafenstadt – eine angemessene Art, sich der spanischen Stadt zu nähern, die so eng mit dem Meer verbunden ist.

Linke Seite: Für die Anstrengungen entlohnen bei Cantabria die Küste und das Hafenidyll (hier: in Castro Urdiales) sowie das historische Bilbao. Kleine Bilder oben: Bilbaos Kathedrale Santiago Apóstol sollte man sich nicht entgehen lassen (links). Bei Laredo sind Pilger am Strand kein seltener Anblick (oben).

Das erste Viertel der nächsten Etappe zieht sich anfangs noch lange durch Santanders westliche Peripherie. Erst hinter Santa Cruz de Bezana weicht die Bebauung einer sanft hügeligen Landschaft. Gefährlich ist die Abkürzung über die Eisenbahnbrücke hinter Boo de Piélagos, die viele Pilger trotz des ausdrücklichen Verbots nehmen. Durch den geringen Platz neben den Gleisen besteht die Gefahr, von einem Zug erfasst zu werden. Wer nicht die ganze, lange Etappe laufen möchte, sollte sich frühzeitig nach einer Unterkunft umschauen. Im zweiten Teil gibt es nämlich nur wenige Übernachtungsmöglichkeiten.

Immer rund ein, zwei Kilometer vom Meer entfernt schlängelt sich der Weg auf der nächsten Etappe von Santillana del Mar nach Comillas durch die hügelige Landschaft. Erst kurz vor Comillas rückt der Atlantik wieder in greifbare Nähe. Wegen des milden Klimas gedeihen in der Gegend um Cigüenza, rund zwei Wanderstunden nach Santillana del Mar, Zitrusfrüchte besonders üppig. Wenig später passiert man die neugotische Zisterzienserabtei Santa Maria de Viaceli in Cóbreces. Der Zielort Comillas belohnt mit architektonischen Sehenswürdigkeiten oder einem erfrischenden Bad am Sandstrand – oder mit beidem.

Am imposanten Palacio de Sobrellano entlang geht es aus Comillas hinaus. Wenig später beginnt der Parque Natural de Oyambre. Der 1988 gegründete Naturpark an der berühmten Costa Verde schützt das Schwemmland mittels eines alten Waldes und reicht bis nach San Vicente de la Barquera. Pilger können hier verschiedene Wegvarianten wählen, am schönsten ist die küstennahe. Auf einem Fußweg geht es an der hellsandigen Playa de Oyambre entlang, weitere Strände schließen sich an, bis San Vicente de la Barquera erreicht ist. Der Ort wird durchquert, stetig geht es nun leicht bergauf und bergab durch die Landschaft. Bei klarer Sicht bilden hinter San Vicente de la Barquera die schneebedeckten Bergspitzen der Picos de Europa (Spaniens ältestem Nationalpark) eine wunderschöne Kulisse. Mit dem Etappenziel Unquera beginnt mit der Überquerung des Río Deva die Region Asturien.

Süd- und Südosteuropa

Bis auf gerade mal 147 Höhenmeter kurz vor Llanes geht es auf dem nächsten Wegabschnitt hinauf, doch sind in Summe dennoch ein paar mehr Höhenmeter in der hügeligen Landschaft zu bewältigen. Ein wenig schade ist, dass nicht nur der Camino, sondern auch die Autobahn, die Bahntrasse und die Landstraße hier in der Nähe des Atlantiks verlaufen. Ab und zu trübt der Verkehrslärm die Idylle. Schön ist die Wanderung trotzdem. In Colombres sind einige prächtige Indiano-Villen zu bewundern, die Häuser der reich aus Übersee in die Heimat Zurückgekehrten. Später lohnt sich bei Wind nahe Pendueles ein Abstecher zu den Höhlen der Bufones de Arenillas: Das Wasser drückt dann in das durchlöcherte Gestein und schießt fauchend als Fontäne wieder heraus. Ein Rundgang durch das Etappenziel Llanes lohnt sich ebenfalls.

Für asturische Verhältnisse ist die folgende Etappe eigentlich ziemlich flach. Die Herausforderung liegt vor allem in ihrer Länge. Für wandernde Pilger ist die gelenkschonendere Variante über Nebenstraßen und Schotterwege empfehlenswert, bei der meist nicht die offizielle Markierung, sondern handgemalte Pfeile den Weg weisen. Dörfer reihen sich entlang des Weges auf, darunter auch Barro mit seiner Kirche Nuestra Señora de los Dolores, die malerisch auf einer Halbinsel liegt. Sehenswert ist auch die Klosterruine von San Antolín, die sich nahe der Mündung des Flusses Bedón an den Fuß eines Hügels schmiegt. Erbaut wurde das Kloster vermutlich im 12. Jahrhundert, wie für den Zisterzienserorden üblich in relativer Schlichtheit.

Zwischen San Esteban de Leces und Sebrayo läuft man zunehmend in Strandnähe. Immer häufiger sieht und hört man die Wellen des Atlantiks an die felsigen Abschnitte der Küste branden. Wer Zeit mitbringt, der kann hier einen zusätzlichen Ausflug einplanen: Abseits des Jakobsweges liegt zwischen Colunga und Lastres das Jura-Museum. Denn dieser Teil Asturiens wird nicht ohne Grund auch Dinosaurierküste genannt. Überall in Strandnähe sind die riesigen Spuren der Urzeittiere zu finden. So passt es, dass auch das Museum selbst in der Form eines gigantischen Fußabdrucks gestaltet wurde.

Streckenlänge und Höhenmeter machen die nächste Strecke bis zum Etappenziel Gijón zu einer großen Herausforderung. Als kulturgeschichtlich wichtigste Zwischenstation gilt Villaviciosa, das einst durch Pilger und Handelsströme reich wurde. Zwei große Erhebungen gilt es zu überwinden, den Alto de la Cruz und den Alto de la Infanzón. Beide bieten weite Panorama-Aussichten. Wegen der Länge entscheiden sich viele Pilger für eine Übernachtung vor dem Etappenziel, besonders beliebt: der Campingplatz in Deva vor den Toren von Gijón. Denn der Marsch durch Stadt- und Industriegebiet gilt nicht gerade als krönender Tagesabschluss einer langen Wanderung. Wer trotzdem noch das letzte Teilstück wagt, wird dafür mit einer großen Auswahl an Übernachtungsmöglichkeiten, Restaurants und Bars in der Innenstadt von Gijón belohnt.

Häuser und grauer Asphalt dominieren anfangs das Bild der nächsten Etappe. Und im Gewusel der Stadt sind die gelben Pfeile des Jakobswegs manchmal leicht zu übersehen. Danach geht es durch kleine Vorstadt-Ansiedlungen hinauf auf den Monte Areo. Schließlich

Linke Seite: Schöne Aussichten im Parque Natural de Oyambre und der historische Brunnen in Comillas. Oben links: die Kirche Barro in Llanes; ganz oben: ein Lokal in Llanes; oben: das Museo del Jurásico de Asturias.

Süd- und Südosteuropa

hat der Asphaltweg ein Ende und Eukalyptusbäume säumen massenhaft den Wegesrand. Mehrere Kilometer lang folgt der Jakobsweg nun dem Carreño-Tal, durchquert einen Tunnel, bis schließlich Tamón auftaucht. Durch das Industriegebiet der Hafen- und Stahlindustriestadt Avilés geht es über Asphalt und an Funktionalbauten vorbei, bis schließlich das historische Stadtzentrum von Avilés für angenehme Abwechslung sorgt.

So mancher Pilger teilt sich die Etappe ab Avilés auf und plant eine weitere Übernachtung ein, denn sie gehört zu den schwierigsten auf dem Camino del Norte. Hier ist eine gute Vorbereitung das A und O, denn Herbergen sind nicht üppig gesät. Die Strecke ist sehr lang, es gibt viele steile Anstiege, den ersten gleich beim Verlassen von Avilés. Ein besonderes Highlight unterwegs ist die Stadt El Pito, in der Rückkehrer aus den ehemaligen Kolonien Spaniens mit ihren Vermögen Paläste bauten, die sogenannten Casas Indianas. Allen voran sticht der Palacio de las Selgas mit seinen herrlichen Parkanlagen hervor. Der nun folgende Anstieg ist wieder eine Herausforderung. Dafür gibt es atemberaubende Ausblicke, unter anderem auf Cudillero, eines der schönsten Fischerdörfer Asturiens, in das sich auch durchaus ein eigener Abstecher lohnt. Es gilt, noch einen weiteren Berg zu überwinden, bis schließlich Soto de Luiña im Tal auftaucht.

In Soto de Luiña gibt es eine Weggabelung, an der Pilger sich entscheiden müssen, ob sie den traditionellen Weg in Richtung Las Palancas durch die Berge gehen oder die Variante an der Küste wählen. Ersterer ist oft zugewachsen und man muss gut planen und Proviant mitnehmen, denn es gibt unterwegs auf mindestens 18 Kilometern des Weges keine Infrastruktur. Die zweite, moderne Variante ist gut ausgeschildert und führt unter anderem über Albuerne, Novellana und Ballota nach Cadavedo. Insgesamt sieben Ortschaften liegen am Wegesrand, die umfangreiche Möglichkeiten zum Einkaufen, Essen und Ausruhen bieten.

Hinter Ballota überqueren die Pilger den Fluss Cabo. Durch den Wald geht es später weiter nach Tablizo und schließlich durch Ribon nach Cadavedo, hier wartet ein schöner Strand auf erschöpfte und doch angesichts der zurückgelegten Strecke stolze Pilger.

Es folgt eine der kürzesten Strecken auf dem Camino del Norte. Die einzige Herausforderung an dieser Etappe ist der kurze, steile Anstieg, den es hinter Canero zu überwinden gilt. Danach geht es lange weiter über flachen Untergrund. Einziger Wermutstropfen: Der Jakobsweg begleitet dabei über einen weiten Teil der Strecke erneut die laute Autobahn. Zum Ende zeigt diese Etappe dann versöhnlich wieder ihr reizvolles Gesicht. Es lohnt sich ein kleiner Schlenker in Richtung der Eremita de Nuestra Señora la Blanca, wo sich die Küstenlandschaft als Postkarten-Panorama ausbreitet. Unten schmiegt sich Luarca, das malerische Etappenziel, als Halbrondell um den Hafen.

Der Zahn der Zeit hat Löcher in die Anlage gegraben, Moos und Flechten besiedeln die alten Mauern und übersäen sie mit grünen Farbtupfern. Die Ruinen der alten Kapelle von Santiago aus dem 16. Jahrhundert liegen direkt am Ortsausgang von Luarca. Auch die Infrastruktur entlang des Weges lässt kaum Wünsche offen: Der Camino folgt zumeist der Nationalstraße N634, entlang der sich viele Ortschaften reihen. Bald schmiegt sich die Stadt Navia ins Tal des gleichnamigen Flusses. Mehr als die Hälfte des Weges ist ab hier

Süd- und Südosteuropa

geschafft. Mit ihrer Größe von rund 5000 Einwohnern dominiert Navia diesen Abschnitt des Jakobswegs. Sehenswert sind hier die neugotische Kirche Nuestra Señora de la Barca aus dem späten 19. Jahrhundert und das Rathaus aus dem 18. Jahrhundert. Von nun an geht es stetig bergauf und es ergeben sich weite Aussichten auf die Stadt und die Brücke über den Fluss. Bis zum Etappenziel La Caridad folgen Pilger wieder der Nationalstraße. Wilde Küste oder beschauliches Binnenland? Spätestens in Porcia müssen sich die Pilger entscheiden, ob sie lieber den ursprünglichen Jakobsweg über Tol gehen, der durch Dörfer und Wälder im Binnenland verläuft, oder lieber die Variante direkt am Meer über Tapia. Beide haben ihre Vorteile: Die Küstenvariante hält atemberaubende Ausblicke bereit, immer wieder tauchen Buchten mit Sandstränden am zerklüfteten Ufer auf. Und auf halbem Weg liegt der malerische Fischerort Tapia de Casariego mit seiner Bucht und den auf den Wellen schaukelnden Booten. An seiner Promenade bietet der Ort viele Einkehrmöglichkeiten. Dafür ist dieser Weg zwei Kilometer länger, und bei schlechtem Wetter kommt der Westwind den Wanderern mit voller Wucht entgegen. Welche Variante man für diese Etappe auswählt, sollte also auch vom Wetterbericht abhängen. Endziel ist Ribadeo.

Ab der nächsten Etappe, der ersten in Galicien, verlässt der Jakobsweg die Küstenregion, und nun sind auch die Wege besser ausgebaut und beschildert als in Asturien. Wer sich noch angemessen von der Küste verabschieden will, macht etwa 2,5 Kilometer hinter Ribadeo einen kleinen Schlenker in Richtung Norden zum Mirador de la Santa Cruz. Hier gibt es einen der spektakulärsten Fernblicke auf dem gesamten Weg über die Ria, das Kantabrische Meer und bei klarem Wetter auf die Berge Asturiens. Im Hinterland Galiciens wird die Landschaft bergiger und die Zahl der zu überwindenden Höhenmeter größer. Der stärkste Anstieg wartet am Ausgang von A Ponte de Arante auf die Pilger, die hier gleich 260 Höhenmeter am Stück überwinden müssen. Der Jakobsweg durchquert nun dünner besiedeltes Binnenland, in dem Ackerbau und Viehzucht vorherrschen. Ganz Galicien ist übrigens für die kulinarischen Spezialitäten berühmt – die lokale Küche auszutesten, sollte man auch auf einer Pilgerreise nicht ausschlagen.

Lourenzá hinter sich lassend, geht es vor allem in eine Richtung aufwärts. Zu Beginn fährt der Camino auf die Sierra, die die Täler von Lourenza und Mondoñedo voneinander trennt. In Letzterem lohnt sich ein Zwischenstopp in Mondoñedo, und das nicht nur wegen der sehenswerten Kathedrale. Mondoñedos Innenstadt besticht auch durch seine prächtigen Palais und die schneeweißen, verglasten Balkone, die so typisch für Galicien sind. Hinter Mondoñedo sollten Pilger gut auf die Beschilderung achten. Denn während bis zum Jahr 2017 der Camino del Norte bis Lousada an der Straße entlang verlief, gibt es nun eine neue Strecke, die durch die Berge führt. Von nun an geht es durch den Nordwesthang des Valiñadares-Tals bis zum inneren Plateau von Lugo stufenweise immer weiter bergauf. Zum verdienten Rasten und Übernachten finden Pilger entsprechende Herbergen entweder im Etappenziel Abadín, oder man rastet bereits eine Siedlung zuvor in Gonton.

Von Abadín aus führt der Weg vorbei an Wiesen, um schließlich auf einem Grasweg ein Wäldchen zu durchqueren. Hohl klingen die Wanderschuhe auf der hölzernen Brücke, die

Pittoreske Dörfer wie Cudillero (linke Seite), Luarca (ganz oben) und Cadavedo (oben) passiert man ebenso wie ruhige Natur, etwa an der Playa de los Quebrantos (linke Seite oben).

den Arroyo Abadín überquert. Gut ausgebaute Asphalt- und Schotterpisten, die an Weiden mit grasenden Rindern vorbeiführen, prägen diese Etappe genauso wie Wege durch kleine Wälder und Baumgruppen. Dort können Pilger im Schatten des dichten Grüns laufen. Hinter Martiñán überquert der Camino den Fluss Batán. Ihn überspannt eine dreibogige, hübsche Brücke aus dem 17. Jahrhundert. Im Dorf Goiriz finden Pilger nicht nur eine Möglichkeit, für eine Zwischenmahlzeit einzukehren, sondern können auch die dem heiligen Jakob geweihte Kirche Santiago aus dem 16. Jahrhundert besuchen. Nach weiteren entspannten sechs Kilometern ist das Etappenziel Vilalba erreicht. Was man dem kleinen Örtchen nicht zutraut, ist die bemerkenswerte Produktivität im Druck von Zeitungen im 20. Jahrhundert. Ins Rollen brachte sie der Journalist Antonio García Hermida. Sogar die erste vollständig in der galicischen Sprache verfasste Zeitung wurde hier herausgegeben. Mit solcherlei Fakten im Kopf geht man am nächsten Tag eine weitere Etappe an.

Zwischen den Wiesenblumen flattern Schmetterlinge und zirpen Grillen. Weiden lassen ihre Zweige in Fächern über das Wasser der Bäche hängen, immer wieder spendet ein lauschiges Wäldchen Schatten. Ab und zu stehen windschiefe Horreos – hölzerne Getreidespeicher – am Wegesrand. Keine Frage: Auch diese Etappe bietet liebliche Landschaften, immer wieder unterbrochen von kleinen Siedlungen. Der Wegverlauf folgt grob dem der Nationalstraße N634, aber kreuzt sie nur selten, sodass kaum Autolärm zu hören ist. Die Etappe ist nicht nur flach, sondern sogar kürzer als die vorherige. Deshalb entscheiden sich viele Pilger dafür, statt in Baamonde in einem der nachfolgenden Dörfer auf dem Camino, etwa in Carballedo, A Lagoa oder Miraz zu übernachten. Alle drei können mit Herbergen aufwarten, und die Mammutetappe am Folgetag lässt sich so etwas kürzen. Für das Einkehren unterwegs gibt es zum Beispiel in San Xoan de Alba oder in Pedrouzos Möglichkeiten.

40 Kilometer am Stück laufen, keine Übernachtungsmöglichkeit, kaum Infrastruktur: Lange Zeit war dies nicht nur die längste Etappe auf dem Camino del Norte, sondern auch eine der härtesten. Heute lässt sie sich einfacher bewältigen, denn in den kleinen Siedlungen am Wegesrand gibt es inzwischen nicht nur die Möglichkeit, zum Essen und Trinken einzukehren, es liegen auch mehrere Herbergen auf der Strecke. So lässt sich diese Etappe fast nach Belieben aufteilen, abkürzen oder auch die vorherige, kürzere Etappe verlängern. Schritt für Schritt führt der Jakobsweg durch eine ursprüngliche, von Landwirtschaft geprägte Szenerie, vorbei an Maisfeldern und gemütlich wiederkäuenden Rindern. Kurz vor dem Etappenziel lädt der See von Sobrado dos Monxes zur einer Stippvisite ein. Auf dieser Etappe erreichen die Pilger übrigens den höchsten Punkt des Camino del Norte. Er liegt mit 707 Metern zwischen den Ortschaften Corteporcos und El Mesón.

Mächtige Eichen breiten ihre Kronen über den Wanderwegen aus, Wäldchen wechseln sich ab mit Weiden, Gärten und kleinen Weilern. Die letzte Etappe führt diesen Jakobsweg in Arzúa mit dem klassischen Camino Francés zusammen. Größtenteils wandern Pilger auf der Etappe talwärts. Manche möchten noch ein wenig länger fern des Massenauflaufs am Camino Francés ihre Pilgerreise genießen und nehmen in Boimorto die Abzweigung Richtung O Pino. Dieser Weg stößt erst später auf den bevölkerten Camino Francés und kürzt den Weg nach Santiago de Compostela insgesamt ein wenig ab. Allerdings ist die Infrastruktur schlechter und diese Etappe dadurch länger. Wer sich für den üblichen Weg entscheidet, der kommt von Boimorto nach Sendelle. Dann ist auch das Etappenziel Arzúa erreicht.

Einmal in einem UNESCO-Welterbe übernachten – im Kloster Sobrado (große Bilder) können Pilger genau das tun. Kleines Bild oben: Pilgerin bei O Pino.

Süd- und Südosteuropa

ℹ︎ RUND UMS PILGERN

Anforderungen: Der Camino del Norte ist streckenweise recht anspruchsvoll, die Steigungen erfordern eine gute Kondition und Vorbereitung. Die intensiven Erfahrungen, die man dafür auf dem Küstenweg machen darf, lassen immer wieder Motivation und Hoffnung keimen.

Anreise und Rückreise: Irún und Hendaye besitzen jeweils einen Bahnhof, der sowohl vom spanischen als auch vom französischen Zugnetz bedient wird. Somit reist man meist von Paris aus, alternativ mit einem Nachtzug aus Lissabon. Wer seine Pilgerreise in Arzúa beendet und nicht bis Santiago de Compostela läuft, hat die Möglichkeit, die öffentlichen Verkehrsmittel nach Lugo oder Santiago zu nutzen und die Heimreise von dort aus anzutreten. Ab Santiago gibt es auch Direktflüge nach Deutschland.

Beste Reisezeit: Im Juli und August brennt die Sonne gnadenlos auf die Köpfe der Pilger nieder, und dank der Ferienzeiten muss man sich den Weg mit zahlreichen Spaniern und Franzosen teilen. Deshalb empfiehlt es sich, im Frühling, wenn alles in der ersten wärmenden Sonne des Jahres zu blühen und sprießen beginnt, oder anschließend im September zur Erntezeit den Weg zu beschreiten. Im Winter sind einige Herbergen geschlossen.

Unterkunft und Verpflegung: Der Camino del Norte wird nur von rund einem Zehntel der Pilger in Spanien beschritten. Dementsprechend ist auch das Netz an Herbergen dünner als an anderen Strecken. Zudem kommt es gerade in den Sommermonaten Juli und August schnell zu ausgebuchten Unterkünften. Wer in dieser Zeit reist, sollte also im Voraus einen Platz reservieren. In der Nebensaison ist es dagegen oft kein Problem, ein Bett für die Nacht zu finden. Im Winter sind viele Herbergen geschlossen, dies sollte man bei der Routenplanung beachten und sich gut im Voraus informieren. Das Angebot an Einkehrmöglichkeiten wächst zwar stetig, doch auf einigen sehr ländlichen Streckenabschnitten ist es ratsam, genügend Proviant für die Tagesetappe im Gepäck zu haben.

Die Erfrischung des Meers und ein Ausblick über die schiere Unendlichkeit der Wellen ist nie weit entfernt auf dem Küstenweg. Hier beispielsweise der Strand Moris bei Caravia (ganz links). Links: Schuhe auslüften heißt es meistens allabendlich, sobald die Herberge erreicht ist.

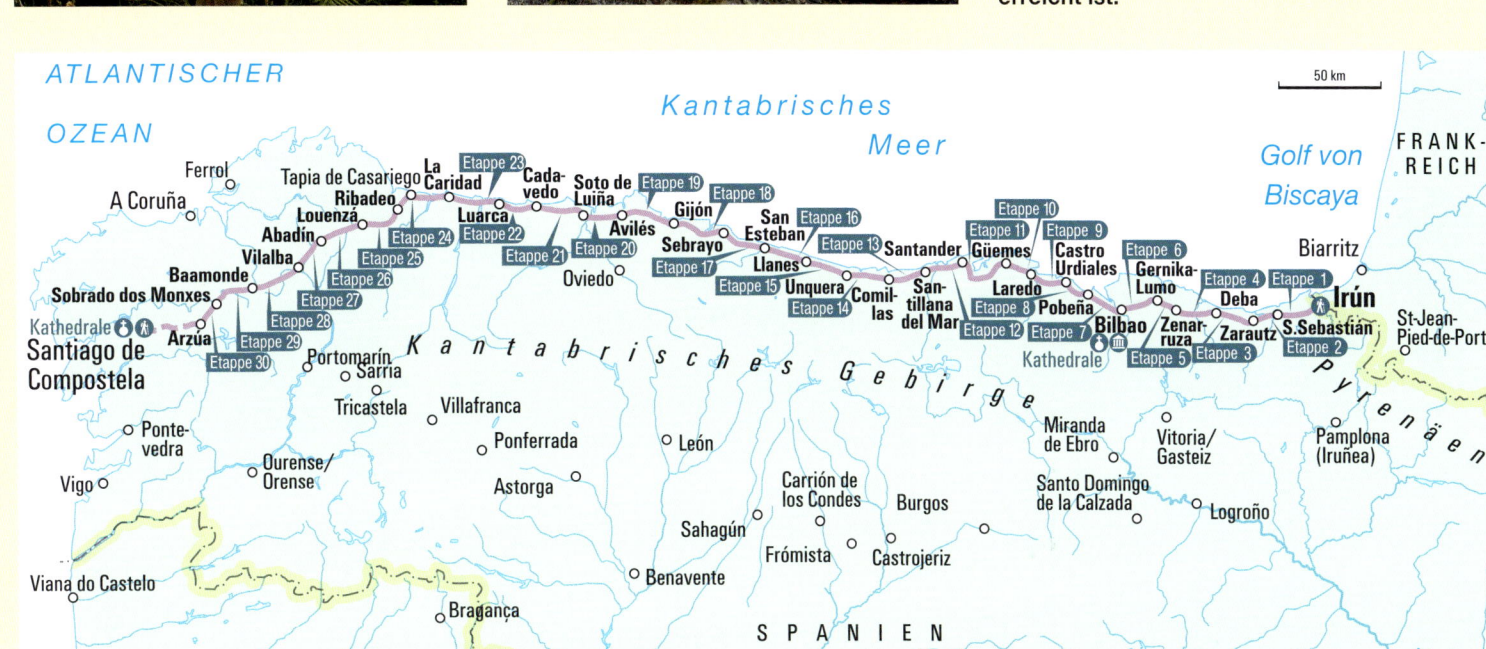

> Süd- und Südosteuropa

Spanien
Auf dem Camino Francés durch den Norden Spaniens

Er ist der Klassiker unter den Jakobswegen und startet in den Pyrenäen, meist in dem Städtchen Saint-Jean-Pied-de-Port nahe der französisch-spanischen Grenze. Die einen gehen ihn aus Glaubensgründen, die anderen aus sportlichem Antrieb: Egal wie, der Jakobsweg ist der wohl am meisten begangene Pilger- und Wanderweg der Erde.

STRECKEN-INFORMATIONEN

Distanz: ca. 800 km
Dauer: mindestens 35 Tage

Etappen:
1. Saint-Jean-Pied-de-Port – Roncesvalles: 25 km
2. Roncesvalles – Zubiri: 21,5 km
3. Zubiri – Pamplona: 20 km
4. Pamplona – Puente la Reina: 24 km
5. Puente la Reina – Estella: 22 km
6. Estella – Los Arcos: 20,5 km
7. Los Arcos – Logroño: 28 km
8. Logroño – Nájera: 26 km
9. Nájera – Santo Domingo de la Calzada: 21,5 km
10. Santo Domingo de la Calzada – Belorado: 22,5 km
11. Belorado – San Juan de Ortega: 23,4 km
12. San Juan de Ortega – Burgos: 24,5 km
13. Burgos – Hornillos del Camino: 19,5 km
14. Hornillos del Camino – Castrojeriz: 20 km
15. Castrojeriz – Frómista: 24,5 km
16. Frómista – Carrión de los Condes: 19 km
17. Carrión de los Condes – Sahagún: 39 km
18. Sahagún – Reliegos: 30,5 km
19. Reliegos – León: 24,5 km
20. León – Villadangos del Páramo: 20 km
21. Villadangos del Páramo – Astorga: 27,5 km
22. Astorga – Rabanal del Camino: 20 km
23. Rabanal del Camino – Ponferrada: 32 km
24. Ponferrada – Villafranca del Bierzo: 21 km
25. Villafranca del Bierzo – O Cebreiro: 30 km
26. O Cebreiro – Triacastela: 21 km
27. Triacastela – Sarria: 24,5 km
28. Sarria – Portomarín: 21,5 km
29. Portomarín – Palas de Rei: 24 km
30. Palas de Rei – Ribadiso de Baixo: 25 km
31. Ribadiso de Baixo – O Emplame: 19 km
32. O Emplame – Santiago: 22 km

Das steinerne Jakobustor in Saint-Jean-Pied-de-Port markiert den Beginn. Mit den hölzernen Fensterläden und den eisernen Türklopfern wirkt es, als habe sich der Ort kaum verändert, seit im Mittelalter die Pilger hier entlangschritten. Hier ist nicht nur der Startpunkt des Camino Francés, sondern auch die Endstation der Via Podiensis. Pilger können zwischen zwei Varianten wählen: der abgelegenen – aber auch schöneren – Route Napoléon und der Route Valcarlos über das gleichnamige Dorf. Bei unbeständigem Wetter empfiehlt sich die zweite Variante.

Von Roncesvalles aus geht es am zweiten Tag in das Dorf Burguete mit dem gleichnamigen Hotel, in dem einst Ernest Hemingway bei seinen Angeltouren im Wald von Irati nächtigte. Der Jakobsweg führt von hier aus weiter durch Wald und Wiesen in das Dorf Espinal und dann hinauf zum 801 Meter hohen Erro-Pass. Von hier oben eröffnen sich Panoramablicke auf die waldreiche Landschaft.

Auf den Fluss Arga treffen Pilger auf dieser Etappe immer wieder. Von Zubiri führt der Weg über Dörfer wie Ilarratz und Ezkirotz, um schließlich bei der mittelalterlichen Brücke von Larrasoaña wieder dem Fluss Arga zu begegnen. Die Dorfkirche von Larrasoaña ist dem hl. Nikolaus von Bari geweiht und stammt aus dem 13. Jahrhundert. In Zabaldika ist vor allem die dem hl. Stefan geweihte Kirche aus dem 13. Jahrhundert mit ihrem Spitztonnengewölbe und dem Altarbild im Stil des Manierismus sehenswert. Über mehrere kleine Siedlungen gehen die Pilger bis zur Magdalena-Brücke vor den Toren Pamplonas.

Die Stadt der berühmten Sanfermines betreten Pilger durch das mehr als 500 Jahre alte Portal de Francia. Die Plaza del Castillo mit den repräsentativen Häuserzeilen aus dem 18. und 19. Jahrhundert ist das lebendige Zentrum der Stadt. Die Kirche San Saturnino war einst eine Wehrkirche. Ihr angeschlossen ist die Herberge für die Jakobswegpilger.

Die nächste Etappe nach Puente la Reina startet am Dom von Pamplona. Vorbei am Universitätsgelände, geht es über die hübsche steinerne Azella-Brücke über den Fluss Sadar in Richtung des kleinen Dorfes Cizur Menor. Hier stand einst ein Johanniterkloster, von dem nur noch der romanische Kirchenbau übrig geblieben ist. Im nächsten Ort, Guenduláin, recken sich verlassene Ruinen gespenstisch in die Höhe, darunter eine einstige Burg. Auf dem Alto del Perdón steht nicht nur der Schrein der heiligen Jungfrau von Perdón, sondern auch eine der meistfotografierten Skulpturen des Jakobsweges: der eiserne Pilgerzug. Die Landschaft bietet hier eine weite Aussicht über das Pamplona-Becken; nach dem Abstieg locken nahe Muruzábal von prächtigem Rot durchtüpfelte Mohnfelder. Von hier aus geht es zum Etappenziel Puente la Reina, wo sich laut

Vom Glockenturm der Kathedrale von Pamplona aus reicht der Blick weit.

Codex Calixtinus alle Jakobswege Europas zu einem einzigen vereinigen.

Bevor es auf die rund 20 Kilometer lange Etappe durch sanft hügelige Landschaft bis Estella geht, führt der Weg über die eindrucksvolle frühmittelalterliche Brücke, die den Fluss Arga überspannt. Unterwegs lädt das kleine Örtchen Cirauqui mit seinen komplett erhaltenen mittelalterlichen Straßenzügen zu einer Rast ein. Von dort führt eine alte Römerstraße vorbei an Zypressen und Olivenbäumen. Estella ist von vielen gut erhaltenen romanischen Bauten geprägt; das Highlight ist neben einigen Kirchen der Palast der Könige von Navarra. Wenige Kilometer hinter Estella liegt das beeindruckende Kloster Irache am Berg Montejurra.

Frühaufsteher können auf der knapp 30 Kilometer langen Etappe nach Logroño einen herrlichen Sonnenaufgang erleben. Einziges Manko: Man muss rückwärts laufen, denn der Weg führt gen Westen. Man lässt das hübsche Los Arcos mit seinen engen Gassen, Barockhäusern, der Burgruine und der prachtvollen

Iglesia de Santa María hinter sich. Weinfreunde werden sich freuen, denn auf dieser Etappe verlassen sie Navarra und wandern in die Weinregion Spaniens: Rioja. Passiert werden dabei auch Sansol mit seiner barocken Pfarrkirche San Zoilo und das charmante Torres del Río. Dort steht die Iglesia del Santo Sepulcro, von der man annimmt, dass sie einst vom Templerorden erbaut wurde. Das Etappenziel ist Logroño im Ebrotal.

Wer am Sonntag pilgert, sollte auf Holzhütten am Rande der Weinfelder achten: Die hiesigen Familien haben die Tradition, abwechselnd die Pilger zu verpflegen. Pinien und Eukalyptusbäume säumen den Weg, Enten schwimmen auf kleinen Teichen und werden von Kindern gefüttert. Der Jakobsweg durchquert hinter Logroño zunächst den Parque de la Grajera, einen der meistbesuchten Parks von La Rioja. In Navarrete lohnt der Besuch der Pfarrkirche Asunción de María. Das dreischiffige Gotteshaus stammt aus dem 16./17. Jahrhundert und

gilt als eines der schönsten Beispiele für barocke Kirchenkunst in La Rioja. Für den letzten Streckenabschnitt sollten Pilger unbedingt Wasser mitnehmen und eine Kopfbedeckung aufsetzen. Hier findet sich kaum ein schattiges Plätzchen weit und breit.

Die gut 20 Kilometer lange Etappe von Nájera nach Santo Domingo de la Calzada führt anfangs durch hügeliges Gelände, nur im letzten Drittel sind rund um Cirueña einige etwas höhere Erhebungen zu überwinden. Schon bald nach Nájera ist inmitten von Weinbergen das kleine Straßendorf Azofra erreicht. Sehenswert ist hier die Pfarrkirche Nuestra Señora de los Ángeles. Zahlreiche private Pilgerunterkünfte erwarten müde Pilger. Nun ist schon bald das Ziel der Etappe in der Ferne auszumachen: Unübersehbar ragt der 70 Meter hohe Glockenturm der gotischen Kathedrale in Santo Domingo de la Calzada stolz in den Himmel. Über den Nachfolger der Pilgerbrücke, die der

heilige Domingo hier schon vor rund 1000 Jahren hat bauen lassen, führt der Jakobsweg nach Grañón mit seiner gotischen Iglesia Parroquial de San Juan Bautista. Sie wurde vor einigen Jahren restauriert und besitzt einen reich verzierten Renaissance-Hochaltar.

Auf dem weiteren Weg zeichnen sich bald die Kantabrischen Berge am Horizont ab – sie sind an einem der folgenden Tage zu bewältigen. Weiter führt die insgesamt 26 Kilometer lange Etappe zum Dorf Viloria, dem Geburtsort des heiligen Dominikus, und weiter über den Ort Villamayor nach Belorado. Jeden Abend findet hier eine Pilgersegnung statt. Ein Tipp: Jeden Montagmorgen verwandelt sich die Plaza Mayor in Belorado in einen quirligen Markt, auf dem sich die Pilger gut mit Proviant eindecken können.

Früher war der Jakobsweg ein gefährliches Unterfangen. In den Gänsebergen trieben die Banditen ihr Unwesen, was dem heiligen Juan de Ortega missfiel. Trotz Drohungen der Räuber ließ er einen Pfad über die Gänseberge anlegen und eröffnete das nach ihm benannte Kloster und eine Herberge.

Burgos lohnt sich für einen ganzen Pausentag. Die politische, wirtschaftliche und kulturelle Blütezeit der Stadt lag im 14./15. Jahrhundert. Es entstanden prächtige Kirchen und Paläste. Nahe am Fluss Arlazón steht die Casa del Cordón: Dort wurde Christoph Kolumbus nach seiner Amerikareise 1497 empfangen. Das Stadttor Santa María wurde Mitte des 16. Jahrhunderts zu einem Triumphbogen für Kaiser Karl V. umgebaut. Außerhalb der Altstadt liegt das Real Monasterio de las Huelgas mit einem Kreuzgang im Mudéjar-Stil.

Die Jakobspilger haben, bis sie San Antón erreichen, die Kathedrale und die Gassen von Burgos hinter sich gelassen und sind über die

Der Weg von Santo Domingo de la Calzada nach Belorado führt durch weite Landschaften; durch bewaldetes Gebiet geht es bei San Juan de Ortega.

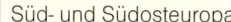
Süd- und Südosteuropa

Dörfer Villalbilla de Burgos, Tardajos, Rabe de las Calzadas und Hornillos del Camino bis Hontanas gewandert. In Castrojeriz, dem Etappenziel, erwarten sie die Überreste der alten Burg Castrum Sigerici; und die Iglesia de Santa María del Manzano empfängt die Besucher stolz mit ihrem prächtigen gotischen Portal, über dem ein großes Rosettenfenster thront. Mit der Überquerung des Tafelbergs hinter Castrojeriz beginnt die nächste Etappe. Das erste Teilstück der Strecke ist anstrengend, doch nach dem Abstieg geht es auf Landstraßen gemütlich weiter bis Itero de la Vega. In der Pilgerherberge Eremita de San Nicolás, der früheren Kirche eines Hospizes und späteren Einsiedlerei, kann man ohne Elektrizität besonders ursprünglich übernachten. Wenig später überspannt eine mittelalterliche Brücke den Fluss Pisuerga – ein beliebtes Fotomotiv. In Boadilla del Camino geht es an der massigen, dreischiffigen Iglesia de la Asunción vorbei, bevor die 25 Kilometer lange Etappe am alten Bewässerungskanal Canal de Castilla entlangführt und in Frómista endet. In dem kleinen Städtchen steht mit San Martín die wohl schönste romanische Kirche des gesamten Jakobswegs.

Am nächsten Tag zeichnen sich auf den letzten sechs Kilometern vor Carrión de los Condes bei klarem Wetter in der Ferne weiß leuchtend die Picos de Europa ab – die Kalkberge des Kantabrischen Gebirges. In der trockenen Ebene ist es wichtig, genug Wasser im Gepäck zu haben und die wenigen Bäume am Wegesrand für eine Pause zu nutzen. Die Dörfer fügen sich mit ihren Lehm- und Backsteinbauten in erdigen Farben nahtlos in das Farbspektrum ein. Schön ist der Blick über die Landschaft vom Dorf Terradillos de los Templarios aus, das auf einer kleinen Erhebung steht. Hier lohnt die Peterskirche eine Stippvisite.

Links: Stadttor Santa María in Burgos; Castro San Antón de Castrojeriz; Kirche Santa María del Manzano bei Castrojeriz.

Weiter geht es über San Nicolás del Real Camino bis zum Etappenziel Sahagún. Die Gedanken schweifen lassen, einen Fuß vor den anderen setzen – das bietet sich an auf dieser Strecke, die optisch kaum Abwechslung bietet: Eine schier endlose Reihe eigens gepflanzter Ahornbäume säumt den Pilgerweg und spendet im heißen Sommer Schatten; in der Ferne rauscht die Autobahn. Eine Einsiedelei, die Ermita Nuestra Señora de Perales, und das Örtchen Bercianos del Real Camino laden nah aneinander zur Pause. Danach geht es weiter bis zum Zielort Reliegos.

Viele Pilger empfinden die nächste Etappe als eine der schwersten, nicht für den Körper, sondern für die Seele. Wie am Vortag geht es knapp 40 Kilometer geradeaus – eben, aber schier endlos. Nichts lenkt das Auge ab, rundum nur immer gleiche Felder. Manch einer würde hier schwach werden und einen Bus nehmen, aber selbst der kommt nicht. In Mansilla de las Mulas beeindruckt die riesige Stadtmauer, die sichtbar aus Flusskieseln erbaut ist – aus dem Río Esla, den man danach auf einer mittelalterlichen Brücke überquert. Ab Puente Villarente am Río Porma wird die Besiedlung allmählich dichter. Und sobald die alte Königsstadt León am Horizont auftaucht, schlägt das Herz wieder schneller. Die bekannte Kathedrale, ein kühles Getränk und ein sauberes Bett sind pure Verheißung.

Schon früh war León eine wichtige Station am Jakobsweg, entsprechend großartig gerieten auch ihre Kirchen. Die mächtige gotische Kathedrale, die Basilika San Isidoro mit dem Pantheon der Könige von León und die Casa de Botines von Antoni Gaudí mit ihrer Zuckerbäckerfassade – sie bringen viele Pilger in Versuchung, einen Tag zu pausieren und den Verlockungen der Stadt zu erliegen.

Wenig aufregend verläuft die darauffolgende Etappe nach Villadangos del Páramo. Nur wenige Kilometer nach Villadangos zieht sich am nächsten Tag eine Brücke durch die Landschaft. Mit sage und schreibe 20 romanischen Bögen überspannt sie den Fluss und den sumpfigen Untergrund: Die Puente de Órbigo misst 204 Meter und ist nicht nur die längste auf dem Jakobsweg, sondern auch eine der schönsten. Weiter geht es über die Dörfer Santibáñez de Valdeiglesia und San Justo de la Vega bis ans Etappenziel Astorga. Hinter Astorga geht die fruchtbare Tierra de Campos langsam in die Maragatería über –

eine hügelige, aber eher karge Landschaft. Umso bunter sind die Traditionen ihrer Bewohner, der Maragatos – ihre Trachten, traditionellen Tänze zu Flöte und Trommel und sogar ein eigener Architekturstil. Besonders typisch sind die großen Einfahrten mit Torbögen für Pferdewagen. Mit einem kleinen Schlenker im ersten Streckendrittel, ab Murias de Rechivaldo, kommt man durch Castillo de los Polvozares, einen restaurierten Vorzeigeort der Maragatería. Dann windet sich der Weg durch Santa Catalina de Somoza und El Ganso. Schließlich kommt man nach Rabanal.

Rabanal del Camino ist der letzte Ort vor den Bergen. In einem staubigen Cremeweiß schraubt sich der Pilgerpfad wie ein weißes Band durch die Montes de León. Nach knapp zwei Stunden erreichen die Pilger den Gipfel auf 1504 Metern. Wie ein mahnend erhobener Zeigefinger markiert das Cruz de Ferro den höchsten Punkt des Camino Francés. Auf einem Steinhaufen steht ein fünf Meter hoher Eichenpfahl, den ein kleines Eisenkreuz krönt. Gebete murmelnd, legen die Pilger einen Stein dazu; wichtig ist, dass sie ihn von zu Hause mitgebracht haben. Mit dem Stein lassen sie auch alle Sorgen und Lasten zurück.

Gold, eiserne Jakobsmuscheln und eine Märchenburg: Während südlich von Ponferrada die Römer das Edelmetall in den größten Goldminen ihres Reiches abbauten, ließ Bischof Osmundo von Astorga hier Ende des 11. Jahrhunderts eine Brücke für die Pilger über den Río Sil bauen. Später wurde sie mit Eisen verstärkt und gab dem Ort seinen Namen. Gleichmäßig reihen sich metallene Jakobsmuscheln an das Geländer. Wie aus dem Märchen wirkt die mächtige Templerburg, die die Tempelritter 1178–1312 bewohnten. Weiter führt der Weg durch die wellenförmige Landschaft sanft bergauf und bergab, durch die grünen Weinberge des Bierzo. Das Etappenziel Villafranca del Bierzo heißt wegen seiner vielen Pilgerherbergen und Kirchen auch »das kleine Santiago«: Wer früher auf dem Camino erkrankte, erhielt schon hier am Nordportal der Jakobskirche an der Puerta del Pérdon Vergebung.

Auf der Straße, später direkt neben der Autobahn, verläuft der alte Jakobsweg von Villafranca del Bierzo ins Valcarcatal. Hinter dem Ort La Laguna markiert ein Stein die Grenze zu Galicien: 152 Kilometer sind es von hier

Der Weg führt über Brücken wie hier bei Sarria (links) und nach Foncebadón (oben), der höchste Punkt auf dem Camino Francés. Rechts: Castrillo de los Polvazares bei Astorga.

Pilgerherbergen

In einer der traditionellen Pilgerherbergen auf dem Jakobsweg zu übernachten, ist mitunter urig und authentisch – doch ein Spaß ist es nicht unbedingt. Es sei denn, man verfügt angesichts der ausnahmslos belegten 40 Stockbetten in einem Raum über einen komatösen Schlaf und keinen Geruchssinn. Das muss nicht sein – und das gilt jetzt im doppelten Sinne. Zum einen gibt es immer mehr alternative Unterkünfte auf dem Jakobsweg, zum anderen bieten Pilgerherbergen auch Räume für nur vier bis acht Personen an. Unbedingt notwendig ist jedoch der frühzeitig online zu erhaltende Pilgerausweis. Die Preise sind moderat. Meist kostet die Übernachtung fünf bis sieben Euro, die privaten Herbergen verlangen sieben bis zwölf Euro. Eisernes Gesetz ist allerdings: Zwischen acht und neun Uhr morgens ist die Herberge zu verlassen, es sei denn, man ist krank. Zweites eisernes Gesetz: Fußgänger haben stets Vorrang vor Radfahrern, die zudem meist erst nach 17 Uhr aufgenommen werden.

Aus dem 17. Jahrhundert stammt die Herberge des Monasterio de la Magdalena in Sarria (oben). Der Jakobsweg führt direkt vor ihre Tür.

Süd- und Südosteuropa

⭐ Santiago de Compostela

Das Grab des heiligen Jakobus war im Mittelalter neben Rom und Jerusalem das bedeutendste Pilgerziel der Christenheit. Nach der endgültigen Vertreibung der Mauren begann deshalb Bischof Diego Peláez 1075 mit dem Bau einer der Bedeutung des Pilgerzieles angemessenen Kathedrale. Ihre Fertigstellung allerdings zog sich bis in die Mitte des 18. Jahrhunderts hin. Die beiden wuchtigen Fassadentürme wurden erst 1750 fertiggestellt. So mischten sich reine Romanik und üppigster Barock. Der mit reichem Skulpturenschmuck versehene Pórtico de la Gloria wird von einem spätbarocken Vorbau verdeckt. Das Kathedralmuseum umfasst die Schatzkammer, den Kapitelsaal und den Kreuzgang. Die Stadt selbst ist praktisch um das Gotteshaus herum gewachsen und präsentiert sich heute als kulturhistorisches Freilichtmuseum. Zahlreiche, vor allem barocke Kirchen warten auf Besucher, pittoreske Altstadtgassen bieten dem Touristen ebenso wie dem frommen Pilger weltliche Erholung.

Eine besondere Atmosphäre herrscht in der Kathedrale (oben), wenn die Pilger hier ihre letzte Station machen.

noch nach Santiago. Am Etappenziel O Cebreiro sind einige Pallozas zu bestaunen – runde Natursteinbauten der Keltiberer mit einem weit nach unten gezogenen Strohdach. Pallozas gibt es sonst nur noch in den Bergen an der Grenze zwischen Castilla-León und Galicien. Während die Morgensonne in O Cebreiro die Glieder der Pilger wärmt, liegt der Nebel noch als Wolkendecke über dem Tal. Von hier aus geht es zum Bergdorf Hospital da Condesa über den 1270 Meter hohen Alto San Roque. Eine bronzene Pilgerstatue am Wegesrand stemmt sich gegen die Böen – Sinnbild für alle Vorbeiziehenden, die hier mühsam gegen den Westwind ankämpfen. Steil ist nicht nur der Kampf gegen den Wind, sondern auch der Aufstieg zum Dach Galiciens, dem Alto do Poio auf 1337 Meter Höhe. Doch die Belohnung breitet sich als spektakuläre Aussicht auf grüne, waldbedeckte Hügel vor den Füßen des Betrachters aus.

Auf dem Weg nach Sarria liegt das berühmte Kloster San Xulián. Wie Perlen an einer Schnur reihen sich die Pilgerherbergen auf der Hauptstraße Rúa Mayor aneinander. Für Pilger hat Sarria eine besondere Bedeutung: Es ist die letzte Stadt vor der magischen 100-Kilometer-Grenze. Jeder Pilger muss mindestens 100 Kilometer bis zur Kathedrale von Santiago de Compostela wandern, um die »Compostela« zu bekommen, die begehrte Urkunde, die den erfolgreichen Abschluss der Wallfahrt dokumentiert. Etwa elf Kilometer außerhalb der Stadt steht diese Markierung, ein grauer Stein, der recht bekritzelt ist. Die Pilgergrüße »¡Buen Camino!« (Gute Reise!) und »Ultréia, ultréia e suseia, Deus adjuva nos!« (Vorwärts, vorwärts und aufwärts! Gott beschütze uns!) tun gut. Galicien wie der gesamte spanische Nordwesten sind bekannt für ihre Eukalyptuswälder. Sie kennzeichnen die Strecke zwischen Sarria und Portomarín.

Die letzten Etappen brechen an. Die Pilger werden immer mehr. Die Gebete werden lauter. Eine gewisse fiebrige Aufregung scheint über den verbleibenden Wegabschnitten zu liegen, als wäre doch nicht der ganze Weg schon das Ziel gewesen. Wer morgens in Santiago de Compostela ankommen will, der nächtigt im vier Kilometer davor liegenden San Marco. Dort wartet der Monte do Gozo – der »Freudenberg«. Von dem Hügel aus erblicken Pilger das erste Mal Santiago de Compostela. Früher ging es ab hier barfuß und barhäuptig weiter.

RUND UMS PILGERN

Beste Reisezeit: Während die Sommermonate (Juli/August) aufgrund der extremen Hitze echte Herausforderungen sind, ist es im frühen Frühjahr und späten Herbst angenehm.

Anforderung: Die größte Herausforderung ist für die meisten Wanderer die lange Dauer des Weges. Hochwertiges, nicht allzu schweres Schuhwerk ist Voraussetzung. Ebenso Pausentage – der Körper ist nicht gewöhnt daran, auch nur 30 Kilometer am Stück zu gehen – geschweige denn 800! Rein technisch ist der Jakobsweg einfach. Umso besser kann man sich auf die Gründe konzentrieren, warum man den Weg antritt.

Verpflegung und Unterkunft: Dank der Beliebtheit des Weges sind die Möglichkeiten an Unterkunft und Verpflegung vielfältig. Wanderer müssen heute meist nicht mehr mit dreißig anderen Menschen den Schlafsaal teilen – außer, ihnen steht genau danach der Sinn. Immer mehr komfortablere Pensionen und kleinere Pilgerherbergen entstanden in den vergangenen Jahren.

Süd- und Südosteuropa

Spanien
Durch die Pyrenäen auf dem Camino Aragonés

Frankreichs Via Tolosana, ein in Arles beginnender Abschnitt des Jakobsweges, wird auf dem Somport-Pass zum Camino Aragonés. Die Dörfer entlang des Weges sind sehr alt und leben hauptsächlich von den Pilgern, auch wenn dieser Abschnitt weit weniger begangen wird als der Camino Francés. Letzterer und der aragonische Jakobsweg vereinigen sich bei Puente la Reina.

STRECKEN-INFORMATIONEN

Distanz: 170 km
Dauer: mindestens 1 Woche

Etappen:
1. Col du Somport – Jaca: 30,5 km
2. Jaca – Arrés: 25 km
3. Arrés – Ruesta: 27 km
4. Ruesta – Sangüesa: 22 km
5. Sangüesa – Monreal: 27 km
6. Monreal – Puente la Reina: 32 km

Vielversprechend beginnt der Camino Aragonés auf dem Somport-Pass, wo Frankreich und Spanien inmitten der Pyrenäen aneinandergrenzen. Pilger können sogar auf dem Pass nächtigen und sich anschließend an den Abstieg machen, über Treppen und auf steinigen Pfaden. Wer aufgrund des langen Abstiegs müde ist, kann eine der zahlreichen Herbergen nutzen. Im Tal zeugt ein aus der Zeit gefallenes Kuriosum von menschlicher Hybris: der Bahnhof von Canfranc. In dem 700-Seelen-Ort wartet der zu seiner Bauzeit 1928 zweitgrößte Bahnhof Europas auf Reisende und träumt von dem Tag, an dem die anvisierten Massen im Inneren des 250 Meter langen Bahnhofsgebäudes ankommen.

Am Ortsausgang von Canfranc schwingt sich eine bemerkenswerte alte Steinbrücke über den Fluss Aragón. Danach geht es über Felder oder an Straßen entlang durch erste spanische Ortschaften wie Castiello de Jaca mit der schlichten und bezaubernden romanischen Kirche San Miguel bis nach Jaca.

Pilgern muss nicht immer querfeldein und auf schmalen Pfaden erfolgen, manchmal bieten sich auch Hauptstraßen an. Das läuft sich leichter, ist aber lauter. Entlang des Río Aragón schlängelt sich diese Etappe zunächst durch idyllisches Gelände mit schönem Blick zurück auf die Pyrenäen, aber eben entlang der N240. Vor Santa Cilia de Jaca, dem Ort mit Freibad, kann die Straße verlassen werden, sei es zugunsten eines Abstechers zum Kloster San Juan de la Peña oder, um auf Feldwegen weiterzuwandern. Auf autofreien Pfaden geht es weiter bis Puente la Reina de Jaca, nicht zu verwechseln mit der wahrhaft königlichen Brückenstadt am Ende des Camino Aragonés.

Marien-Altar am Somport-Pass.

Süd- und Südosteuropa

★ Jaca: Catedral de San Pedro

Die im 11. Jahrhundert errichtete Kathedrale San Pedro gehört zu den ersten Sakralbauten romanischen Stils in Spanien. Als zeitweilige Hauptstadt des Königreiches Aragón wurde Jaca mit repräsentativen Bauten bestückt, zu deren Glanzstücken die Kathedrale gehört. Ein besonderes Augenmerk sollte man auf die schönen Kapitelle im Inneren legen, die eine intensive und wegweisende Auseinandersetzung des Meisters von Jaca mit der Spätantike zeigen. Die Opferung des nackten Isaak gilt als erste nachantike Aktdarstellung – und das im 11. Jahrhundert in Spanien! Einen Blick wert ist die der heiligen Eurosia, der Stadtpatronin Jacas, gewidmete Seitenkapelle. Der Legende nach einem Mauren zur Heirat versprochen, hatte die Christin es vorgezogen, sich in einer Höhle zu verstecken, um dem Ansinnen zu entgehen, wo sie gefunden, gefoltert und getötet wurde. Wandgemälde künden von dieser Geschichte.

Unweigerlich wird im Inneren der Blick nach oben gezogen. Das Äußere der Kathedrale ist ebenso unverkennbar.

Süd- und Südosteuropa

Von dort sind es nicht einmal mehr vier Kilometer, die zum Ende hin recht steil auf die Höhe des Passes führen, an dem in 800 Meter Höhe das beinah verlassene Dorf und Etappenziel Arrés liegt.

Das trauliche Gebimmel von Weideglocken kann dem Wanderer auf der nächsten Strecke schon von Weitem eine der Schaf- und Ziegenherden ankündigen, die im Canal de Berdún, dem Tal des Río Aragón, ganz traditionell von Schafhirten mit Hirtenhunden geweidet werden. Wer den steilen Abstieg von Arrés in die fruchtbare Ebene bewältigt hat und dann auf eine dieser großen Herden trifft, der fühlt sich

gleich etwas geborgener, auch wenn er an gute Mächte im Hintergrund nicht mehr glauben mag. Die Etappe steht vor allem im Zeichen menschlicher Schaffenskräfte. Der riesige Yesa-Stausee im Volksmund auch Pyrenäen-Meer genannt, der auf umstrittenen Umsiedlungen basiert, glitzert auf 20 Kilometern neben dem Pilgerpfad. Ruesta, eine von den Spaniern im 10. Jahrhundert zurückeroberte Araberfestung, wurde wegen des Sees aufgegeben und ist heute eine verlassene Dorfruine. Pilger können hier in einer schlichten Unterkunft oder auf dem Campingplatz nächtigen.

Rechts: Der Aragón begegnet dem Pilger einmal als Flusslauf und einmal angestaut zum Embalse de Yesa. Rechts unten: Arrés. Oben: Bei Canfranc trifft man ab und an auf Schaf- und Ziegenherden.

⭐ San Salvador de Leyre

Das älteste Kloster Navarras ragt etwa 50 Kilometer südöstlich von Pamplona einsam über dem Tal des Aragón am Fuß der Pyrenäen aus einer reizvollen Landschaft. Zwar ist das Gründungsjahr unbekannt, doch aus dem Jahr 848 ist ein Besuch des heiligen Eulogius von Córdoba im Kloster belegt. Ihren Aufschwung erlebte die Abtei im 11. Jahrhundert unter König Sancho III. Die Krypta der Klosterkirche Santa María de Leyre, Grablege der Könige von Navarra, geht auf das 9. Jahrhundert zurück. Das figurengeschmückte Westportal (Porta Speciosa) ist ein Meisterwerk der Spätromanik. Das Tympanon mit fünf gut erhaltenen Figuren zeigt Jesus umrahmt von Maria und Petrus. Darüber befinden sich vier Archivolten mit zum Teil verwitterten weiteren figürlichen Darstellungen. Im Inneren kontrastiert das Kreuzrippengewölbe des einschiffigen gotischen Langhauses mit dem romanischen dreischiffigen Chor über der Krypta mit Tonnengewölben und Gurtbogen. Die Abteigebäude scheinen irgendwie deplatziert zu sein, datieren sie erst aus dem 17./18. Jahrhundert. In der ursprünglichen Zisterzienserabtei leben heute Benediktinermönche, die ein Hotel betreiben.

Trotz seiner Schlichtheit ist die Abtei außen wie innen eindrucksvoll.

Zwei historische Königreiche grenzen zwischen Ruesta und Sangüesa aneinander: Aragón und Navarra. Könige der Lüfte begleiten dagegen große Teile der Wegstrecke: Gänsegeier brüten in den Schluchten der Sierra de Leyre und gleiten mit ihren riesigen Schwingen lautlos über die bedächtigen Pilger hinweg – deren Königreich wiederum im Himmel jenseits des sichtbaren Raumes liegt, sofern sie gläubig genug sind. Auf Erden führt der Weg hinter Ruesta zunächst bergauf durch lichte Laubwälder. Von der erklommenen Passhöhe aus eröffnet sich ein weiter Blick auf Navarra. Das einzige erwähnenswerte Dorf des Wegabschnitts ist das auf einer Anhöhe gelegene Undués de Lerda, dessen Kirchplatz zum Verweilen einlädt. Hinter dem Ort kreuzt der Jakobsweg die alten Reichsgrenzen.

Die kleine, schön gelegene Pilgerstadt Sangüesa hütet hübsche Baudenkmäler wie die romanische Kirche Santa María la Real. Viele Pilger werfen zumeist einen letzten Blick auf die reumütigen Sünder im Angesicht des Jüngsten Gerichtes am Südportal der Santa María la Real nahe am Ortsausgang von Sangüesa und dann einen nostalgischen Blick zurück auf das mittelalterliche Städtchen vom Höhendorf Rocaforte aus, bevor sie der nächsten Etappe ins Auge blicken.

Im weiteren Wegverlauf überragen ganze Parks von Windrädern auf den Hügelkuppen der Sierra de Izco die Hochwiesenlandschaft. Später durchquert der Pilgerpfad das Landgut Olaz, auf dem Furcht einflößende, aber friedliche Stiere frei herumlaufen können.

Monreal wird schon von Weitem von dem 1288 Meter hohen pyramidenförmigen La Higa angekündigt. Ein plötzlich blendend weißer Weg zeugt von der Hoffnung wieder steigender Pilgerzahlen. Prächtige Portale in verblassenden Farben künden von vergangenen Zeiten des Pilgerstädtchens Monreal.

Viele Herzen erfüllt die letzte Etappe ab Monreal auf dem Camino Aragonés, der alsbald in den Camino Francés münden wird, mit Wehmut. Das einsame Wandern auf nicht täglich begangenen schmalen Pfaden durch im Sommer blumenbesprenkelte Wiesen nähert sich dem Ende. Auf den ersten 12 Kilometern hinter Monreal liegen kleine Dörfer wie Yárnoz und Ezperun. Es wechseln sich steile Auf- und Abstiege ab, dann wird das Gelände flacher. Als nächstgrößerer Ort ist Tiebas zur Auffüllung der Trinkwasserreserven bestens geeignet. Danach führt der Weg durch das Tal des Río Lobo an Enériz und der geheimnisvollen Santa María de Eunate vorbei nach Obanos, an dem sich der Camino Aragonés und der Camino Navarro treffen. Der Glockenturm der Santiago-Kirche vom bezaubernden mittelalterlichen Dorf Puente la Reina ist nun schon sichtbar. Die schöne romanische Brücke schwingt sich mit ihren steinernen Bögen weit über den Arga und hat dem Pilgerdorf seinen Namen gegeben.

Golden leuchtet die Kirche Santa María de Eunate in der Abendsonne (großes Bild). Auch die steinerne Puente la Reina bei Navarra gibt zu dieser Tageszeit ein schönes Bild.

> Süd- und Südosteuropa

 RUND UMS PILGERN

Anreise und Abreise: Einmal alles, bitte! Erst mit dem Flieger nach Pau, von dort mit dem Zug nach Oloron-Sainte-Marie und schließlich mit dem Bus zum Col du Somport. Wer nicht auf Vielfalt der Transportmittel setzt und umweltfreundlicher den Startort des Camino erreichen möchte, ist auch nach fünf Stunden Zugfahrt ab Paris in Pau. Der Zielort Puente la Reina ist mit Bussen an Estella und Pamplona angebunden. Ab Pamplona hat man wieder die Wahl zwischen Flugzeug und Zug über Frankreich.

Beste Reisezeit: Der Weg führt direkt über die Pyrenäen, weshalb eine Wanderung im Winter nur mit Erfahrung von alpinen Touren durch Schnee zu empfehlen ist. Im Sommer ist das Wetter meist angenehm.

Anforderung: Den Camino Aragonés kann man in einer knappen Woche schaffen. Wer eine gute Kondition und Erfahrung in alpinem Gelände hat, der kann somit in den Genuss einer Pilgerreise kommen, für die man keine langen Ferien braucht. Durch die sehr naturnahe Wanderung sind die wenigen Tage genug, um dem Geist neue Kraft zu geben und sich auf das Wesentliche im Leben zu besinnen.

Unterkunft und Verpflegung: Viele Pilger, die vor vielen Jahren den Jakobsweg kennengelernt haben, vergleichen den Camino Aragonés mit der damaligen Zeit. Denn anders als die mittlerweile mehr als beliebten Strecken wie der Camino Francés zeigt sich der Weg über die Pyrenäen noch mit viel Ursprünglichkeit. Das betrifft nicht nur die Natur, sondern auch die Infrastruktur am Wegesrand. Die Pilgerherbergen sind nicht zahlreich, aber immer ausreichend. Proviant bekommt teilweise eine überaus große Bedeutung, wenn man durch spärlich besiedelte Gegenden kommt. Gute Planung ist auf dem Camino Aragonés also nochmals viel wichtiger als auf manch anderen Strecken.

Schritt für Schritt – der Weg ist das Ziel. Wenn er so schnurgerade wie hier bei Monreal verläuft, fällt die Konzentration auf das Wesentliche auf dem Jakobsweg nicht schwer.

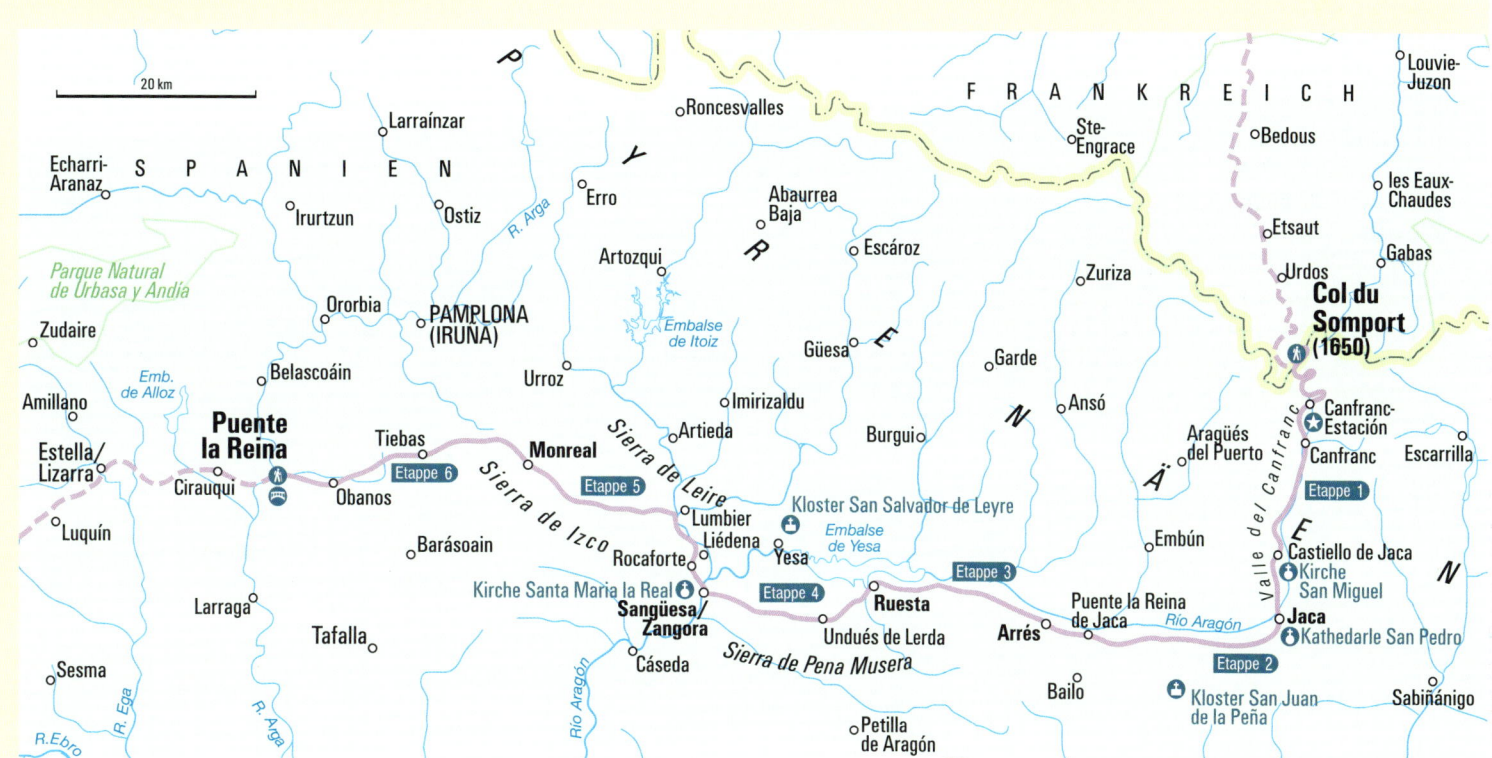

Spanien
Via de la Plata – Vom Süden her nach Santiago pilgern

Den Jakobsweg durch Spanien pilgern? Auf diese Idee kommen viele Menschen. Da die klassische Strecke oft überlaufen ist, lohnt es sich, über diese Alternative nachzudenken. Sie nähert sich dem Ziel von Süden her.

STRECKEN-INFORMATIONEN

Distanz: 500 km
Dauer: mindestens 20 Tage

Etappen:
1. Sevilla – Guillena: 23 km
2. Guillena – Castilblanco de los Arroyos: 18 km
3. Castilblanco de los Arroyos – Almadén de la Plata: 27 km
4. Almadén de la Plata – Monesterio: 34 km
5. Monesterio – Fuente de Cantos: 21 km
6. Fuente de Cantos – Zafra: 25 km
7. Zafra – Villafranca de los Barros: 19 km
8. Villafranca de los Barros – Torremejía: 27 km
9. Torremejía – Mérida: 16 km
10. Mérida – Alcuéscar: 35 km
11. Alcuéscar – Cáceres: 38 km
12. Cáceres – Embalse de Alcántara: 33 km
13. Embalse de Alcántara – Grimaldo: 21 km
14. Grimaldo – Carcaboso: 31 km
15. Carcaboso – Aldeanueva del Camino: 38 km
16. Aldeanueva del Camino – La Calzada de Béjar: 22 km
17. La Calzada de Béjar – Fuenterroble de Salvatierra: 20 km
18. Fuenterroble de Salvatierra – San Pedro de Rozados: 29 km
19. San Pedro de Rozados – Salamanca: 23 km

Ruhe und Einsamkeit, leere Wege, um genügend Weite zu haben, um seinen innersten Gedanken nachzuspüren – das ist es, was viele Pilger suchen. Doch wer den berühmten Camino Francés wählt, der wird eher volle Wege und Herbergen finden und Gruppen von Pilgern, die eifrig schwatzen. Der Weg, der tatsächlich in die Stille führt – und das sogar einmal quer durch Spanien –, ist die Via de la Plata. Sie wird nur etwa von fünf Prozent aller Jakobspilger gewählt. Wer sich näher mit der Route beschäftigt, versteht gar nicht, warum das eigentlich so ist. Unser Vorschlag ist die Route von Sevilla nach Salamanca – ein 19 Etappen langes Teilstück des mehr als 1000 Kilometer langen Weges.

Es ist der Weg der Händler und Hirten, den die Menschen schon in römischer Zeit zurückgelegt haben. Einige Stücke dieser alten Strecke sind bis heute erhalten geblieben, und der Pilger durchstreift sie auf dem Weg nach Salamanca. Erkennbar ist sie nicht nur an den

großen Kopfsteinpflastern, sondern manchmal warten auch noch echte römische Meilensteine auf dem Weg.
Bei der Planung sollten Pilger beachten, dass die Via de la Plata nichts für Einsteiger ist. Das liegt schlichtweg an der Länge der Tagesetappen: Diese gehen oft über die 30-Kilometer-Marke hinaus und erfordern eine gute Kondition und Durchhaltevermögen. Die Etappen sind zwar flach, doch in den größten Hitzezeiten sind Temperaturen über 40 Grad keine Seltenheit. Zumal es durch die berühmte Extremadura geht – ein sehr dünn besiedeltes Gebiet in Spanien.
Der Startpunkt des Weges ist Sevilla. Der viertgrößte Hafen Spaniens ist vor allem berühmt für seine Altstadt mit dem Königspalast und der Kathedrale. In Ersterer empfängt den Pilger eine würdevolle Atmosphäre mit kostbarer Ausstattung und sogar mit dem Grabmal von Christoph Kolumbus. Nach dem Besuch des beeindruckenden Westportals der Kathedrale, das dem Erzengel Michael geweiht ist, macht sich der Pilger auf nach Norden. Dabei passiert er zwei Wasserwege: einmal den Canal de Alfonso XIII und zum anderen den großen Fluss Guadalquivir.
Schon bald nach dem Verlassen der Großstadt kommt er an eine wichtige archäologische Stätte: Italica, wie die Ruinenstadt bei Santiponce auch genannt wird, zählt mit dem Amphitheater und den Ruinen zu den wichtigsten Zeugnissen römischer Kultur in Spanien. Sie geht zurück auf das 2. Jahrhundert v. Chr. und war rund 700 Jahre lang ein lebendiger Handelsplatz. Dort sind die römischen Kaiser Trajan und Hadrian begraben. Der Pilger sollte auf

Manch einer wird sich plötzlich klein fühlen angesichts der imposanten Ruinen von Italica (großes Bild). Kleines Bild: der Pilgerweg bei Valencia de Alcántara.

⭐ Sevilla

Wer Spanien begreifen will, muss Sevilla, die Hauptstadt Andalusiens, gesehen haben! Ihre Blütezeit erlebte die Stadt nach der Entdeckung Amerikas als Flusshafen am Guadalquivir und als bedeutende Handelsstadt, von der aus Waren aus den spanischen Überseekolonien abgeladen und weitertransportiert wurden. Das brachte sehr viel Reichtum und die frische Luft der Neuen Welt in die alte Stadt. Die lange Präsenz der Mauren in Sevilla (711–1248) hat ihre Spuren hinterlassen. Besonders sehenswert sind die Kathedrale Santa María und der Königspalast (Real Alcázar), der im 12. Jahrhundert von den Almohaden erbaut und ab 1248 christlicher Königspalast wurde. Weitere Höhepunkte der Besichtigung sind die kostbar gestalteten Innenhöfe, um die sich die Palastbauten gruppieren, sowie die Gärten. Das Barrio de Santa Cruz, das Judenviertel mit engen Gassen, gekachelten Innenhöfen und schmiedeeisernen Balkonen, lohnt ebenfalls einen Abstecher.

Links: Metropol Parasol, Plaza de España, Kathedrale, Königsgärten.

jeden Fall einen Stopp einplanen. Dann aber erreicht er sein erstes Etappenziel: Guillena. Es ist eine vergleichsweise kurze Etappe nach Castilblanco de los Arroyos. Schon beim Start kann der Gläubige erkennen, ob gerade Dürrezeit herrscht oder nicht, denn in trockenen Monaten ist die Ribera de Huelva trockengefallen. Felder und Wiesen sind jetzt die Begleiter des Pilgers, der sich freut, wenn er den Frühling als Jahreszeit gewählt hat, weil nun ein bunter Blumenteppich die Landschaft überzieht. Olivenbäume, Gatter mit Ziegen und Pferden sind zu sehen, bevor Castilblanco de los Arroyos erreicht ist. Die Landschaft wird immer einsamer und trockener, deswegen ist es wichtig, gut auf seine Trinkwasservorräte zu achten. Steineichen werfen Schatten, oftmals aber knallt die Sonne erbarmungslos auf den Kopf. Gegen Ende der Etappe hat der Pilger die Sierra Norte erreicht – ein großer Naturpark, den er nun weiter durchstreift. Doch das hat Zeit bis zum nächsten Tag, jetzt erst einmal ausruhen bei einem kühlen Getränk und Tapas! Mit Sicherheit ist auch ein wenig Schinken auf dem Teller, denn der Jamón Ibérico stammt aus dieser Gegend, in der die Schwarzfuß-Schweine die Wälder aus Eichen durchstreifen und Früchte und Blätter essen. Die schwarzen Schweine erfreuen sich eines glücklichen Lebens, was von den Haltern sehr unterstützt wird, denn nur, wenn die Tiere ausreichend unter den Eichenwäldern gewühlt haben, kann aus ihnen der berühmte Schinken gemacht werden, dessen mageres Fleisch hoch begehrt ist.

Beeindruckend sind auf dem weiteren Weg auch die Ansammlungen geschälter Bäume. Ihre Rinden wurden abgetragen, denn aus Korkeichen werden Weinkorken ebenso produziert wie Fußböden oder Material für Pinnwände. Mit etwas Glück und frühem Aufstehen könnte der Pilger am nächsten Tag vielleicht Hirsche sehen, die gelegentlich auch die Sierra Norte durchqueren. Es ist eine Landschaft aus Eukalyptuswäldern und Kiefern. Manchmal stehen Bäume auf einem Hügel derart in einer

Süd- und Südosteuropa

Reihe, dass man glauben könnte, man wäre in der Toskana. Allerdings sind die Bäume hier kugelförmig anstatt wie in Italien schlank nach oben gewachsen. Wem diese Etappe kräftezehrend vorkam, der tut gut daran, nun eine Pause einzulegen, denn am nächsten Tag wollen 34 Kilometer gegangen werden.

Durch die trockene Sierra wandelt der Pilger am darauffolgenden Tag teilweise durch Alleen aus Kakteen. Ein Denkmal am Wegesrand lohnt das Innehalten: Es ist dem Gründer der Jakobusgesellschaft in Sevilla gewidmet: José Luis Salvator ist eben an der Stelle an einem Herzinfarkt gestorben, als er die Markierungen des Weges anbringen wollte. Wem die ganze Etappe zu weit ist, der legt in El Real de la Jara einen Zwischenstopp ein und sucht sich eine Pilgerherberge.

Routinierte Pilger gehen weiter und steuern schnurstracks auf die Extremadura zu. Sie gilt als die Kornkammer des Landes. Manchmal fordern die zu überwindenden Höhenkilometer einige Muskelkraft, was eigentlich ungewöhnlich auf dieser Strecke ist. Doch die schönen Ausblicke belohnen. Am Zielort hat der Pilger sich redlich eine rustikale Mahlzeit verdient, vielleicht sogar mit Schinken und Patatas bravas.

Hauptsächlich bergab führt die nächste Etappe erneut durch eine Landschaft, die fast unbesiedelt scheint. Wären da nicht die Wiesen

Angesichts der Hitze und der teils kargen Landschaft überraschen Flora und Fauna manchmal mit ihrer Vielfalt.

Süd- und Südosteuropa

mit den Kühen und die sorgfältig bestellten Getreidefelder. Schön anzusehen sind nicht nur die alten Steinmauern, sondern auch die meist dahinter liegenden Olivenhaine mit den knorrigen Baumschönheiten. Die schwarzen Schweine grunzen entlang des Weges und im Frühjahr blüht mit etwas Glück der Ginster, was die Landschaft in wunderschöne Farben taucht. Auf den Zielort der nächsten Etappe, die wieder durch die Kulturlandschaft führt, können sich Pilger freuen, wenn sie denn ein wenig urbane Abwechslung suchen. Wer genau hinschaut, wird in der Umgebung mehrere Höfe finden, die auf ehemaligen römischen Siedlungen gegründet worden sind, denn Zafra war schon in der Römerzeit ein wichtiger Halt auf der Via de la Plata.

Dass später auch die Mauren einen großen Einfluss auf die Gegend hatten, davon zeugt bis heute der im typischen arabischen Stil errichtete Palast, der zu einem Hotel umgebaut wurde. Für den Pilger wichtiger ist möglicherweise die Einkehr in der Iglesia de la Candelaria. Sie wurde Mitte des 16. Jahrhunderts nach der Vertreibung der Juden aus der Stadt auf die Synagoge gebaut. Der barocke Altar und die Säulen zählen zu den wichtigen Kulturschätzen der Stadt, die man auf jeden Fall gesehen haben sollte. Anschließend noch ein wenig dem Treiben auf der Plaza Grande zusehen, bevor man seine Beine hochlegt. Unbedingt probieren aber sollte man in dieser Region das Olivenöl und den Wein: Beide sind oftmals von hoher Qualität und ausgezeichnetem Geschmack.

Von der wohl ältesten Stadt der Extremadura aus führt die nächste Etappe durch Weinbaugebiete und Olivenhaine nach Villafranca und weiter nach Torremejía. Malerisch ist diese Gegend, denn die ockerfarbene Erde verströmt ihren ganz eigenen Reiz. Die Landschaft heißt

Rechts: Warmes, südländisches Flair verbreiten die Städte Zafra, Mérida (am Fluss Guadiana) und Cáceres.

bei den Einheimischen auch Tierra de Barros, »Lehmland«. Die Böden sind tatsächlich vom schweren Lehm geprägt. Pilger spüren das spätestens nach einem Regenguss, wenn die Erde sich kaum mehr von den Schuhen lösen lässt. Mit der malerischen Puente Romano, der hellen Bogenbrücke, kündigt sich Mérida an – eine Stadt, die 25 v. Chr. von Kaiser Augustus gegründet worden ist. Ein Amphitheater sowie ein alter Dianatempel bezeugen den römischen Einfluss ebenso wie ein Triumphbogen. Es lohnt sich, einige Zeit für die historischen Bauwerke der Stadt einzuplanen.

Am nächsten Tag bleibt die römische Vergangenheit noch für einen Moment die Begleiterin des Pilgers, denn auf dem Weg liegt das Aquädukt de los Milagros, dessen rote Backsteinbögen bis zu 25 Meter in die Höhe ragen. Es ist ein technisches Meisterwerk, denn es transportierte das Wasser des ebenfalls von den Römern angelegten Stausees Embalse de Proserpina bis in die Stadt. Die Menschen staunen, wie viel technisches Geschick schon vor 2000 Jahren vorhanden war! Auch ein Abstecher zum Stausee lohnt sich.

Nordwestlich von Mérida befindet sich mit dem Dolmen von Lácara ebenfalls das größte Ganggrab der Region, möglicherweise sogar der Iberischen Halbinsel ganz in der Nähe. Der Dolmen stammt aus der Jungsteinzeit.

Die nächste Etappe ist schon die letzte in der Extremadura und fordert dem Pilger aufgrund der Steigung etwas Kondition ab. Immer wieder kommen Meilensteine der Römerzeit in Sicht. Noch ein wenig genießt der Pilger die Landschaft, bis er auch schon in der Bilderbuchstadt Cáceres angekommen ist. Sie ist wegen ihres gut erhaltenen Altstadtkerns ein Weltkulturerbe der UNESCO. Sehenswert sind nicht nur die Stadtmauern, die alten Bürgerhäuser und die Kirchen, sondern auch die alte und weltweit größte Zisterne auf dem Hügel. Mit den eckigen Türmen und den Felssteinmauern wunderschön anzusehen, lohnt es, einen Pausentag in der Stadt einzulegen.

Bildleiste: Ruinen von Cáparra, Aquädukt Los Milagros, Dolmen von Lácara und Baños de Montemayor.

Die nächsten Etappen sind geprägt vom Wasser. Zunächst wandert der Pilger zum Tajo und später zum gleichnamigen Stausee des Flusses. Dabei sind vor allem im Herbst und Winter immer wieder Storchenkolonien zu sehen. Der Stausee mit seiner feuchtkühlen Luft ist eine Abwechslung zur spanischen Hügellandschaft. Die wasserreiche Gegend muss der Pilger am nächsten Tag verlassen, um über die groben Steine der alten Handelsstraße nach Grimaldo zu pilgern und weiter nach Carcaboso – eine Strecke, bei der an manchen Stellen sogar Berge in den Blickwinkel kommen. Durch so typische spanische Dörfer wie Oliva de Plasencia führt die Strecke nun auch öfter fordernd bergan. Einen Stopp lohnt auf jeden Fall die antike Römerstadt Cáparra.

Besonders schön sind die Blicke über die Hochebene, durch die es nun weitergeht bis nach Baños de Montemayor. Vor dem Ort spenden Steineichenwälder noch einmal Schatten. In der Ferne sind Silhouetten größerer Orte wie etwa Hervás zu sehen, doch die lässt der Pilger links liegen, denn Einsamkeit ist sein Ziel. Schließlich führt der Weg nach Baños de Montemayor, zu den bedeutendsten Thermen der Region. Nicht nur die heißen Quellen sind eine Rast wert, sondern auch die Marienkirche aus dem 16. Jahrhundert.

Mit La Calzada de Béjar erreicht der Wanderer später die kastilische Hochebene. Das kleine Dorf ist für viele der Inbegriff des Lebens auf dem Land mit Selbstversorgerhöfen und schattigen Gärten.

Nun liegt bereits der Großteil des Weges hinter dem Pilger. Es gilt, noch einige Etappen zu überwinden, bis das Endziel der Reise ansteht: Salamanca. Die Stadt erreicht man, wie es sich auf diesem Weg gehört, über die alte Römerbrücke. Nach einer Andacht in der Kathedrale und dem Rückblick auf die vergangenen Tage ist die Verlockung groß, die restlichen sieben Etappen bis nach Santiago de Compostela auch noch zu gehen. Vielleicht bei der nächsten Auszeit?

Salamanca

Salamanca liegt nordwestlich von Madrid am Río Tormes, der von einer steinernen Römerbrücke überspannt wird. Weltberühmt ist die Universität, die 1218 als erste Spaniens gegründet wurde. Lope de Vega, Calderón de la Barca und Miguel de Cervantes erwarben sich dort die Grundlagen für ihr dichterisches Schaffen. Im Zentrum liegt die Plaza Mayor, einer der größten und schönsten Plätze Spaniens. Um die Plaza reihen sich Restaurants und kleine Tapasbars. Nur wenige Straßen entfernt liegen die beiden Kathedralen aus dem 13. und dem 16. Jahrhundert, die sich in seltener Harmonie zu einem Gebäudekomplex verbinden. Salamanca war 2002 Kulturhauptstadt Europas. Bedeutende Bauwerke im Universitätsviertel sind der Palacio Anaya, ein sehenswerter Renaissancepalast, sowie die berühmte Casa de las Conchas von 1514, das das repräsentativste Beispiel des isabellinischen Renaissancestils ist. Die Universität wurde 1218 von Alfons IX. gegründet. Ihre überaus reich verzierte Fassade zum Patio de las Escuelas ist ein Musterbeispiel für den berühmten platereskken Stil.

Viele Bauten sind aus goldfarbenem Sandstein errichtet, daher nennt man Salamanca auch »goldene Stadt«.

Süd- und Südosteuropa

ℹ️ RUND UMS PILGERN

Beste Reisezeit: Im Frühling, im März und April, stehen die Wiesen in voller Blüte und die Sonne brennt dem Pilger nicht so erbarmungslos aufs Haupt, wie sie es im Sommer tut.

Anforderung: Auch wenn es immer heißt, der Weg sei flach, gibt es zwischendurch Strecken mit steilen Anstiegen. Zudem fordern die langen Etappen den Pilgern einiges ab. Man kann sie stets verkürzen und einen Zwischenstopp einlegen, ist dann aber auch länger unterwegs.

Verpflegung und Unterkunft: Wunderschön gelegen ist die Abtei Tentudía bei Calera de León; dort sollten sich Pilger die Übernachtung nicht entgehen lassen. Ansonsten gibt es traumhafte Pilgerherbergen, die noch nicht so kommerzialisiert sind wie auf anderen Wegen. Der Pilger sollte stets darauf achten, seine Vorräte aufgefüllt zu halten: Die Distanzen zwischen Läden und Wasserquellen sind oft lang.

Nicht verpassen: Die römische Kultur am Wegesrand studieren und die vielen archäologisch interessanten Plätze besuchen, die in der Region außerordentlich dicht gestreut sind! Ehrfurchtsvoll und staunend wird man vor diesen Orten stehen, die von einer lang vergangenen Zeit zu erzählen wissen.

In der Extremadura, wo Schatten teils rar ist, kann das Wandern anstrengend sein.

Süd- und Südosteuropa

Portugal, Spanien
Caminho Português – Zwischen Porto und Santiago zum Innehalten kommen

Pilgern auf dem Jakobsweg muss nicht zwangsläufig in Spanien stattfinden. Jenseits der populären Route gibt es eine wunderbare Alternative in Portugal. Hier sind weder die Wege noch die Herbergen überfüllt. Und das Schöne daran ist, dass sich dieser Weg in zwei Wochen gut erwandern lässt anstatt wie die bekannte Variante in Spanien in fünf Wochen. Er streift gleich zu Beginn mit seinen Etappen an der hübschen Westküste Portugals entlang.

STRECKEN-INFORMATIONEN

Distanz: 240 km
Dauer: mindestens 12 Tage

Etappen:
1. Porto – Lavra (Küstenweg): 23 km
2. Lavra – Rates (Küstenweg): 24 km
3. Rates – Portela de Tamel: 24 km
4. Portela de Tamel – Ponte de Lima: 24 km
5. Ponte de Lima – Rubiais: 17 km
6. Rubiais – Tui: 20 km
7. Tui – Mos: 22 km
8. Mos – Pontevedra: 28 km
9. Pontevedra – Briallos: 18 km
10. Briallos – Pontescures: 21 km
11. Pontescures – Santiago de Compostela: 26 km

Küste oder Landesinneres? Wer in Portugal auf dem Jakobsweg pilgert, muss eine Entscheidung treffen. Nein, nicht etwa über den Startpunkt, denn der ist mit der Kathedrale von Porto klar festgelegt. Von dort markieren die gelben Striche den Jakobsweg. Doch bei diesem gibt es eben zwei Varianten – einmal die herkömmliche mit Vilarinho als erster Pilgerstation oder aber die Möglichkeit, entlang der Küste zu laufen. In Rates treffen beide Wege wieder zusammen. Wir wählen hier den Küstenweg, der die schöneren Panoramen bietet. Die Strecke verläuft weitgehend ohne große Steigungen und Herausforderungen, die kleinen Dörfer und die Blicke auf das Meer sorgen für viel Abwechslung.

Von Rates aus führt die nächste Station nach Portela de Tamel, das sind immerhin 25 Kilometer Wegstecke. Wer sich diese Passage aufgrund seines Fitnesslevels nicht zutraut, der kann die Etappe auch in kleinere unterteilen, braucht dann aber dementsprechend länger.

Der Weg nach Portela de Tamel führt über kleine Feldwege nach Barcelos. Es ist ein Städtchen, das ob seiner charmanten Lage am Fluss viel zu schade ist, um einfach hindurchzuwandern. Es bietet sich an, hier ein paar Stunden länger zu verbringen und sich die Burgruine oder die Kirchen anzuschauen. Wer donnerstags kommt, wird zudem den größten Wochenmarkt Portugals vorfinden. Nicht jeder Pilger mag es allerdings, sich dort ins

Süd- und Südosteuropa

Gewimmel zu stürzen, vor allem nicht nach den Tagen des Alleinseins auf dem Weg. So ist dieser Wochenmarkt für manchen eine völlige Überreizung der Sinne. Doch man muss ihn ja nicht ansteuern, sondern kann weiter durch die stillere Natur wandern, immer entlang von Weinfeldern nach Portela de Tamel, zur Endstation dieser Etappe.

Auch am nächsten Tag ziehen sich Weinanbaugebiete den Weg entlang, kleine Orte zeigen die Bilderbuchschönheit Portugals mit hübschen Bars und alten Römerbrücken. Spätestens auf diesem Teilstück des Weges kennt man seine Mitpilger, die auch abends in den Tavernen der Zielorte oder gar in den Unterkünften anzutreffen sind. Manchmal tut es nun ganz gut, nach den Tagen des Schweigens ein Stück zusammen zu gehen oder zumindest abends gemeinsam zu essen. Etwa in Ponte de Lima, einer Stadt die nach dem gleichnamigen Fluss benannt worden ist.

Nach den vielen Etappen mit 20 Kilometern und mehr erscheint die nächste Strecke von gut 17 Kilometern nach Rubiais wie ein Katzensprung. So mancher überlegt vielleicht schon, ob er nicht einfach weiterwandert und den Ort überspringt. Doch der Streckenplaner hat sich etwas dabei gedacht, nach diesen Kilometern eine Pause einzuplanen, denn der Trail wird nun erstmals fordernd. Der Weg wird zunächst kaum merklich, doch dann deutlich spürbar immer steiler. Gut 400 Höhenmeter zum Cruz dos Franceses wollen bezwungen werden. Doch die Anstrengung lohnt, auf dem Plateau ist die Sicht auf das bewaldete Tal einfach herrlich und gibt neue Kraft. Über steinige

Links unten: Ponte de Lima gilt als eine der ältesten Städte Portugals. Archäologische Funde lassen bereits eine Besiedlung in der Altsteinzeit nachweisen. Besondere Bedeutung erlangte die Ansiedlung ab der Römerzeit. Linke Seite: Kreuz mit Pilgerinsignien am Cruz dos Franceses.

Süd- und Südosteuropa

Wege geht es wieder hinab, erstmals braucht man gute Trittsicherheit und Konzentration. Die letzten Kilometer Portugal heißt es am nächsten Tag zu überwinden, dann geht es ins spanische Tui. Schon weit vor der Grenze wird deutlich, warum man diesen Weg nicht in Turnschuhen, sondern in knöchelhohen Wanderschuhen bewältigen sollte: Das Geröll ist locker und wirkt wie kleine Murmeln unter der Sohle, die einen schnell ins Rutschen bringen. Durch kleine Dörfer geht es nach Valença, das mit seinem mittelalterlichen Stadtkern auch eine längere Besichtigung verdient hat, bevor die Pilgerfüße sich schließlich ins spanische Tui aufmachen – zur wohlverdienten Pause.

Ab hier wird der Weg voller, es scheint, dass der Jakobsweg eben doch eng mit Spanien verknüpft ist. Die Etappe führt durch Wald- und Hohlwege gern auch bergan, entlang an einem Bachlauf bis nach Mos.

War der Weg nach Mos am Ende von eher industrieller Umgebung geprägt, wird es nun wieder natürlich-idyllischer mit Wäldern, Bächen und hügeliger Landschaft. Die nächsten Tage sind landschaftlich ähnlich schön und belohnen mit einer so herrlichen Aussicht, dass die nun deutlichen Knöchel- und Knieschmerzen schon fast wieder vergessen sind.

Pontevedra ist ein hübsches Städtchen und lohnt einen Abstecher ebenso wie der Naturpark Ría Barosa. Doch bei manchen Pilgern reicht nun schlichtweg die Kraft nicht mehr, und sie wollen einfach nur noch ankommen. Wie gut, dass es das Kloster von Herbón gibt, das sich als Station kurz vor Schluss anbietet! Nach den kargen Herbergen gleicht es fast einem Paradies mit seinen Wasserbecken, die aus eigenen Quellen gespeist werden, und dem sattgrünen Garten. Es folgt ein Pilgertag, an dem die Strecke immer voller wird, denn Santiago de Compostela ist nun fast schon erreicht.

Rechts oben: Wehranlagen von Valença; rechts unten: Santiago de Compostela, das Ziel des Pilgerwegs.

Süd- und Südosteuropa

⭐ Der Hahn von Barcelos

Auch dieses Wahrzeichen Nordportugals ist eng mit dem Jakobsweg verknüpft: Die Legende besagt, dass ein armer Bauer aus Barcelos sich auf den Weg in Richtung Santiago de Compostela aufmachte. Kaum hatte er allerdings seinen Heimatort verlassen, wurde er des Diebstahls von Silber beschuldigt. Obwohl der Bauer unschuldig war, wurde er zum Tode durch den Strick verurteilt. Kurz vor seiner Hinrichtung besuchte der Bauer den Richter, der gerade ein Brathähnchen verspeiste. »Wenn ich unschuldig bin, wird Dir dieses Hähnchen zum Zeitpunkt meiner Hinrichtung lebendig vom Teller springen«, orakelte der Unschuldige. Und tatsächlich: In der Stunde der Hinrichtung wurde der Hahn wieder quickfidel. Geschockt rannte der Richter zum Ort der Hinrichtung. Der Bauer war aber bereits verschont worden: Wie durch ein Wunder hatte sich der Strick vom Galgen gelöst. Seit diesem Zeitpunkt gilt der Hahn von Barcelos als nationales Symbol, das Schutz bringen soll.

Der Galo de Barcelos ist ein Symbol für den Norden Portugals. Als buntes Andenken wird er auf zahlreichen Märkten in der Region verkauft.

⭐ Portwein

Der britische Admiral Lord Nelson soll die Pläne für seine Seeschlachten mit altem Portwein auf den Tisch gezeichnet haben. Vor allem britische Portweinliebhaber wenden sich bei dieser Geschichte mit Grausen ab – schließlich gilt der nach der Stadt Porto benannte Wein (»Vinho do Porto«) schon so lange als englisches Nationalgetränk, dass mancher auf die Idee kommen könnte, Portwein sei ein englisches Produkt. Tatsächlich wurde er zumindest von Engländern »entdeckt«: Bereits im 17. Jahrhundert versetzten englische Kaufleute den Wein aus dem Douro-Gebiet mit Schnaps, damit er während der Seereise in ihre Heimat nicht sauer wurde. Nach Restzuckergehalt, Art und Dauer des Fassausbaus unterscheidet man verschiedene Portweintypen: »White Port« ist in der Regel ein junger Portwein aus weißen Rebsorten, »Ruby Port« ein fruchtig-süßer, entweder ohne oder nach nur zwei- bis dreijähriger Fassreife abgefüllter Rotwein, »Tawny« ein mindestens dreijähriger, meist recht einfacher Wein, der seine Farbe durch die Beigabe von helleren, leichten Rotweinen erhält.

Schätze im Keller beherbergt die Quinta do Vallado im Duoro-Tal.

Süd- und Südosteuropa

Porto

Portugals zweitgrößte Stadt liegt an einem steilen Hang über dem Rio Douro, kurz vor dessen Mündung in den Atlantik. In den Jahren 716 bis 997 von Mauren beherrscht, wurde die in der Antike als »Portus Cale« bekannte Siedlung im 11. Jahrhundert zur Hauptstadt der Grafschaft Portucalia, der Keimzelle des späteren Königreichs Portugal. Das ist ein großes Erbe für die Stadt mit ihren terrassenartig an den steilen Felswänden angelegten Häusern. Doch obwohl die vom Weinhandel wie vom Hafen im nahen Matosinhos bestimmte wirtschaftliche Dynamik der Metropole unbestritten ist, reichen die Einnahmen oft nicht aus, um alle notwendigen Restaurierungsmaßnahmen zu finanzieren. Unterstützung erhält die Stadt aber von der UNESCO, die das historische Zentrum 1996 zum Welterbe erklärte.

Porto zeichnet sich durch seine hervorragend erhaltene Altstadt und seine Barockkirchen aus. Das Bild prägen vor allem die terrassenartig an den steilen Felswänden angelegten Häuser. Überragt wird die Stadt von der Kathedrale und der Igreja dos Grilos (rechts unten).

Süd- und Südosteuropa

 RUND UMS PILGERN

Anreise: Nach Porto fliegen viele Airlines. Von dort startet schon der Pilgerweg.

Beste Reisezeit: Der portugiesische Jakobsweg lässt sich gut im April und Mai sowie im September/Oktober erwandern.

Unterkunft und Verpflegung: Einfache, staatliche Pilgerunterkünfte sind schon ab fünf Euro zu bekommen, allerdings mit der Mehrbettzimmervariante. Komfortabler sind die privat geführten Häuser, deren Preise ab zehn Euro pro Übernachtung beginnen. Nach oben sind wie immer die Grenzen offen. Viele Herbergen verfügen über Gemeinschaftsküchen für die Verpflegung, aber gerade in den kleinen, abgelegenen Orten finden sich auch schöne Restaurants, die ein günstiges und gutes Mittagessen in Hausmannskostqualität zaubern. Wer wirklich pilgert, der wendet sich an eines der vielen Büros der Jakobsbrüder; sie stellen eine Bescheinigung aus, mit der es Rabatte bei den Unterkünften gibt. Zudem: Wer die letzten 100 Kilometer zu Fuß überbrückt, bekommt eine Urkunde.

Nicht verpassen: Der Wochenmarkt von Portela de Tamel (donnerstags) bietet eine große Auswahl der berühmten Töpferspezialität Hahn von Barcelos. Es ist zudem der größte Wochenmarkt des Landes.

Süd- und Südosteuropa

Italien
Via di Francesco – Auf der Südlichen Route von Rom nach Assisi

Franziskus gilt als moderner Heiliger, der den heutigen Menschen viel zu sagen hat. Die Via di Francesco von Rom nach Assisi führt entlang wichtiger franziskanischer Wirkungs- und Erfahrungsstätten und erlaubt dem Pilger, sich von der Spiritualität dieses Heiligen, aber auch von den Schönheiten des Weges inspirieren zu lassen.

STRECKEN-INFORMATIONEN

Distanz: 300 km
Dauer: mindestens 14 Tage

Etappen:
1. Rom – Monte Sacro: 15,2 km
2. Monte Sacro – Moterotondo: 18 km
3. Monterotondo – Ponticelli di Scandriglia: 28,8 km
4. Ponticelli di Scandriglia – Poggio San Lorenzo: 20,4 km
5. Poggio San Lorenzo – Rieti: 21,8 km
6. Rieti – Poggio Bustone: 17,7 km
7. Poggio Bustone – Piediluco: 22 km
8. Piediluco – Arrone: 12,9 km
9. Arrone – Ceselli: 14,6 km
10. Ceselli – Spoleto: 16,2 km
11. Spoleto – Poreta: 15,5 km
12. Poreta – Trevi: 12 km
13. Trevi – Foligno: 12,4 km
14. Foligno – Assisi: 19,3 km

Ein Skandal, was der junge Francesco da abzieht! Bewusst lässt er Reichtum und Karriere hinter sich, bricht spektakulär mit dem Vater und entscheidet sich für ein Leben in Armut und für die kompromisslose Hinwendung zum Evangelium. Seine Religiosität manifestiert sich allerdings nicht in der Abkehr von der Welt – ganz im Gegenteil: Franziskus stellt sich auf die Seite der Ausgegrenzten und der vom Leben Benachteiligten. Aus seiner Verbundenheit zu Gott ergibt sich eine Hinwendung zu dessen Schöpfung und zur Natur. In jeder Kreatur sieht er nichts weniger als »Bruder« oder »Schwester«, sein »Sonnengesang« verbindet in einzigartiger Weise das Lob Gottes mit der Schöpfung.

Die Via di Francesco, die sich durch Mittelitalien zieht, bietet eine wunderbare Möglichkeit, diesem Heiligen näherzukommen und ihn zu erfahren. Auf dem Franziskusweg unterscheidet man zwischen einer nördlichen und einer südlichen Route. Erstere verläuft von La Verna nach Assisi. Wir aber wählen die etwa 300 Kilometer lange Südroute, die in Rom ihren Ausgangspunkt hat. Dabei sollten wir beachten, dass es sich bei der Via di Francesco nicht um einen Pilgerweg im klassischen Sinne handelt. Anders als der berühmte Jakobsweg verbindet nämlich die Via di Francesco die Stätten, die der Heilige tatsächlich besucht und an denen er gewirkt hat, und führt durch die Landschaften, die er liebte. Die Etappen sollten nicht so schnell wie möglich durcheilt, sondern bewusst und mit Genuss wahrgenommen

Süd- und Südosteuropa

werden. Der letzte Ort der Reise – der Begriff Ziel wird hier bewusst vermieden – ist Assisi, die Stadt, in der Franziskus geboren wurde und begraben liegt.

Rom, die Ewige Stadt, genauer gesagt: der Petersdom, ist das Ziel von Millionen Pilgern. Wir aber lenken unsere Schritte von dort weg, passieren auf der ersten Etappe die Engelsburg, überqueren die Ponte Milvio – eine der ältesten Brücken Roms – und folgen dem Radweg Tiber und Aniene flussaufwärts, vorbei an Parkanlagen, die bereits eine Ahnung von Entschleunigung in sich tragen. Das Ziel ist nach etwa 15 Kilometern Monte Sacro, dessen Name nicht von christlichem, sondern von heidnischem Tun herrührt: Hier beobachteten die römischen Auguren den Vogelflug, zogen daraus Schlüsse und machten ihre Vorhersagen. Den zweiten Abschnitt der Pilgerroute starten wir an der Piazza Sempione. Die Route führt entlang der großen Ausfallstraßen, weshalb die Empfehlung gilt, den Fußgängerweg keinesfalls zu verlassen. Nach und nach wechselt das Szenario und wir erreichen den Agro Romano, Roms ländliches Umfeld. Das Landschaftsschutzgebiet Marcigliana nimmt uns in Empfang. Wer auch nur ein bisschen Faible für Geschichte und Archäologie hat, der sollte Crustumerium nicht links liegen lassen. Hier befindet sich eine der ältesten Siedlungen Latiums; sie spielte beim »Raub der Sabinerinnen« eine Rolle. Nach Verlassen des Landschaftsschutzgebietes lohnt sich ein Blick zurück: Bei klarer Sicht kann man Rom überblicken; die Kuppel des Petersdoms glänzt im Sonnenlicht. Den Anblick genießen wir, aber dann müssen wir weiter.

Wir sind jetzt mitten in der hügeligen Campagna Romana, einem Ort vieler Sehnsüchte. Das berühmte Gemälde Johann Tischbeins, das Goethe, einen breitkrempigen Hut auf dem

Vom engen Gassengewirr Roms und an der Milvio-Brücke vorbei geht es in die ländliche Marcigliana.

Süd- und Südosteuropa

Kopf, ausgestreckt auf einigen Steinquadern darstellt, spielt in der Campagna. Langsam nähern wir uns Monterotondo mit seinem der Maria Magdalena geweihten Dom. Und weil wir gerade einmal 18 Kilometer gewandert sind, haben wir Energie genug, die Altstadt mit ihren Gässchen, der Piazza und dem Garibalditor zu erkunden.

Am nächsten Morgen stehen wir vor zwei Möglichkeiten: Wir können die etwa 30 Kilometer lange Route über die Felder des Sabiner Hügellandes in Angriff nehmen. Das wäre der normale Weg. Lohnende Zwischenstopps sind Montelibretti, Nerola mit dem wuchtigen, zinnengekrönten Castello Orsini, Acquaviva und Poggio Corese. Das Naturschutzgebiet von Gattaceca besticht durch seine Höhlen und Schluchten. Die Alternative ist, von Acquaviva aus, einem Ortsteil von Nerola, einen Abstecher zur Abtei Farfa zu machen, die zu den bedeutendsten Benediktinerklöstern Italiens zählt. Der Weg ist zwar ein Stück länger, anspruchsvoller und steiler, aber wer einigermaßen gut zu Fuß ist, der sollte sich dieses Erlebnis nicht entgehen lassen. Wie auch immer: Am Ende ist Ponticelli di Scandriglia unser Ziel. Zeit, sich auszuruhen!

Das ist auch nötig, denn der Weg nach Poggio San Lorenzo hat es durchaus in sich; es geht bergan. Dafür entschädigt die Landschaft: Weingärten und Olivenhaine säumen den Pfad. Eine Pause legen wir bei der Wallfahrtskirche Santa Vittoria ein – ein wunderschönes Gotteshaus aus dem 12. Jahrhundert und ein spirituelles Zentrum der Sabiner Berge. Ein Abstecher ins mittelalterliche Monteleone Sabino lohnt sich. Bald marschieren wir bergab und erreichen Poggio San Lorenzo, das ebenfalls direkt dem Mittelalter entsprungen scheint. Sogar ein Stück römischer Stadtmauer existiert noch. Erfüllt von diesen Eindrücken, begeben wir uns an diesem Pilgertag zur Ruhe.

Am nächsten Tag wollen wir es bis Rieti schaffen, und damit sind wir dem »Herzen« des Franziskusweges ein entscheidendes Stück näher

Süd- und Südosteuropa

gekommen. Schon am nächsten Tag werden wir das »Heilige Tal von Rieti« kennenlernen. An einem Schild dürfen wir eine kurze Verschnaufpause einlegen und stolz auf uns sein: Von Rom aus haben wir jetzt genau 100 Kilometer geschafft. Bald ist Rieti erreicht, reich an Geschichte und Architektur. Wir durchstreifen je nach Geschmack die Altstadt.

Ein wenig aufgeregt sind die Pilger nun, denn auf der Strecke bis Poggio Bustone erleben sie Franziskus hautnah. Zunächst kommen sie zum Kloster de la Foresta, das ihm Erholung und Ruhe bot und das ihn wegen seiner baulichen Schlichtheit anzog. Der Weg bietet weiter einen fantastischen Blick auf den Monte Terminillo und die beiden Seen Lungo und Ripasottile. Cantalice steigt so malerisch einen Hang hinauf, dass Fotoapparat oder Handykamera gezückt werden müssen. Nach einem längeren Aufstieg kommt Poggio Bustone in Sicht. Hier fühlte sich Franziskus zu Beginn seines Ordenslebens von allen Sünden befreit. »Buon giorno, buona gente« – »Guten Tag, ihr guten Leute« – soll der Heilige die Bewohner bei seinem ersten Besuch gegrüßt haben. Diese Formel hat sich bis heute erhalten.

Wer noch tiefer ins franziskanische Verständnis eintauchen will, der nimmt von Poggio Bustone einen Umweg in Kauf und besucht Fonte Colombo und Greccio. In der Einsiedelei von Fonte Colombo verfasste Franziskus die dritte und letzte Version seiner Ordensregel. In Greccio ließ Franziskus in der Weihnachtsnacht 1223 die Geburt Christi in Bethlehem als Schauspiel darstellen – erstmals in der Geschichte des Christentums. Alle uns vertrauten Krippenspiele in der heiligen Nacht haben hier ihren Ausgangspunkt.

Weiter führt diese Streckenvariante nach Terni, wo die Basilika San Valentino auf uns wartet. Wer Schmetterlinge im Bauch hat, der muss sie unbedingt besuchen, denn der heilige Valentin ist der Schutzpatron der Verliebten. Von Terni aus steigen wir ins Tal des Nera, passieren den spektakulären Marmor-Wasserfall, erkunden nach Lust und Laune den umliegenden Park und gelangen nach Arrone.

Zurück nach Poggio Bustone: Wer nicht die Variante über Greccio wählt, der macht sich zunächst auf nach Piediluco. Es geht steil bergauf zu einem imposanten Naturdenkmal: der Franziskusbuche. Sie ist so benannt, weil der Heilige dort Schutz vor einem Unwetter suchte. Die beiden Seen Lungo und Ripasottile grüßen aus der Ferne. Neben Piediluco liegt der gleichnamige See, der vielleicht eine Erfrischung bietet. Nun befinden wir uns bereits in Umbrien – der einzigen Region Italiens, welche weder einen Zugang zum Meer noch eine

Das historische Zentrum von Monterotondo, die Benediktinerabtei Santa Maria di Farfa und Nerola besitzen ursprünglichen Charme (linke Seite, von oben). Von Franziskus gegründet wurde das Santuario Eremo di Greccio (links).

Fonte Colombo

Eine besondere Stellung im Leben von Franziskus nimmt die Einsiedelei Fonte Colombo ein. Hier verfasste Franziskus 1221 die dritte und endgültige Ordensregel. Manche fürchteten, dass sie zu streng ausfallen könnte und opponierten. Eine Stimme von oben half: Die Regel stamme nicht von Franziskus, sondern von Gott selbst. In der Einsiedelei ließ Franziskus auch seine Augenkrankheit behandeln, eine Infektion, die er sich wohl bei seinem Aufenthalt im Orient zugezogen hatte. Die Doktoren griffen zu einem letzten Mittel: Mit einem glühenden Eisen versuchten sie, die Nervenstränge zwischen Ohren und Augen zu veröden, um den Druck auf die Augen zu mindern. Eine Narkose gab es damals keine, doch angeblich fühlte Franziskus »Bruder Feuer« nicht. Die Behandlung war letztlich erfolglos. Das Behandlungszimmer kann heute besucht werden. Etwas abseits liegt die Magdalenenkapelle, in dem ein Tau, das von Franziskus so geschätzte Segenszeichen, zu finden ist.

Im Kloster von Fonte Colombo hielt sich Franziskus ab 1223 auf.

Süd- und Südosteuropa

★ Cascata delle Marmore

Der Marmorfall in Umbrien ist mit seiner Höhe von 165 Metern einer der höchsten Wasserfälle Italiens. Das Naturschauspiel ist allerdings gar nicht so natürlich. Erste Arbeiten fanden bereits im Jahr 271 v. Chr. statt. Der Konsul Manius Cunus Dentatus veränderte den Flusslauf des Velino, der zuvor in den Sümpfen von Rieti gemündet hatte. Die Fälle sind in drei Stufen gegliedert und gut durch Wanderwege erschlossen. Es gibt mehrere Aussichtspunkte, von denen aus sich das Schäumen des Wassers beobachten lässt. Empfehlenswert ist der »Balkon der Liebenden«. Einen guten Blick ermöglicht auch der Punkt Specola, der 1781 auf den Wunsch von Papst Pius VI. geschaffen wurde. Der menschliche Einfluss auf den Wasserlauf besteht bis heute. Der Fluss hinter den Kaskaden wird zur Stromerzeugung genutzt und die Fälle sind nur zu bestimmten Zeiten zu besichtigen. Eine Sirene ertönt 15 Minuten bevor sich die Schleusen öffnen.

Fast wähnt man sich im Regenwald, so üppig grün ist die den Wasserfall umgebende Vegetation.

Grenze zum Ausland besitzt. Der Weg von hier bis Arrone, wo sich die Routen wieder vereinigen, ist von Wasser begleitet, das Franziskus »Schwester« nannte und als nützlich, demütig, kostbar und keusch bezeichnete. Vom Piediluco-See begleitet uns der Velino, der wiederum in den Marmor-Wasserfall übergeht. Wir folgen dem Nera in das Naturschutzgebiet Valnerina und gelangen nach Arrone, das zu den 100 schönsten Dörfern Italiens gerechnet wird. Wir bleiben erst einmal dem Nera treu, dem größten Zufluss des Tiber. Festungen und Türme, aber auch Abteien säumen den Weg. Wer sich nicht gruselt, kann dem Mumienmuseum in Ferentillo einen Besuch abstatten. Im Film »Nosferatu« gibt es eine Anspielung auf die hier ausgestellten menschlichen Überreste. Anstelle des Mumienmuseums bietet sich ein Abstecher zur Abtei San Pietro in Valle an. Es sind ein paar Kilometer mehr, doch langobardische Fresken sieht man nicht alle Tage. Dieser Tagesabschnitt endet in Ceselli, wiederum Ausgangspunkt für eine der schönsten Strecken auf dem Franziskusweg. Malerisch ist der Blick aufs Neratal und die Durchquerung des verlassenen Dorfes Sensati. Doch gilt unsere besondere Aufmerksamkeit dem Monteluco.

Hier im Wald von Spoleto wurde das Leben von Franziskus auf den Kopf gestellt, hier nahm seine Berufung ihren Ausgang. Als er ausgezogen war, um irdischen Ruhm zu erlangen, erschien ihm Gott im Traum und fragte ihn, warum er lieber dem Knecht als dem Herrn diene. Franziskus kehrte nach Assisi zurück und widmete sein Leben Christus. Er war berührt von dieser Landschaft. Auf ihn geht der Satz zurück: »Ich habe nichts Schöneres gesehen als mein Spoletotal.« Auf dem Monteluco wartet übrigens noch eine bedeutende franziskanische Einsiedelei auf uns. Im Dom von Spoleto wird ein Brief von Franziskus an Bruder Leo aufbewahrt – eines der wenigen

schriftlichen Zeugnisse des Heiligen. Apropos Heiliger: Im diesem Gotteshaus wurde 1232 Antonius von Padua heiliggesprochen. Spoleto bietet sich an für einen Ruhetag.

Ab hier verändert sich die Landschaft: Die bewaldeten Berge weichen Olivenhainen. Wir passieren Aleppo-Kiefern, die bis zu 25 Meter hoch werden können. Wenn wir wollen, können wir zur Burg von Poreta hinaufsteigen, die nach einem Erdbeben in der zweiten Hälfte des 18. Jahrhunderts verlassen wurde. Danach wenden wir uns dem Campanile von Poreta zu und lassen das Wandern für heute gut sein. Die nächste Etappe ist lediglich zwölf Kilometer lang. »Eile mit Weile«, lautete schon der Wahlspruch von Kaiser Augustus, und den sollten wir uns auf dieser Strecke zu eigen machen. Olivenbäume laden zur Rast ein. Pilger besuchen die Franziskaner-Einsiedelei Eremo delle Allodole. Die Kleinstadt Trevi wartet mit dem Museum San Francesco auf, das ein Olivenöl- und ein archäologisches Museum beherbergt. Die Kirche besitzt eine Orgel aus dem 16. Jahrhundert und die Pinakothek zeigt eine Marienfigur mit Kind von Pinturicchio. Weiter nimmt uns die Landschaft Umbriens gefangen, die hier als die noch ursprünglichs-

te gilt. Das Etappenziel ist Foligno mit seiner Piazza und dem Dom San Feliciano. Dort verkaufte Franziskus Stoffe seines Vaters, um die Kirche San Damiano sanieren zu können.

Die Reise nähert sich dem Ende. Am Abend der Etappe erreichen wir Assisi. 20 Kilometer liegen noch vor uns. Zunächst wartet Spello mit seinen Kunstschätzen auf uns. Die mächtige Porta Consolare stammt aus römischer Zeit, ebenso die Porta Urbica. Der Palazzo Comunale wurde um 1270 errichtet, der Brunnen auf der Piazza Repubblicca 1550. Ab Spello haben wir die Wahl zwischen einem leichteren Weg und einer anspruchsvollen Strecke, die durch die Wälder des Monte Subasio verläuft. Danach ist Assisi erreicht. Die Stadt geht auf die Akropolis der Umbrer zurück. Doch im Zentrum unserer Aufmerksamkeit stehen die franziskanischen Pilgerorte, an erster Stelle die Basiliken San Francesco und Santa Chiara, die Grabstätten von Franziskus und der heiligen Klara. In der Basilika Santa Maria degli Angeli befindet sich die Portiuncula-Kapelle, wo die erste Franziskanergemeinschaft entstand und wo Franziskus starb. Um alle bedeutenden Orte kennenzulernen, sollte man mehr als einen Tag in Assisi einplanen.

Mit den vielen Eindrücken und gestärkt von der Spiritualität des Heiligen können wir anschließend wieder eintauchen in den Alltag mit seinen Anforderungen, die wir ab jetzt vielleicht mit ein bisschen mehr Gelassenheit angehen und aus einer anderen Perspektive betrachten können.

Zwischen Arrone und Piediluco kommt man an Castel di Lago vorbei (linke Seite oben). Die Abtei San Pietro in Valle (linke Seite) ist heute eine Luxusunterkunft. Spoleto (ganz oben) und Foligno (oben) sind ebenfalls Ziele auf dem Pilgerweg.

⭐ Basilika San Francesco

Die Basilika San Francesco besteht aus zwei Kirchen, der oberen und der unteren. Sie zählt zu den sieben ranghöchsten katholischen Gotteshäusern. Der Ort ist durchaus symbolhaft gewählt: Hier fanden einst Hinrichtungen statt und er trug im Volksmund den Namen »Höllenhügel«. Genau hier wollte Franziskus begraben werden. Begonnen wurde der Bau 1228, im Jahr der Heiligsprechung. Der Stil wechselt von romanisch auf gotisch. Es finden sich zudem bedeutende Malereien der Renaissance. Mit der Doppelkirche untrennbar verbunden ist das benachbarte Kloster, das Mutterhaus aller Franziskanerklöster. Die Oberkirche mit Fresken von Giotto gilt als einer der schönsten Räume italienischer Kunstgeschichte. Die Basilika wurde 1997 bei einem Erdbeben schwer in Mitleidenschaft gezogen. Ein Teil des Gewölbes stürzte ein. Die Restaurierung gestaltete sich aufwendig. Rund 300 000 Einzelteile mussten wieder an ihren ursprünglichen Platz gesetzt werden. Dennoch konnte das Gotteshaus Ende 1999 wieder geöffnet werden.

Von herrlicher Natur umgeben und dem sanften Hügel zu Füßen liegt Assisi. Nicht zu übersehen ist die Basilika San Francesco, in der der heilige Franziskus begraben ist.

Süd- und Südosteuropa

 RUND UMS PILGERN

Anforderung: Der Franziskusweg sollte mit Bedacht angegangen werden. Nicht nur sollte man sich viel Zeit nehmen, dem Leben des Heiligen an den einzelnen Etappen und auf dem Weg selbst nachzuspüren. Auch sind einige Strecken durch steile An- und Abstiege gekennzeichnet und aufgrund der Länge anspruchsvoll. Ausgeschildert ist der Weg in der Regel mit gelb-blauen Schildern. Es empfiehlt sich dennoch eine Karte oder einen GPS-Tracker bei sich zu haben.

Übernachtung/Verpflegung: Entlang des Weges finden sich in vielen Orten Trinkwasserbrunnen. Gerade im Sommer sollte man jedoch immer mehr als einen Liter Wasser mit sich führen, da die (Durst-)Strecken sonst sehr lang werden können. An den Etappenzielen finden sich Unterkünfte, die meistens nicht vorher reserviert werden müssen.

Pilgern mit Hund: Der heilige Franziskus war für seine Tierliebe bekannt. Dementsprechend ist es auf dem Weg auch nicht selten, Pilger in Begleitung eines Hundes zu sehen. Sofern man stets die Bedürfnisse des Vierbeiners mitbedenkt und die Route an die Ausdauer und Temperatur anpasst, spricht nichts gegen Pilgern mit Hund. Ein gutes Training vor Antritt der Pilgerreise ist für Mensch und Tier aber gleichermaßen wichtig. In Bezug auf den Hund umfasst das neben körperlicher Fitness auch die Gewöhnung an das Schlafen im Freien alleine, denn nicht alle Herbergen erlauben es, den Hund mit hineinzunehmen. In Assisi angekommen, erhält dafür jeder vierbeinige Begleiter auf dem Pilgerweg eine Urkunde.

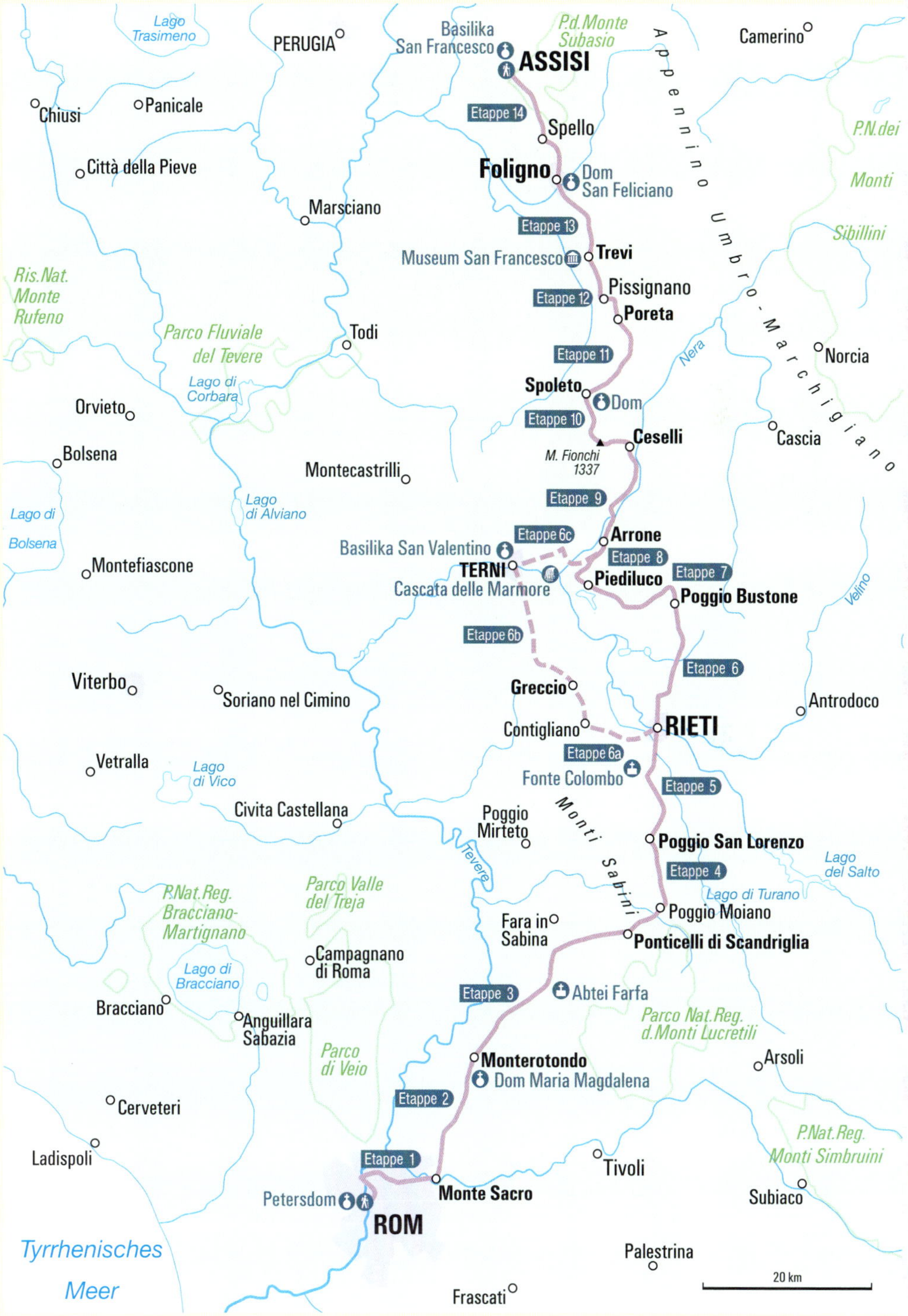

Süd- und Südosteuropa

Italien
Cammino di Santa Giulia – Korsikas Schutzheiligen folgend nach Brescia pilgern

Die heilige Julia von Korsika ist in Deutschland eher unbekannt. In Italien dagegen gehört Santa Giulia zu den meistverehrten Heiligen. Seit wenigen Jahren ist ihr ein Pilgerweg gewidmet, dessen Qualität sich bereits herumgesprochen hat. Dennoch ein Geheimtipp für jeden, der überlaufene Pilgerrouten meiden möchte.

STRECKEN-INFORMATIONEN

Distanz: 464 km
Dauer: mindestens 26 Tage

Etappen:
1. Livorno – Guasticce: 13 km
2. Guasticce – Caprona: 22 km
3. Caprona – Vicopisano: 16,5 km
4. Vicopisano – Buti: 9 km
5. Buti – Lucca: 22 km
6. Lucca – Altopiano delle Pizzorne: 21 km
7. Altopiano delle Pizzorne – Pieve Monti di Villa: 17 km
8. Pieve Monti di Villa – Rifugio Casentini al Mercatello: 15 km
9. Rifugio Casentini al Mercatello – Lago Santo Modenese: 4 km
10. Lago Santo Modense – San Pellegrino in Alpe: 14 km
11. San Pellegrino in Alpe – Frassinoro: 17 km
12. Frassinoro – Palagano: 10 km
13. Palagano – Monchio: 15 km
14. Monchio – Rocca Santa Maria: 24,5 km
15. Rocca Santa Maria – Fiorano Modenese: 14 km
16. Fiorano Modenese – Rubiera (Campogalliono): 25,5 km
17. Rubiera (Campogalliono) – Migliarina: 22 km
18. Migliarina – Guastalla: 26,5 km
19. Guastalla – Cicognara: 21 km
20. Cicognara – Rivarolo Mantovano: 24,5 km
21. Rivarolo Mantovano – Canneto sull'Oglio 19 km
22. Canneto sull'Oglio – Pralboino: 28 km
23. Pralboino – Leno: 17 km
24. Leno – Corticelle Pieve: 20,5 km
25. Corticelle Pieve – Brescia Monastero S. Giulia: 20 km
26. Brescia Monastero S. Giulia – Brescia Villagio Prealpino: 6 km

Julia (Italienisch: Giulia) war der Überlieferung nach eine junge Frau, die in Tunesien lebte. Bei einem Angriff der Vandalen wurde sie gefangen genommen und als Sklavin verkauft. Als ihr Herr mit ihr nach Korsika segelte, war dort gerade ein Fest zu Ehren eines heidnischen Götzen im Gange. Julia weigerte sich, teilzunehmen, weshalb sie gemartert und gekreuzigt wurde. Julia gilt heute als die Patronin von Folteropfern der Insel Korsika sowie der Städte Brescia, Bergamo und Livorno. Schon früh gab es eine Wallfahrt zur Hinrichtungsstätte auf der Insel Gorgona bei Livorno. Im Jahr 762 ließ der langobardische König Desiderius die Gebeine der Heiligen nach Brescia überführen, in seine Heimatstadt. Der heutige Pilgerweg »Cammino di Santa Giulia« zeichnet diese Route nach. Das macht den historischen Aspekt dieses Pilgerweges aus.

Die Route führt durch reizvolle, meist abseits der großen Touristenströme gelegene Landschaften und Orte, die man während eines normalen Italienurlaubs übersehen würden. Wir werden etwa 60 Gemeinden und die drei Regionen Toskana, Emilia Romagna und Lombardei kennenlernen. Den Erholungswert sollte man also nicht unterschätzen, doch im Mittelpunkt steht die spirituelle Erfahrung. Auf diesen Cammino spüren die Wanderer in zahlreiche Kapellen und Kirchen der besonderen Aura dieser Heiligen nach.

Wir beginnen in Livorno. Die Stadt besitzt einen der größten Häfen Italiens. Weithin gefürchtet ist die, sagen wir, offene Ausdrucksweise der Bürger, die selten ein Blatt vor den Mund nehmen. »Linguaccia livornese« lautet der Fachausdruck dafür – oder kurz und prägnant »böse Zunge«. Eine ganz besondere Spezialität gibt ebenfalls einiges über den Charakter der Stadt preis: »Ponce alla Livornese« – ein starker Kaffee mit Rum. Livorno hat auch eine poetische Seite; das kulturelle Angebot jedenfalls muss sich nicht verstecken.

Wer Toskana sagt, denkt an sanft geschwungene Hügel und kunsthistorische Schätze, an Siena, Pisa und Florenz. Unser Weg führt aber nicht durch diese Städte. Wir durchstreifen die Toskana an anderen Stellen, die nicht weniger zauberhaft sind und ebenfalls Kultur atmen, aber – mit Ausnahmen – abseits touristischer Pfade liegen. Die Ziele dieses Pilgerwegs sind ursprünglicher und auf gewisse Weise urtümlicher.

Vicopisano, 15 Kilometer von Pisa entfernt, kann keinen schiefen Turm vorweisen, hat aber einen Uhrenturm aus dem 12. Jahrhundert. Zusätzlich punktet die mittelalterliche Ortschaft

Auf dem Ende des 19. Jahrhunderts von Alban Butler geschaffene »Lives of the Saints« ist auch St. Julia abgebildet.

Livorno

Livorno war lange Zeit der (rund 20 Kilometer südlich gelegene) Hafen von Pisa und wurde im Jahr 1405 von den Genuesen übernommen, die die Stadt 1421 für 100 000 Goldgulden an Florenz verkauften. 1571 gründeten die Medici einen neuen Hafen; zugleich ließen sie eine von einem Wassergraben, dem Fosso Reale, umgebene Stadt auf fünfeckigem Grundriss anlegen – das heutige Zentrum. Im 19. Jahrhundert entwickelte sich Livorno zu einem der ersten europäischen Zentren der Aufklärung. Im 20. Jahrhundert war die Stadt, in deren gleichnamiger Provinz Erzbergbau betrieben wurde, eine Hochburg des Kommunismus: Hier wurde 1921 die Kommunistische Partei Italiens (KPI) gegründet. Heute lohnt sich ein Besuch in Livorno wegen der Altstadt und dem Stadtviertel Venezia Nuova, das ein wenig an die »Serenissima« erinnert.

Man muss nicht zwangsweise an die Adria reisen, um venezianisches Flair zu erleben. Im Quartiere Venezia von Livorno kann man das Gefühl dank der Kanäle nachempfinden.

Lucca

Wer wissen möchte, wie eine italienische Stadt zur Zeit der Renaissance von oben ausgesehen haben mag, der sollte nach Lucca fahren. Hier kann man ein Wahrzeichen der Stadt besteigen: den Torre dei Guinigi – einen Geschlechterturm, auf dessen 44 Meter hoher Plattform große Steineichen stehen. Schöne Ansichten der Stadt gewährt auch ein Spaziergang über die zwölf Motor hohe und mehr als vier Kilometer lange Stadtmauer. Beispiele italienischer Jugendstilarchitektur finden sich in der Via Fillungo mit ihren eleganten Cafés. Zwei Plätze Luccas verweisen auf die antike Stadtgeschichte: Die Piazza San Michele mit der Kirche San Michele in Foro wurde auf dem ehemaligen Stadtmittelpunkt, dem Forum, errichtet, und die ovale Form der Piazza dell'Anfiteatro entstand durch den Bau von Häusern rund um ein heute nicht mehr vorhandenes, ursprünglich im 2. Jahrhundert errichtetes Amphitheater.

Die gesamte Stadt überragt der viereckige Geschlechterturm, von dem aus man eine schöne Aussicht hat.

mit einem Mauerring und 13 noch erhaltenen himmelwärts strebenden Türmen. Die Festung Rocca del Brunelleschi machte Vicopisano einst schier uneinnehmbar. Die Befestigungen und Wehrgänge sind heute noch zugänglich. Welch ein Gegensatz zu Caprona, das wir zuvor passiert hatten! Dort gibt es zwar einen charakteristischen Turm auf steilem Fels, aber er ist ein Bau aus dem 19. Jahrhundert. Die mittelalterliche Burg ist seinerzeit krachend in sich zusammengestürzt. Es soll sogar einen prominenten Augenzeugen gegeben haben: Dante Alighieri, der die Stadt in seiner »Göttlichen Komödie« erwähnt. Zudem gibt es bei Caprona eine kleine, der heiligen Julia geweihte Kirche, die 1096 erstmals erwähnt wird, aber wesentlich älter sein dürfte. In der Gegend werden Wein und Oliven angebaut, weshalb Montepisano zur »Strada dell'Olio di Monti Pisani«, der Wein- und Ölstraße, gehört.

Vor Buti stoßen wir auf eine kleine Kapelle, die ebenfalls zu Ehren unserer Heiligen errichtet wurde. Buti selbst ist zwar ein recht überschaubarer Ort, aber dennoch ein Zentrum für die Produktion hochwertigen Olivenöls. Von einer langen Tradition künden die zahlreichen Ölmühlen. Unter den Kirchen sind San Giovanni Battista mit seinen Fresken und einer Madonnenfigur sowie San Francesco im Ortskern interessant.

Lucca war im Mittelalter und in der Renaissance eine der wichtigsten Handelsstädte Europas, ein Zentrum der Textilindustrie, was man noch heute erkennt. Viele Sehenswürdigkeiten locken, doch erst einmal besuchen wir die kleine Kirche Santa Giulia in der Altstadt. Sie reicht sehr weit in die Vergangenheit. Im 10. Jahrhundert wurde sie erstmals urkundlich erwähnt. Die Fassade mit ihren nur angedeuteten Arkaden sind typisch für den Übergang von der Romanik zur Gotik.

Ein kleines Gotteshaus, das den Namen unserer Heiligen trägt, findet sich auch in Pieve Monti di Villa. Da befinden wir uns bereits im Apennin. Bald nach Lucca haben wir die ersten Hänge erklommen. Die Vorgebirge sind noch vom mediterranen Klima beeinflusst, aber das wird sich bald ändern. Der Monte Giovo, in dessen Schatten wir entlang eines Sees, dem Lago di Pontecosi, marschieren, ist immerhin fast 2000 Meter hoch.

Bald haben wir die Grenze zur Provinz Emilia Romagna überschritten. San Pellegrino in Alpe, das wir passieren, befindet sich auf 1525 Meter über dem Meeresspiegel. Der Legende nach versuchte der Teufel, Sankt Peregrinus zu umgarnen. Selbstverständlich vergeblich. Irgendwann verlor der Heilige die Geduld und versetzte dem Satan einen solchen Schlag, dass der mitten durch das harte Gestein krachte. Das dabei entstandene Felsentor haben wir von San Pellegrino in Alpe gut im Blick: Monte Forato – zwei Gipfel, die durch einen natürlichen Bogen miteinander verbunden sind. Der Felsbogen ist 25 Meter hoch, rund acht Meter breit und misst 32 Meter in der Weite – der größte natürlich geformte Bogen Italiens. In einer anderen Version heißt es, dass sich Dämonen und Kobolde auf ihrer wilden Flucht vor San Pellegrino auch von einer kompakten Felswand nicht aufhalten ließen. Wissenschaftler haben eine profanere Erklärung für das Felsentor gefunden. Es wurde durch Erosion von Wind und Wasser gebildet. Aber die Erklärung mit Teufel und Kobolden als Protagonisten klingt natürlich poetischer.

Die Provinz, die wir gerade durchqueren, beinhaltet zwei Namensbestandteile: »Romagna« geht auf die Langobarden zurück, die diese Gegend, die unter byzantinischem Einfluss stand, von ihrem eigenen Herrschaftsgebiet abgrenzen wollten. »Emilia« ist noch älter und rührt von der Via Aemilia her, die zu Zeiten der Römer am Rand des Apennin entlang das heutige Piacenza mit dem heutigen Rimini verband. Unter Automobilisten ist diese Region als »Terra di Motori« (Land der Motoren) bekannt. Ferrari, Lamborghini, Maserati, De Tomaso und Pagani – die Sportwagen dieser weltberühmten Marken stammen alle aus der

Süd- und Südosteuropa

Emilia-Romagna ebenso wie die Motorräder von Ducati, Moto Morini und Bimota. Die Landschaft lebt währenddessen von den Kontrasten zwischen Gebirge und Meer, zwischen Felsen und der Po-Ebene. Vorläufig befinden wir uns noch auf den Höhen des Apennin. Wir passieren den Monte San'Guilia und besuchen das dortige Kirchlein. Bei Monchio erinnert der weitläufige »Park des Widerstandes« an die Republik Montefiorino, die Partisanen Mitte 1944 gegründet hatten und die bis Kriegsende bestand. Gedacht wird auch der Opfer von Massakern durch deutsche Truppen. Der Park ist gleichzeitig als Symbol von Völkerfreundschaft zu verstehen.

Zwischen Monchio und Rocca Santa Maria werden die Sinne angeregt. Wir entdecken das Apennin-Windröschen mit seinen blauen, weißen oder rosafarbenen Blütenblättern und verstehen, warum Kenner davon schwärmen, diese Blumen würden wie Sterne strahlen.

Nun wechselt die Landschaft. Über Rocca Santa Maria, Fiorano Modense, in dessen Nähe sich die Teststrecke der Scuderia Ferrari befindet, und Rubiera erreichen wir die weitläufige Po-Ebene. Ein neuer Horizont tut sich auf. Die Kirche S. Giulia in Migliaria ist ein weiterer Eckpfeiler der Reise. Der Fluss ist unser Begleiter. In Guastalla, einer Gründung der Langobarden, freuen wir uns auf die örtliche Spezialität: wunderbare Gnocchi. Diese Speise genießt dort einen so hohen Stellenwert, dass ihr alle drei Jahre ein Fest gewidmet wird.

Brescello liegt fast direkt am Wegesrand. Die Po-Ebene ist auch die Heimat von Don Camillo und Peppone – Menschen mit leicht erhitzbaren Gemütern am großen Strom, die ihren Argumenten gerne mit einer gewissen Schlagkraft mehr Überzeugungskraft verleihen. In Brescello wurden die Außenaufnahmen der legendären Filme gedreht. In der Kirche ist das

Bis in die höchsten Lagen von Grün bedeckt sind Alpe di San Pellegrino und Monte Forato. Links unten: Guastalla.

249

Süd- und Südosteuropa

Kreuz zu sehen, mit dem der streitbare Priester stets Zwiesprache hält. Vor dem Gotteshaus ist eine Statue von Don Camillo und vor dem Rathaus eine Statue von Peppone zu besichtigen. Auch ein Museum erinnert an die einstigen Kinohits und ihre Protagonisten.
In Cicognara begegnet uns erneut Santa Giulia. In der dortigen Kirche halten wir Einkehr.

Sabbioneta gehört bereits zur Lombardei. Die Altstadt wurde 2008 auf die UNESCO-Liste des Weltkulturerbes gesetzt. Der Herzogspalast, die Synagoge und das Teatro Olimpico, das erste frei stehende Theater Europas, das eigens für diesen Zweck zwischen 1588 und 1590 gebaut wurde, warten auf uns. Wir besuchen ebenso die Kirche Santa Maria Assunta und die achteckige Chiesa dell'Incoronata mit der Grabkammer des Herzogs Vespasiano Gonzaga und dessen Bronzestatue.
Der historische Reichtum, der uns vielerorts entgegenschlägt, kommt nicht von ungefähr. Noch heute ist die Lombardei die führende Wirtschaftsregion Italiens. Nach den Römern und den Goten herrschten hier die namensgebenden Langobarden. Ihr letzter König war jener Desiderius, der die Gebeine der heiligen Julia nach Brescia überführen ließ, ins Zentrum seiner Macht. Er wird es nicht allein aus religiösen Gründen getan haben und um sich den Beistand der Heiligen zu sichern. Bedeutende Reliquien zogen Pilgerscharen an, was stets auch die Wirtschaft ankurbelte. Politisch bewies der Herrscher ein weniger glückliches Händchen: Er begab sich auf Konfrontationskurs ausgerechnet zu Karl dem Großen – und zog den Kürzeren. Desiderius und seine Frau gingen ins Kloster, Karl krönte sich zum König der Langobarden. Deren »Eiserne Krone« setzte sich sogar noch Napoleon aufs Haupt, um seine Herrschaft über Italien symbolhaft zu legitimieren.
Die Landschaft ist im Süden geprägt von der Po-Ebene und wird im nördlichen Teil von den Alpen beherrscht. Bis ins Gebirge werden wir aber nicht kommen. Wir durchqueren die Provinz Mantua. Das wuchtige Tor von Rivarolo Mantovano nimmt uns auf. Wir wandern durch eine durchaus suggestiv wirkende Landschaft. Immer wieder stoßen wir auf Spuren der Langobarden. Pralboino ist nach einem von ihnen, Alboin, benannt. Auch der Name des Ortes Leno rührt von der langobardischen Abtei Badia Leonense her.
Die Aufregung steigt: Brescia am Fuß der Alpen ist der Endpunkt unserer Reise und fast schon in Rufweite. Nur noch das uralte Dörfchen Corticelli Pieve steht zwischen uns und Brescia. Schon haben wir es passiert und streben erst einmal dem Kloster San Salvatore und Santa Giulia zu. Doch noch können wir unsere Pilgerreise nicht abschließen. Der Endspurt führt uns zur Kirche Santa Giulia in Villagio Prealpino, einem Ortsteil von Brescia. Dort werden die meisten Reliquien der Heiligen aufbewahrt. Die Kirche selbst ist neueren Datums, die Ausstattung modern. Die Fassade besticht durch ihre Einfachheit – eine glatte, konkav geformte Oberfläche. Wir treffen die heilige Giulia in der Apsis. In den ziegelroten Hintergrund ist ein helles Dreieck eingefügt, in dessen Zentrum Giulia steht. Sie trägt ein weißes Kleid und eine Krone. Eine Hand umfasst das Kreuz, die andere eine Lilie als Symbol der Tugend und eine Palme als Zeichen des Sieges. Die Reliquien befinden sich in einem Schrein im Altar. Mit Andacht beenden wir unsere Pilgerreise, die uns so viele neue Eindrücke und Begegnungen brachte.

Überall trifft man auf historische Baukunst: In Brescia (oben und rechte Seite) ebenso wie in Sabbioneta (kleine Bilder links).

⭐ Brescia: San Salvatore–Santa Giulia

Brescia, das antike Brixia, war eine keltische Gründung. Zunächst von den Römern als Militär-Kolonie genutzt, gewann der Ort bald an Bedeutung. Kaiser Vespasian ließ dort einen prächtigen Tempel erreichten. Die Überreste sind heute noch zu bestaunen. Auch den Domplatz mit Altem und Neuem Dom sowie Broletto sollte man gesehen haben. Die Abtei San Salvatore und Santa Giulia wurde von König Desiderius als Frauenkloster gegründet; seine Tochter Anselperga war die erste Äbtissin. 1798 wurde das Kloster aufgelöst. Der Komplex besticht durch seine architektonische Vielfalt, eine Mischung aus römischer, vorromanischer und romanischer Zeit. Die Renaissance hat ebenfalls ihre Spuren hinterlassen. Heute beherbergt das alte Kloster das Museum Santa Giulia. Das Erdgeschoss ist der Vergangenheit von Brescia gewidmet, die Etage darüber gibt den Blick frei auf die Kirche Santa Maria in Solaria mit ihren atemberaubenden Fresken und dem berühmten Desiderius-Kreuz. Insgesamt sind hier mehr als 11 000 Kunstwerke zu erleben.

Im Klosterinneren sollte man sich Zeit nehmen, um alle Details zu betrachten. Großes Bild: der Nonnenchor; kleine Bilder: Kreuzgang und Krypta.

Süd- und Südosteuropa

ℹ RUND UMS PILGERN

Beste Reisezeit: Vor allem die Toskana lässt sich zwischen Frühjahr und Herbst gut bereisen. Bereits ab Mitte März wird es hier spürbar wärmer. Zu diesem Zeitpunkt ist es in der Emilia-Romagna noch etwas frischer. Das Thermometer kann aber auch schon auf 14 Grad klettern. Anders sieht es natürlich in den Bergen aus, auch wenn der Pilgerweg richtiges Hochgebirge nicht durchquert. Dennoch sollte man sich bei Antritt der Reise nach den Schnee- und Wetterverhältnissen erkundigen. Meist gelten Mai und Juni und dann wieder die Monate September und Oktober als ideale Reisezeiten. In diesen Monaten kann man die Vegetation sehr schön erleben. Im Juli und August sticht die Sonne und es kann locker um die 30 Grad Celsius heiß werden.

Anforderung: Eigentlich gelten die einzelnen Etappen als nicht besonders schwierig, vor allem, weil sie zum Teil sehr kurz sind. Da man für die gesamte Tour dennoch mindestens drei Wochen kalkulieren muss, ist eine gewisse Grundfitness und Ausdauer unbedingt notwendig. Ungeübte sollten sich erst einmal nur wenige Etappen vornehmen und nicht den gesamten Pilgerweg auf einmal absolvieren. Besonders auf gutes Schuhwerk ist zu achten.

Unterkunft/Verpflegung: Da sich dieser Pilgerweg noch nicht im allgemeinen Bewusstsein etabliert hat, ist es zu empfehlen, die Unterkünfte am besten vorab zu buchen. Pilgerherbergen sind recht spärlich vorhanden. Andererseits haben sich bereits viele Gemeinden zusammengeschlossen, werben für diese Route und sind sehr um Pilger bemüht. Die Strecke führt durch Landschaften, die berühmt sind für ihre Spezialitäten – kosten lohnt sich also in jedem Fall!

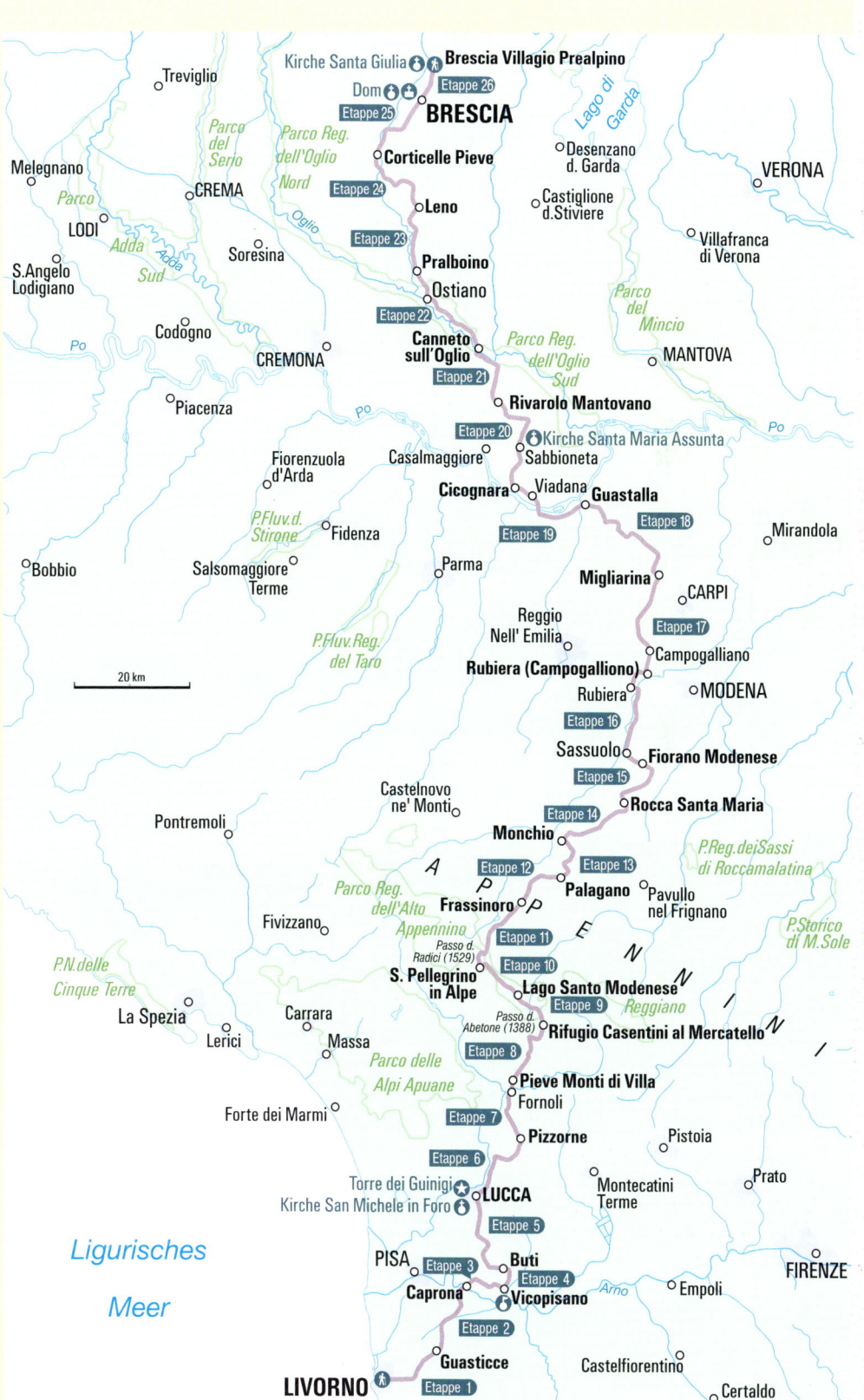

Süd- und Südosteuropa

Griechenland
Paulusweg – Entlang der Via Egnatia auf den Spuren des Apostels Paulus

Geht es um alte Geschichten und Mythen, ist Griechenland immer eine gute Wahl.
Auch zum Pilgern: In Mazedonien etwa auf den Spuren des Apostels Paulus und der Urchristen.

STRECKEN-INFORMATIONEN

Distanz: 343 km
Dauer: mindestens 17 Tage

Etappen:
1. Florina – Vevi: 21 km
2. Vevi – Kella: 9 km
3. Kella – Arnissa: 26 km
4. Arnissa – Edessa: 21 km
5. Edessa – Aravissos: 27 km
6. Aravissos – Pella: 24 km
7. Pella – Chalkidona: 8 km
8. Chalkidona – Thessaloniki: 33 km
9. Thessaloniki – Koroneia: 28 km
10. Koroneia – Apollonia: 25 km
11. Apollonia – Asprovalta: 24 km
12. Asprovalta – Amphipoli: 20 km
13. Amphipoli – Podochori: 21 km
14. Podochori – Avli: 16 km
15. Avli – Philippi: 24 km
16. Philippi – Kavala: 16 km

Pilgerwege folgen meist alten Handelsstraßen, und das ist auch in diesem Fall so. Denn selbst der Apostel Paulus ist einst den alten Warenwegen gefolgt, als er sich aufmachte nach Mazedonien. Die Via Egnatia gilt als eine der wichtigsten historischen Verbindungen von West nach Ost. Sie sorgte für regen Warentausch zwischen Rom und Konstantinopel. Ihre Streckenführung beginnt in Albanien und führt über Nordmakedonien in die Türkei. Insgesamt mehr als 1000 Kilometer Strecke könnte der Wanderer auf diesem alten Weg zurücklegen.

Süd- und Südosteuropa

Nymfaio

Unser Vorschlag für eine Pilgerroute führt entlang der griechischen Teilroute.

An der Grenze zur Nordmazedonien startet der Trail an den Ausläufern des Baba-Gebirges in Florina. Diese kleine Stadt in den Bergen trägt einen Superlativ ihres Landes, denn sie gilt als kälteste Stadt Griechenlands. Dicke Schneeschichten im Winter, Eis auf den Flüssen und Nebel sind hier keine Seltenheit. Doch zu dieser Zeit pilgern die wenigsten Menschen, es ist einfach zu ungemütlich. Wie wäre es also, mit dieser Tour im Frühling zu starten, wenn die Natur gerade aufblüht und der Schnee aus den Bergen in Rinnsalen oder Bächen die Hänge hinabplätschert? Florina ist nicht nur kühl und hat ein eigenes Skigebiet, sondern bietet auch ein vielfältiges kulturelles Erbe, von dem das archäologische Museum sowie eine Ausgrabungsstätte erzählen. Entlang des Flusses Sakoulevas befinden sich viele alte Häuser. Ein Bummel in das Kloster Agios Markos im Norden der Stadt lohnt sich ebenfalls.

Von Florina startet die erste Etappe durch die Ausläufer des Gebirges gen Vevi mit mäßiger Steigung. Eine ideale Route, um sich einzulaufen und ins Pilgern hineinzukommen. Die Gegend ist idyllisch leer, ab und zu liegen kleine Kirchen und Kapellen an der Route.

Von Vevi aus geht es am nächsten Tag nach Kella. Es sind zwar nur acht Kilometer, aber die sind nötig, um die Strecke am darauffolgenden Tag zu bewältigen. Routinierte Wanderer überlegen sich vielleicht, beide Etappen zusammenzulegen, was aber schade wäre, denn Pilgern sollte kein Durcheilen durch die Landschaft sein.

Arnissa als nächster Stopp lohnt schon wegen der Umgebung für eine längere Pause, denn der See und der umgebende Kaimaktsalan-Berg bilden ein einmaliges Panorama. Auch empfiehlt sich der Abstecher zum Gipfel des

Der Paulusweg bietet sowohl Historisches wie die Stadt Florina (linke Seite) als auch Dorfidyllen wie Kella (ganz oben). Oben links: schwimmende Bar am Vegoritida-See; oben rechts: Gipfelziel – die Kapelle auf dem Kaimaktsalan.

Das schönste Bergdorf Griechenlands wird es genannt: Nymfaio befindet sich auf einer Höhe von 1350 Metern und vermittelt das Bild eines anderen Griechenlands, als es die Inseln mit ihren blau-weißen Hafenstädtchen vermögen. Hier hatte aber auch das griechische Ministerium die Hand im Spiel und dafür gesorgt, dass die Häuser möglichst originalgetreu wiederhergestellt wurden. Im Bergdorf selbst besinnt man sich auf das Alte und Regionale: Nicht nur bei den Teppichen und Möbeln, mit denen die Pensionen und Restaurants ausgestattet sind, sondern auch beim Essen wird Wert auf regionale Produkte gelegt. Es ist eine wunderschöne Ausgangsbasis, um vor dem Pilgern noch ein wenig durch die Gegend der nordgriechischen Berge zu ziehen und sich schon mal ein wenig warmzuwandern. Privat betriebene Umweltzentren haben sich ehemaliger Zirkusbären angenommen und ihnen nun ein würdiges Zuhause gegeben, auch für Wölfe gibt es dort eine Schutzstation.

Die Steinhäuser der Bergdörfer sorgen für eine besondere Stimmung.

Süd- und Südosteuropa

⭐ Thessaloniki

Als zweitgrößte Stadt Griechenlands wird Thessaloniki überragt vom Weißen Turm – einst von venezianischen Baumeistern errichtet –, der schon von Weitem sichtbar ist. Doch das ist gar nicht ihr wichtigstes Markenzeichen, sondern die Hagia Sofia, die auf das 7. Jahrhundert zurückgeht und deren Innenraum zu den schönsten überhaupt zählt. Malereien, Mosaiken und viel Gold lassen viele Besucher einfach nur ehrfürchtig staunen, wenn sie das Gotteshaus betreten. Sie ist ebenso UNESCO-Weltkulturerbe wie die Kirche Hagios Demetrios in der Nähe des Marktes, deren Mosaiken auch sehenswert sind. Wer sich für diesen Baustil interessiert, dem bietet das Museum für Byzantinische Kultur eine Menge Augenfreude. Historisch interessant ist auch das archäologische Museum. Beim Schlendern durch die Stadt sollte der Besuch des Platia Aristotelous ebenso wenig fehlen wie ein Abstecher zum Hafen oder die Besichtigung der Stadtmauer. Wer Modernes sucht, der wird im futuristischen Wissenschaftszentrum fündig.

Oben: Blick auf die Stadt. Links: Weißer Turm; Metropolitankirche des hl. Gregorios Palamas; Kathedrale Agios Dimitrios.

Kaimaktsalan mit der St.-Peter-Kapelle. Nach einem Besuch am Strand oder vielleicht sogar in der schwimmenden Bar nimmt der Pilger seine Strecke wieder auf und wandert gut fünf Stunden nach Edessa. Der Weg, der anfangs flach aussah, wird im Laufe der Tour immer steiler und führt durch dichte Wälder.

Die Stadt Edessa war bis ins 6. Jahrhundert v. Chr. die Hauptstadt von Mazedonien. Im weiteren geschichtlichen Verlauf durften sich die Einwohner mal der Türkei, mal Griechenland zugehörig fühlen. Erst seit 1913 ist die Stadt endgültig griechisch. Hier findet man eines der Naturwunder Griechenlands: ein Wasserfall mit bis zu 70 Meter Fallhöhe. Nördlich der Stadt fanden Archäologen Reste einer alten Siedlung. Für Pilger interessant ist die Klosteranlage gleich nebenan. Zudem ist die byzantinische Brücke ist sehenswert, ebenso sind es das Rathaus und die Kirchen im Stadtkern.

Von Edessa schlängelt sich der Pilgerweg nach Aravissos, eine Zwischenstation auf dem Weg nach Pella. Die ehemalige Hauptstadt Makedoniens ist bekannt als Geburtsstadt Alexanders des Großen. Zwei Ausgrabungsstätten und ein modernes Museum wagen den Versuch, die Antike zu rekonstruieren. Wenige Kilometer weiter bietet Chalkidona noch einmal eine schöne Gelegenheit, die Füße auszuruhen, in sich zu gehen und sich auf die nächste Etappe vorzubereiten. Mit weit über 30 Kilometern fordert sie einiges ab und ist nicht gerade besinnlich, denn sie führt in eine Großstadt. Wer des Laufens müde ist, der setzt sich jetzt in den Bus oder die Bahn und kürzt ein wenig ab.

In Thessaloniki zeigen sich die ersten Spuren von Paulus, der 58 n. Chr. in der Synagoge am Hafen das Evangelium verkündet hatte. Seine Reden zeigten Wirkung, und es gründete sich die erste christliche Gemeinde der Stadt. An der Stelle, an der Paulus gepredigt haben soll, befindet sich heute das Vlatades-Kloster und lädt zur Andacht ein. Vom Kloster aus reicht der Blick bis zum heiligen Berg Olymp – ein Blick, den die Pilger keinesfalls verpassen sollten!

Von Thessaloniki aus zieht sich die Via Egnatia, die Paulus sicher damals auch gegangen ist, weiter gen Osten durch eine wasserreiche Gegend. Wer wirklich auf den Spuren des Apostels wandeln möchte, der verlässt die alte Handelsroute und legt einen Schlenker auf die Halbinsel Chalkidiki ein. Im Südwesten ist ein Ort von wirklich historischem Wert mit Paulus verknüpft: In Nea Fokea befindet sich die Höhle, in der sich der Apostel einst vor seinen Verfolgern versteckte. In der heutigen Zeit ist die Höhle ein Ort, der von vielen Menschen zur Andacht besucht wird, denn der Apostel soll dort durch einen Erdspalt in Sicherheit ge-

Edessas Wasserfall (oben links) gehört zu den Naturschönheiten. Kultur bieten dagegen das Kloster Vlatadon und die Halbinsel Chalkidiki (kleine Bilder).

Süd- und Südosteuropa

bracht worden sein. Bis heute gehen Besucher auf allen Vieren in die Höhle, die als Andachtskapelle dem Apostel gewidmet ist.

Nach diesem Abstecher geht es weiter auf dem eigentlichen Weg. Er streift den Kononia-See – ein Gewässer, das unter den Menschen und den veränderten Umweltbedingungen sehr leidet. Der See entwässert das Chortiatis-Massiv und ist durch die Wasserentnahmen inzwischen derart flach geworden, dass er in sehr heißen Sommern komplett austrocknet. Das ist ebenso unschön wie der nahe Flughafen der Großstadt, der die Ferien- und Geschäftsreisenden in diese Gegend lockt.

Im Gegensatz dazu endet die nächste Etappe sehenswerter, denn Apollonia breitet sich direkt am Volvi-See aus. Die Stadt hat nicht nur das Flair des Binnensees zu bieten, sondern auch einen Paulusort: Im Norden entspringt eine Quelle aus einem Felsen; dort soll Paulus einst gepredigt haben. Direkt daneben ist eine kleine Kapelle, die an die Ereignisse vor fast 2000 Jahren erinnert. Nach dem Besuch der Quelle aber heißt es unbedingt den See genießen; er ist vor allem bei Vogelfreunden beliebt.

Jetzt ist der urbane Teil des Weges geschafft und es wird wieder ländlicher und Stück für Stück grüner. Das Rentina-Tal markiert den letzten Abschnitt zwischen dem See und der Küste und überrascht mit malerisch-verfallenen Burganlagen zwischen dichten Büschen und Bäumen. Dann heißt es, Meeresluft schnuppern! Bei Paralia Vrasna erreicht die Strecke den Strymonischen Golf. Wie eine schmale Sichel zieht sich der Strand um die lange Bucht, die von Hotels und modernen Bauten geprägt ist. Feriensstimmung macht sich breit, die gute Infrastruktur bietet noch einmal Gelegenheit, die Vorräte aufzufüllen.

Asprovalta heißt das Ziel der nächsten Etappe. Der kleine Ort ist ein beliebter Badeort bei Griechen und Bulgaren. Was kein Wunder ist ob des türkis schimmernden Meeres und des feinen hellen Strandes. Ein wenig können Pilger dies noch genießen, bevor es wieder einzutauchen gilt in Kultur und Geschichte. Am Meer entlang geht es auch am nächsten Tag bis nach Amphipoli, dem Ort, an dem der Fluss Strymon in das Meer mündet. Dort hat es wohl schon in sehr früher Zeit menschliche Siedlungen gegeben, denn die Spuren lassen sich bis in die Bronzezeit zurückverfolgen. Heute steht der riesige Löwe ebenso als Wahrzeichen für die Stadt wie auch die antiken Gräber auf dem Kasta-Hügel, an denen die Ausgrabungsarbeiten noch immer andauern.

Durch die grünen Auen des Flusses führt der Weg weiter in die Berge. Das Pangaion-Gebirge schickt seine ersten Ausläufer, deren Aufstiege nun wieder die Waden des Wanderers fordern. Die Landschaft wird wellig, der Weg schlängelt sich am südlichen Fuße des Gebirges entlang. Kleine Kirchen auf Hügeln runden das Bild der beschaulichen Dörfer ab, von denen aus man oftmals einen wunderbaren Blick auf das Meer in der Ferne hat.

Der Berg Pangeo hat, wie eigentlich jeder Berg in Griechenland, eine hohe mystische Bedeutung. Dort soll einst Orpheus jeden Morgen seine Gebete zu Apollon geschickt haben. Wer den Berg anschaut, vermag zu erahnen, wie die Griechen immer auf solche Geschichten gekommen sind. Während andere Berge sich als dunkle Silhouetten abzeichnen, ragt sein Grat zumeist wie mit weißer Farbe nachgezeichnet aus der Landschaft.

Der Wanderer hat einiges an Aufstieg zu leisten, wird aber zwischendurch immer wieder mit schönen Blicken auf das Meer belohnt. Nicht leugnen kann die Region auch ihre Bergbautradition: Am Pangeo wurden Gold und Silber geschürft. Manche Anlagen sind noch zu sehen. Je höher der Weg kommt, desto dichter wird der Wald, die Macchia in Küstennähe haben wir längst verlassen und atmen den würzigen Duft griechischer Laubwälder ein. Noch

Immer wieder kann sich der Pilgernde entscheiden zwischen mondänen Badeorten und der Stille in der Natur.

Süd- und Südosteuropa

⊛ Apostel Paulus

»Vom Saulus zum Paulus werden« – dieses Sprichwort kommt nicht von ungefähr. Es beschreibt gut die Entwicklung des ersten Missionars des Christentums. Er wurde als griechischer Jude unter dem Namen Saulus im türkischen Tarsus geboren. Als gläubiger Pharisäer wandte er sich als junger Erwachsener zunächst gegen das Christentum und verfolgte auch dessen Gläubige. Als er eines Tages auf dem Weg nach Damaskus war, erschien ihm Jesus Christus und fragte ihn: »Warum verfolgst du mich?« Paulus erblindete, wurde aber durch das Handauflegen geheilt und fortan zum Christen. Er verbrachte einige Jahre in Jerusalem, wo er die anderen Apostel traf, und machte sich später auf zu zahlreichen Missionsreisen. Zu einer der wichtigsten Reisen zählt sein Aufbruch über die Via Egnatia nach Griechenland, wo er in Philippi die erste Frau taufte und zum Evangelium bekehren konnte. Er hinterließ viele Briefe, die heute als wichtigste Zeugnisse des Urchristentums gelten.

Im Inneren der oktogonal angelegten Taufkirche St. Lydia kann man durch Bilder dem Apostel Paulus nachspüren.

einmal ein Stopp im verschlafenen Avli, bevor es zu einem Naturhöhepunkt der Tour geht. Er ist zwar mit einem Aufstieg verbunden, doch der lohnt sich. Ganz oben auf dem Berg befindet sich ein Naturresort aus Hütten. Wer einmal im Morgennebel aufgewacht ist, möchte am liebsten dort bleiben.

Schön bergab und einigermaßen gerade über die Felder geht es nach Philippi. Was dort als Ruinen, Säulen und Steinhaufen aus der Landschaft ragt, ist nicht nur der Hinweis auf eine der ältesten Städte Griechenlands, sondern auch bedeutsam fürs Christentum: Philippi gilt

Kavala (ganz oben) mit dem imposanten Aquädukt und der historischen Stadtmauer zieht sich an einem Hügel empor, der nahezu komplett von Wasser umgeben ist. Kleine Bilder: Überreste einer Stadt bei Philippi; Taufstätte von St. Lydia in Philippi.

als die erste Gründung einer christlichen Gemeinde in Europa. Der Apostel Paulus verkündete dort bei der ersten seiner drei Reisen (49/50 n. Chr.) das Evangelium und gründete eine Gemeinde. Es war eine Frau, die sich als Allererste taufen ließ und zur Urchristin wurde: Lydia, eine Purpurhändlerin, hatte Paulus nicht nur eine Unterkunft in ihrem Haus gewährt, sondern war auch der erste Mensch Europas, der offiziell den christlichen Glauben annahm. An der Stelle, an der Paulus sie mit dem Wasser des Flusses Zygaktis zur Christin taufte, befindet sich heute ein Andachtsplatz mit einer kleinen Kapelle und einer Taufstelle unter freiem Himmel. Jedes Jahr am 20. Mai feiern die Griechen dort ein großes Tauffest.

Schmuckvoller erinnert ein wenig weiter eine Kapelle an die Purpurhändlerin. Sie ist in Form eines Oktagons errichtet. Mit prachtvollen Säulen und kunstvollen Fresken bietet sie Raum, um noch einmal innezuhalten und sich auf sich selbst zu besinnen. Denn schon bald geht die Pilgertour zu Ende. Die letzte Etappe nach Kavala naht. Es lohnt sich, ab und an stehenzubleiben und zurückzublicken. Die älteste Stadt Nordgriechenlands, Philippi, lässt der Pilger nun endgültig hinter sich.

Die letzte ist eine der wenigen Etappen, die dem originalen Verlauf der Via Egnatia folgen.

Süd- und Südosteuropa

Große alte Steine, die von den vielen Füßen und Fuhrwerken ganz rundgelaufen sind, markieren die alte Strecke, die einst Rom und Istanbul verbunden hat. Markant begrüßt das Aquädukt in Kavala den Besucher, das noch aus römischer Zeit stammt und im 16 Jahrhundert rekonstruiert wurde. Deutlich ist auch der türkische Kultureinfluss; es gibt sogar ein historisches türkisches Viertel, dessen Besuch sich ebenso lohnt wie ein Bummel entlang der Hafenmeile. Doch zunächst heißt es diese Pilgertour stimmig abschließen. Dafür bietet sich die Nikolauskirche an, deren Grundstock auf bewegte Zeiten zurückblickt. Dort soll einst der Apostel Paulus gepredigt haben. Im 16. Jahrhundert errichteten haben die türkischen Besatzer hier eine Moschee. Nach dem Abzug der Türken verfiel die Moschee und wurde Mitte des 20. Jahrhunderts in eine Kirche umgewandelt. Es ist vielleicht auch ein Platz, um über den ewigen Streit der Religionen nachzudenken, der bis heute blutige Kriege fordert.

 RUND UMS PILGERN

Beste Reisezeit: Bis Mai kann es in den Bergen Nordgriechenlands noch frostig und kalt sein, deswegen ist es ratsam, nicht früher loszuziehen. Die ohnehin ländliche Gegend ist dann wie ausgestorben, erst der beginnende Tourismus haucht der Region wieder Leben ein. Ende Mai findet in Philippi ein großer Taufgottesdienst im Freien statt (20. Mai) – ein Tag, an dem sich der Besuch besonders lohnt.

Anforderung: Bis auf die Bergetappen ist es eine eher moderate Tour. Wem die Etappen zu lang sind, der kann sie auch unterteilen. Als schwierig allerdings wird sich das Finden der Wege herausstellen. Karten sind also eine Grundvoraussetzung, besser noch ein GPS-gestütztes Wander-Navigationsgerät. Die Via Egnatia nimmt ihren Verlauf an der Nordflanke des Pangeo-Gebirges, die Südvariante ist aber landschaftlich schöner.

Verpflegung/Unterkunft: Als wirklicher Höhepunkt erweist sich ein Stopp im Pangeo Forest Village – einer kleinen Lodge auf dem Hochplateau des Berges. Ansonsten ist es jenseits der Zentren etwas schwierig mit Unterkünften, da sollten Pilger ihre Etappen besser nach der Verfügbarkeit der Übernachtungsmöglichkeiten planen als streng nach den vorgeschlagenen Etappen. Auch genügend Proviant, vor allem Wasser, sollten Wanderer immer ausreichend mitführen!

Nicht verpassen: Ein Abstecher zu den Stränden von Chalkidiki ist eine wunderbare Weise, Pilgern und Badeurlaub zu verbinden.

Unten links: die Kirche St. Nicholas in Kavala. Unten: Am Strand von Chalkidiki können die Wanderer diese Pilgerreise mit einem Sonnenbad ausklingen lassen.

Register

A
Altötting 161
Aosta 195
Arras 193
Arzúa 208
Assisi, Basilika San Francesco 244

B
Bad Doberan, Münster 103
Ballintober 24
Ballintubber Abbey 26
Barcelos, Hahn von 235
Bautzen 124
Becket, Thomas 45
Belgien 48 ff.
Benedikt von Nursia 172
Benediktweg 172 ff.
Bilbao, Guggenheim-Museum 202
Birgitta von Schweden 106 ff.
Birgitta-Weg 106 ff.
Blaufränkisch 166
Blumberg 180
Bordeaux 78
Brescia 250
Brescia, San Salvatore–Santa Giulia 252
Bretagne 56 ff.
Brocéliande, Wald 59

C
Calais, Bürger von 192
Caminho Português 232 ff.
Camino Aragonés 218 ff.
Camino del Norte 200 ff.
Camino Francés 210 ff.
Cammino di Santa Giulia 246 ff.
Canterbury 44, 193
Canterbury Cathedral 46
»Canterbury Tales« 45
Cascata delle Marmore 242
Chartres 64
Château d'Amboise 69
Château du Clos Lucé 69

Chaucer, Geoffrey 45
Col du Somport 218
Croagh Patrick 24 ff., 30

D
da Vinci, Leonardo 69
Dänemark 90 ff.
Danzig 120
Deutschland 48 ff., 90 ff., 98 ff., 106 ff., 122 ff., 130 ff., 138 ff., 146 ff., 156 ff., 180 ff.

E
Echternach, Prozession 50
Eisenach 134
England 32 ff., 40 ff., 190 ff.
Erfurt 130

F
Florina 254
Fonte Colombo 241
Frankreich 48 ff., 56 ff., 72 ff., 80 ff., 190 ff.
Franz von Assisi 238
Friedenstein, Schloss 136

G
Gesäuse, Nationalpark 175
Glückstadt 96
Görlitz 122
Gornji Grad 178
Greifswald 101
Griechenland 254 ff.

H
Haithabu 94
Heringsdorf 98
Holy Island s. Lindisfarne

I
Irland 24 ff.
Irún 200
Italien 190 ff., 238 ff., 246 ff.

J
Jaca, Catedral de San Pedro 219
Jakobsweg 72, 80, 114, 138, 146, 200, 210, 218, 224, 232
Julia von Korsika 246

K
Kaliningrad 118
Kavala 261
Köln 138
Kölner Dom 140
Kretinga 114
Kreuzlingen 186
Kruså 90

L
Lausanne 193
Le Puy-en-Velay 80
Leipzig 128
Leipzig, Nikolaikirche 127
Leuchttürme 61
Lietzow 106
Lindau 154
Lindisfarne 38
Linz 169
Litauen 114 ff.
Livorno 247
Loire-Tal 69
Lübeck 104
Lucca 248
Luther, Martin 130 ff.
Lutherweg 130 ff.
Luxemburg 48 ff., 138 ff.
Luxemburg-Stadt 53

M
Martin von Tours 48, 64, 164
Martinusweg 48 ff., 64 ff., 164 ff.
Melrose 32
Melrose Abbey 34
Moselwein 50
Mouzon 54
München 146
Münchner Jakobsweg 146 ff.

N
Norwegen 18 ff.
Nymfaio 255

O
Olav I. Tryggvason 21
Olavsvegen 18 ff.
Oslo 18
Österreich 156 ff., 164 ff., 172 ff.

P
Pardons 61
Paulus, Apostel 259
Paulusweg 254 ff.
Pfaffenwinkel 148
Pilgerherbergen 215
Pilgrim's Way 40 ff.
Polen 114 ff., 122 ff.
Pommerscher Jakobsweg 114 ff.
Porto 232, 236
Portugal 232 ff.
Portwein 235
Puente la Reina 222

R
Regensburg 158
Rheinfall 182
Rocamadour 84
Rom 238
Roseburg 112
Rostock, St.-Marienkirche 103
Russland 114 ff.

S
Saint-Denis, Basilika 73
Saint-Jean-Pied-de-Port 86, 211
Saint-Malo 56
Saint-Maurice 194
Salamanca 230
San Salvador de Leyre 221
Santiago de Compostela 216
Schaufelradschiff »Skibladner« 21
Schengen 144
Schlei, Naturpark 92
Schottland 32 ff.
Schweiz 180 ff., 190 ff.
Sevilla 224, 226
Siena 195
Slowenien 172 ff.
Spanien 200 ff., 210 ff., 218 ff., 224 ff., 232 ff.
Spital am Pyhrn 172
St Cuthbert's Way 32 ff.
St. Andrä im Lavanttal 177
St. Wolfgang 162
Stabkirchen 22
Stralsund, Ozeaneum 108
Szombathely 164

T
Tempzin, Kloster 112
Thessaloniki 256
Thurgauer Klosterweg 180 ff.
Tobel 185
Tours 70, 72
Trier 48
Tro-Breizh 56 ff.
Trondheim 20

U
Ungarn 164 ff.

V
Via Baltica 98 ff.
Via Coloniensis 138 ff.
Via de la Plata 224 ff.
Via di Francesco 238 ff.
Via Egnatia s. Paulusweg
Via Francigena 190 ff.
Via Jutlandica 90 ff.
Via Podiensis 80 ff.
Via Regia 122 ff.
Via Turonensis 72 ff.
Viterbo 197

W
Wartburg 135
Wessobrunn, Kloster 151
Westport 28
Wien 169
Wieskirche 152
Winchester 40
Winchester Cathedral 42
Wolfgang von Regensburg 156
Wolfgangweg 156 ff.

Z
Zgorzelec 122

Bildnachweis

C = Corbis, G = Getty, M = Mauritius

Cover: G/Joselgnacio Soto

S. 2-3 G/Genaro Diaz Melendrez, S. 4-5 G/Bluejayphoto, S. 6-7 C/Ken Kaminesky, S. 8-9 G/Dieter Meyrl, S. 10-11 M/Alamy, S. 12-13 M/Alamy, S. 15 G/Roberto Nencini, S. 16 G/Gareth Kirkland, S. 18 G/Olga Miltsova, S. 19 Look/Per-Andre Hoffmann, S. 19 G/Olga Miltsova, S. 20-21 G/Paul Oomen, S. 20-21 Look/Frank van Groen, S. 20-21 G/Anna A. Krømcke, S. 21 G/Roberto A. Sanchez, S. 21 M/Alamy, S. 22 C/Gavin Hellier, S. 22 C/Doug Pearson, S. 22 M/Alessandra Sarti, S. 23 M/Alamy, S. 25 G/Geraint Warlow, S. 25 M/Alamy, S. 25 G/Slow Images, S. 26 G/Eye Ubiquitous, S. 26-27 G/Robert Riddell, S. 26-27 M/Alamy, S. 28 G/Eye Ubiquitous, S. 28 G/Eye Ubiquitous, S. 29 G/Clodagh Kilcoyne, S. 29 G/Jim Cole, S. 30 G/Kriangkrai Thitimakorn, S. 30 G/Eye Ubiquitous, S. 31 M/Alamy, S. 32 M/Kalulu, S. 33 M/Alamy, S. 34 M/Günter Grüner, S. 34 G/Michael Luhrenberg, S. 35 M/Alamy, S. 35 M/Markus Keller, S. 36 M/Alamy, S. 36-37 M/Alamy, S. 36-37 G/Joe Daniel Price, S. 38 G/Blackbeck, S. 38 M/Funkystock, S. 39 M/Alamy, S. 40 G/Andrea Pucci, S. 41 M/Steve Vidler, S. 42 G/John Freeman, S. 42 Look/age, S. 42 G/Ivan Vdovin, S. 43 G/Daniela White, S. 44 M/Alamy, S. 45 M/United Archives, S. 45 M/Alamy, S. 45 M/Jaime Abecasis, S. 46 M/Egon Bömsch, S. 46 M/Martin Dr. Schulte-Kellinghaus, S. 47 M/Alamy, S. 49 G/Jonas Weinitschke, S. 49 G/Fredy Jeanrenaud, S. 49 H. & D. Zielske, S. 50 G/Frans Sellies, S. 50 M/Alamy, S. 50-51 M/Udo Bernhart, S. 50-51 M/ImageBroker, S. 52 M/Alamy, S. 53 M/Westend61, S. 53 M/Heinz-Dieter Falkenstein, S. 54 M/Alamy, S. 54 M/Alamy, S. 55 M/Alamy, S. 57 G/David Bertho, S. 57 G/Mathieu Rivrin, S. 57 G/Benkrut, S. 58 Look/Photononstop, S. 58-59 M/Rene Mattes, S. 58-59 G/Da Liu, S. 59 M/Stephane Gautier, S. 60-61 M/Alamy, S. 60-61 G/bbsferrari, S. 60-61 G/Mathieu Rivrin, S. 61 G/Mathieu Rivrin, S. 61 M/Alamy, S. 62 Look/Brigitte Merz, S. 65 M/Alamy, S. 65 M/Martin Dr.Schulte-Kellinghaus, S. 66 M/Alamy, S. 66 Look/Saga Photo, S. 66-67 M/Yves Talensac, S. 67 M/Alamy, S. 67 Look/Saga Photo, S. 68 M/Bruno Barbier, S. 68-69 M/Alamy, S. 69 Look/Brigitte Merz, S. 69 M/Alamy, S. 69 Look/age, S. 70 M/Alamy, S. 71 M/Alamy, S. 73 G/JSSIII, S. 73 G/Shaoyang Zhou, S. 73 Look/age, S. 73 G/Gehringj, S. 74 M/Alamy, S. 74 M/Christophe Boisvieux, S. 74-75 M/Alamy, S. 75 G/Alf Tapperoa, S. 75 M/Photononstop, S. 76 G/Yann Guichaoua, S. 76 M/Alamy, S. 76 M/Alamy, S. 76-77 M/Christian Guy, S. 77 M/Thomas Roess, S. 78 M/Alamy, S. 78 G/Samael334, S. 78 M/Alamy, S. 81 G/Sylvain Sonnet, S. 81 Look/Juergen Richter, S. 82-83 G/Louis-Michel Desert, S. 82-83 M/Alamy, S. 83 G/John Elk III, S. 84 M/Alamy, S. 84 Look/Saga Photo, S. 85 Look/Saga Photo, S. 85 M/Arnaud Spani, S. 86 M/Alamy, S. 86 Look/Juergen Richter, S. 87 M/Pierre Jacques, S. 88-89 G/Guenter Graefenhain, S. 90 M/Alexander Voss, S. 91 H. & D. Zielske, S. 92 Look/Olaf Bathke, S. 92-93 M/Klaus Neuner, S. 92-93 M/Klaus Neuner, S. 93 H. & D. Zielske, S. 94 M/Alamy, S. 94 Look/Sabine Lubenow, S. 94 M/Siegfried Kuttig, S. 95 Look/Arnt Haug, S. 96 M/Alamy, S. 96 M/Justus de Cuveland, S. 96 M/Fritz Mader, S. 97 Look/Heinz Wohner, S. 98 M/Rainer Mirau, S. 99 Look/Sabine Lubenow, S. 99 Look/Ulf Büttcher, S. 99 Look/Thomas Grundner, S. 100 Look/Olaf Meinhardt, S. 100-101 Look/Thomas Grundner, S. 100-101 M/Torsten Krüger, S. 101 M/Christian Bäck, S. 102-103 Look/Olaf Meinhardt, S. 102-103 Look/Thomas Grundner, S. 102-103 M/Hans Zaglitsch, S. 103 H. & D. Zielske, S. 103 M/Thomas Born, S. 104 M/Travel Collection, S. 105 M/Robert Harding, S. 105 M/Lothar Steiner, S. 107 Look/Heinz Wohner, S. 107 H. & D. Zielske, S. 107 Look/Thomas Rötting, S. 108 H. & D. Zielske, S. 108 Look/Heinz Wohner, S. 109 M/Alamy, S. 109 C/Sabine Lubenow, S. 110 M/Alamy, S. 110 Look/Thomas Rötting, S. 111 G/Rainer Mirau, S. 111 M/Lothar Steiner, S. 112 Touristinfo Sternberg, S. 112 M/Frank Röder, S. 113 Touristinfo Sternberg, S. 115 G/Aleh Varanishcha, S. 116 M/Alamy, S. 116 M/Alamy, S. 116-117 G/Antanas Minkevicius, S. 116-117 M/NPL, S. 118 G/Belikart, S. 118 G/Belikart, S. 119 M/Günter Lenz, S. 119 Look/age, S. 120 Look/Thomas Stankiewicz, S. 120 G/Gavin Hellier, S. 120 M/Westend61, S. 120 G/Alexander Spatari, S. 121 M/Alamy, S. 122 G/Holgs, S. 123 Look/age, S. 123 M/Alamy, S. 123 M/Alamy, S. 124 M/Till Beck, S. 124 M/Torsten Becker, S. 125 H & D Zielske, S. 126 M/Alamy, S. 126-127 M/Christian Suhrbier, S. 126-127 M/Hans P. Szyszka, S. 127 H. & D. Zielske, S. 128 Look/Roetting/Pollex, S. 129 Look/Tobias Richter, S. 131 M/Hans P. Szyszka, S. 131 M/Hans P. Szyszka, S. 132 M/Novarc, S. 132-133 M/Novarc, S. 132-133 M/Alamy, S. 132-133 Look/Heinz Wohner, S. 133 Look/Heinz Wohner, S. 134 M/Hans P. Szyszka, S. 134 M/Hans P. Szyszka, S. 134 M/Hans P. Szyszka, S. 135 Look/Holger Leue, S. 135 Look/Holger Leue, S. 135 M/Novarc, S. 136 M/ImageBroker, S. 136 M/ImageBroker, S. 136 M/ImageBroker, S. 139 H. & D. Zielske, S. 140 H. & D. Zielske, S. 140 Look/Sabine Lubenow, S. 141 M/Alamy, S. 141 G/Rene De Bot, S. 142-143 Laif/Jan-Peter Boening, S. 142-143 H. & D. Zielske, S. 143 Laif/Jan-Peter Boening, S. 144 M/ImageBroker, S. 144 G/George Pachantouris, S. 145 M/Alamy, S. 147 M/P. Widmann, S. 147 M/Manfred Bail, S. 147 G/Achim Thomae, S. 148 M/Helmut Meyer zur Capellen, S. 148-149 G/Michael Krutzenbichler, S. 149 M/Peter Lehner, S. 150 Look/Florian Werner, S. 150-151 M/Martin Moxter, S. 150-151 M/Martin Moxter, S. 151 Look/Jan Greune, S. 152 H. & D. Zielske, S. 152 Look/Florian Werner, S. 153 Look/Don Fuchs, S. 154 Look/Arthur F. Selbach, S. 154 Look/Arthur F. Selbach, S. 154 G/Davide Seddio, S. 155 Look/Andreas Straufl, S. 157 M/Sebastian Beck, S. 157 C/Harald Nachtmann, S. 158 Look/Don Fuchs, S. 158 M/Siepmann, S. 158-159 M/Pure.Passion.Photography, S. 159 M/Martin Siepmann, S. 159 Look/Don Fuchs, S. 160 M/Martin Siepmann, S. 160-161 M/Westend61, S. 160-161 G/Westend61, S. 161 M/Alamy, S. 162 G/Westend61, S. 162 M/Wolfgang Weinhäupl, S. 163 M/Alamy, S. 165 M/Alamy, S. 165 M/Alamy, S. 165 M/Alamy, S. 166 M/Foodcollection, S. 166-167 M/Josef Puchinger, S. 166-167 M/Alamy, S. 168 M/Martin Siepmann, S. 168-169 Look/age, S. 168-169 M/Rainer Mirau, S. 168-169 G/Panoramic Images, S. 169 Look/age, S. 169 M/Martin Siepmann, S. 170 Look/Travel Collection, S. 170 M/Alfred Schauhuber, S. 170 M/Alamy, S. 171 M/Rainer Mirau, S. 173 M/ImageBroker, S. 173 M/Gerhard Wild, S. 174 M/ImageBroker, S. 174 M/Edwin Stranner, S. 174 M/Westend61, S. 175 M/ImageBroker, S. 175 M/Alamy, S. 175 M/Alamy, S. 176 M/Edwin Stranner, S. 176 M/Martin Siepmann, S. 176-177 M/ImageBroker, S. 176-177 M/Rainer Mirau, S. 177 M/Günter Lenz, S. 178 M/Alamy, S. 181 M/Alamy, S. 182 G/Mirza Cosic, S. 182-183 G/Markus Keller, S. 182-183 M/Prisma, S. 183 M/Alamy, S. 184 M/Alamy, S. 184 M/Alamy, S. 185 M/ImageBroker, S. 185 M/ImageBroker, S. 186 M/Peter Roland Schreyer, S. 186 M/Westend61, S. 187 M/Renato Bordoni, S. 187 M/John Warburton-Lee, S. 188-189 G/Domingo Leiva, S. 191 G/Claudioas Cantu, S. 191 G/Claudioas Cantu, S. 192 G/Olivier Leclercq, S. 192 M/Alamy, S. 192 G/Chris Clor, S. 192 G/Walter Bibikow, S. 193 M/Alamy, S. 194 Look/Thomas Stankiewicz, S. 194 G/Rudy Balasko, S. 194 G/Bogdan Lazar, S. 195 M/Alamy, S. 195 G/Ryszard Stelmachowicz, S. 196 G/Raymond Bradshaw, S. 196 G/Allan Baxter, S. 196-197 G/Andrea Belussi, S. 196-197 Look/Juergen Richter, S. 196-197 Look/Tobias Richter, S. 197 G/Andrea Pistolesi, S. 199 G/Claudioas Cantu, S. 200 G/Andreus K, S. 201 M/Alamy, S. 201 Look/Thomas Stankiewicz, S. 201 M/Alamy, S. 201 M/Javier Larrea, S. 202 G/Stefano Politi Markovina, S. 202 Look/age, S. 202 G/Pit Greenwood, S. 202 G/JTPalacio, S. 203 G/Marco Brivio, S. 203 Look/Thomas Stankiewicz, S. 204 G/J2R, S. 204 M/Alamy, S. 204 Look/age, S. 205 M/Alamy, S. 205 M/María Galán, S. 205 M/Alamy, S. 206 G/Iñigo Fdz de Pinedo, S. 206 M/Juan Carlos Muòoz, S. 207 G/Iñigo Fdz de Pinedo, S. 207 M/Alamy, S. 208 G/Japatino, S. 208 G/Japatino, S. 208 G/Miguel Riopa, S. 209 M/Alamy, S. 209 M/Alamy, S. 211 G/Martin Zalba, S. 212 Look/age, S. 212 M/age, S. 213 Look/Juergen Richter, S. 213 Look/age, S. 213 G/Inakilarrea, S. 214 Look/Juergen Richter, S. 214 M/age, S. 215 Look/Juergen Richter, S. 215 M/Alamy, S. 216 G/Herve Hughes, S. 216 G/Salvator Barki, S. 216 M/age, S. 216 Look/Juergen Richter, S. 218 Look/Juergen Richter, S. 219 M/Ken Welsh, S. 219 M/Alamy, S. 220 Look/Brigitte Merz, S. 220 Look/Juergen Richter, S. 220 Look/Brigitte Merz, S. 220 M/Alamy, S. 221 M/age, S. 221 Look/age, S. 222 G/Domingo Leiva, S. 222 Look/Juergen Richter, S. 223 M/age, S. 225 G/Lux Blue, S. 225 M/Alamy, S. 226 C/Sylvain Sonnet, S. 226 M/Alamy, S. 226 G/Martin Jung, S. 226 M/Lucas Vallecillos, S. 226 M/Michael Harker, S. 227 M/Alamy, S. 227 M/Alamy, S. 227 M/Juan Carlos Muòoz, S. 228 G/Rudolf Ernst, S. 228 G/Gonzalo Azumendi, S. 228 G/Carlos Sanchez Pereyra, S. 229 G/Peter Unger, S. 229 G/Gonzalo Azumendi, S. 229 M/Alamy, S. 229 M/Alamy, S. 230 G/Traveler1116, S. 230 G/Peter Adams, S. 230 M/Alamy, S. 231 M/Alamy, S. 232 M/Alamy, S. 233 Look/age, S. 233 G/Joao Morales, S. 233 Look/Cavan Images, S. 234-235 G/Jekaterina Sahmanova, S. 234-235 C/Tim Graham, S. 235 C/Julianne Eggers, S. 235 Look/Thomas Peter Widmann, S. 236 C/Tibor Bognar, S. 236 M/Aziz Ary Neto, S. 236 G/Japatino, S. 236 G/Patrik Bergström, S. 237 M/Alamy, S. 239 M/Alamy, S. 239 G/Querbeet, S. 239 M/Alamy, S. 240 M/Alamy, S. 240 M/Kim Petersen, S. 240 G/Misterbike, S. 241 M/Alamy, S. 241 M/Günter Lenz, S. 241 M/Mauro Flamini, S. 242 G/Guido Cozzi, S. 242 M/Alamy, S. 242-243 M/Alamy, S. 243 G/FMKMKM Photography, S. 243 M/Alamy, S. 244 G/Bluejayphoto, S. 244 M/Alamy, S. 247 M/Alamy, S. 247 G/I just try to tell my emotions and take you around the world, S. 248 G/Roberto Lo Savio, S. 249 Look/age, S. 249 G/Simone Romei, S. 249 G/Claudio Beduschi, S. 250 M/BAO, S. 250 M/Chiara Salvadori, S. 250 M/Alamy, S. 251 M/Alamy, S. 252 M/Alamy, S. 252 M/Renato Bordoni, S. 252 M/Alamy, S. 254 G/Panos Karapanagiotis, S. 255 M/Alamy, S. 255 G/Ioannis Ioannidis, S. 255 M/Alamy, S. 255 M/Alamy, S. 256 M/ImageBroker, S. 256 M/Alamy, S. 256 G/Hdeslislava, S. 256 G/Izzet Keribar, S. 257 M/Alamy, S. 257 G/Lefteris, S. 257 G/Zoipapadimitriou, S. 258 G/Giorgos Kritsotakis, S. 258-259 M/Alamy, S. 259 M/Alamy, S. 259 M/Alamy, S. 259 M/Reynold Mainse, S. 260 M/Alamy, S. 260 M/Walter Bibikow, S. 260 M/Reynold Mainse, S. 261 M/Alamy, S. 261 M/Kreder Katja

Impressum

© 2020 Kunth Verlag GmbH & Co. KG, München
St.-Cajetan-Straße 41
81669 München
Telefon +49.89.45 80 20-0
Fax +49.89.45 80 20-21
www.kunth-verlag.de
info@kunth-verlag.de

Printed in Slovakia

Texte: Gerhard von Kapff, Andrea Lammert, Annika Voigt
Redaktion: Kerstin Majewski

Alle Rechte vorbehalten. Reproduktionen, Speicherung in Datenverarbeitungsanlagen, Wiedergabe auf elektronischen, fotomechanischen oder ähnlichen Wegen nur mit der ausdrücklichen Genehmigung des Copyrightinhabers.

Alle Fakten wurden nach bestem Wissen und Gewissen mit der größtmöglichen Sorgfalt recherchiert. Redaktion und Verlag können jedoch für die absolute Richtigkeit und Vollständigkeit der Angaben keine Gewähr leisten. Der Verlag ist für alle Hinweise und Verbesserungsvorschläge jederzeit dankbar.